权威·前沿·原创

皮书系列为
"十二五""十三五""十四五"时期国家重点出版物出版专项规划项目

B

BLUE BOOK

智 库 成 果 出 版 与 传 播 平 台

北京市科学技术研究院首都高端智库研究报告

文化科技蓝皮书
BLUE BOOK OF CULTURE AND TECHNOLOGY

北京文化科技融合发展报告
（2021~2022）

ANNUAL REPORT ON BEIJING'S CULTURE AND TECHNOLOGY INTEGRATED
DEVELOPMENT(2021-2022)

主　　编／方　力　刘绍坚
执行主编／伊　彤
副 主 编／刘　兵　于爱晶　姜念云

社会科学文献出版社
SOCIAL SCIENCES ACADEMIC PRESS（CHINA）

图书在版编目（CIP）数据

北京文化科技融合发展报告 . 2021~2022 / 方力，
刘绍坚主编 . --北京：社会科学文献出版社，2022.12
（文化科技蓝皮书）
ISBN 978-7-5228-1297-7

Ⅰ.①北…　Ⅱ.①方…②刘…　Ⅲ.①文化事业-技
术革新-研究报告-北京-2021-2022　Ⅳ.①G127.1

中国版本图书馆 CIP 数据核字（2022）第 247797 号

文化科技蓝皮书
北京文化科技融合发展报告（2021~2022）

主　　编／方　力　刘绍坚
执行主编／伊　彤
副 主 编／刘　兵　于爱晶　姜念云

出 版 人／王利民
责任编辑／路　红　张炜丽
文稿编辑／王小翠
责任印制／王京美

出　　版／社会科学文献出版社（010）59367194
　　　　　地址：北京市北三环中路甲 29 号院华龙大厦　邮编：100029
　　　　　网址：www.ssap.com.cn
发　　行／社会科学文献出版社（010）59367028
印　　装／天津千鹤文化传播有限公司

规　　格／开本：787mm×1092mm　1/16
　　　　　印张：19.5　字数：289 千字
版　　次／2022 年 12 月第 1 版　2022 年 12 月第 1 次印刷
书　　号／ISBN 978-7-5228-1297-7
定　　价／158.00 元

读者服务电话：4008918866

主要编撰者简介

方　力　中国共产党北京市第十二届委员会委员，北京市科学技术研究院党组书记。曾任北京航空航天大学团委书记，北京市朝阳区科学技术协会主席，共青团北京市委员会副书记，北京市青年联合会主席，北京市环保局党组书记、局长。主要从事科技创新生态与文化建设研究。先后在《人民日报》《光明日报》《经济日报》《科技日报》《前线》等主流媒体发表多篇理论文章。研究成果多次受到领导肯定性批示。

刘绍坚　北京市国有文化资产管理中心党委书记、主任，北京市习近平新时代中国特色社会主义思想研究中心特约研究员，经济学博士。曾任北京服装学院系团总支书记，北京市人民政府研究室对外政策处副处长、产业经济处处长，商务部综合司运行监测处正处级干部、宏观经济处处长，北京市昌平区委常委、宣传部部长。主要从事文化产业促进、文化与科技融合发展等方面研究。先后在《人民日报》《前线》等主流媒体发表理论文章数十篇。

伊　彤　北京市科学技术研究院创新发展战略研究所所长、研究员，全国人大代表，北京市人大代表、教科文卫委员会委员，中国科学学与科技政策研究会常务理事，北京科技政策与管理研究会副理事长兼秘书长。主要研究方向为科技战略、科技政策和科技管理。牵头主持省部级及以上软科学研究项目70余项，发表学术论文和递送各级政府内参90余篇，参编出版专著20余部，研究成果多次获省部级以上领导批示和科技奖励。

摘　要

　　数字经济是助推新一轮科技革命和产业变革的重要引擎。2021~2022年，北京数字经济发展基础不断夯实，数字经济对拉动全市经济社会高质量发展的作用更加凸显，整体发展态势持续向好，为文化科技融合发展提供了大好机遇。

　　本书在《北京文化科技融合发展报告（2020~2021）》建立的区域文化科技融合评价指标体系2.0版基础上，针对部分指标进行了完善，形成区域文化科技融合评价指标体系3.0版，并基于3.0版对2014~2019年北京文化科技融合发展指数进行了测算。结果表明，北京文化科技融合基础不断夯实，融合投入总体趋势向好，融合产出成效日趋显著，经济社会等融合环境显著优化，文化科技融合发展持续跨上新台阶。通过北京与天津、上海、浙江、四川、广东等五省市的对比分析，可以看出，北京文化科技融合发展总体优势突出，但文化基础设施与社会文化基础的构建仍有改善空间，文化制造业的科技人力资源投入受到一定程度的抑制，文化产业亟须寻找新的创新突破点。

　　近年来，我国互联网行业在抗击新冠肺炎疫情和疫情常态化防控等方面发挥了积极作用。北京互联网信息服务不断开创新局面，网络信息内容生态治理取得新成效，网络安全防护水平实现新突破，为经济发展注入了新活力。线上演出、数字消费等业态实现了较快发展，"云看展""云上游"等新业态层出不穷，以"互联网+"为代表的文化新业态逆势上扬。2021年以来，北京互联网信息服务、创作表演服务、数字内容服务、设计服务等重点领域的一批文化企业抓住北京建设数字经济标杆城市的大好机遇，步入了发展的快车道，在数字文娱、数字医疗、新零售、数字创意、数字出版、企业数字服务等细分行业实现了较快发展。

"十四五"时期，北京要进一步推动文化和科技融合，促进文化产业高质量发展：一是加强顶层设计和统筹规划，完善文化与科技融合发展政策体系；二是增强文化科技创新能力，促进数字技术等现代技术在文化领域的转化应用；三是深入挖掘文化科技资源，不断丰富和创新产品与服务，积极培育新兴文化市场；四是促进重点产业加快发展，以科技为支撑做大做强文化产业集群；五是着力构建以国内大循环为主体、国内国际双循环相互促进的新发展格局，不断提升北京文化品牌的国际影响力。

关键词： 文化科技融合　文化产业　数字技术　北京

目 录 ↳

I 总报告

II 评价篇

Ⅲ 产业篇

Ⅳ 案例篇

Ⅴ 专题篇

Ⅵ 附录篇

皮书数据库阅读**使用指南**

总 报 告

General Report

B.1
北京文化科技融合发展
报告（2021~2022）

江光华　姜念云　伊彤*

摘　要： 随着各种新技术的层出不穷，元宇宙促进了虚拟现实技术的进一步发展，推动了人工智能、区块链等技术在数字文化版权保护领域的应用，促使数字技术成为全球文化产业发展的新引擎。国家"十四五"规划进一步明确了文化科技融合新方向，各项政策举措陆续出台，文化和科技融合发展成效日渐显著，科技不断驱动我国重点文化行业转型升级。北京地区文化科技融合呈现新特点，科技创新强劲支撑文化产业规模不断扩大，数字技术推进文化产业结构升级和优化，文化科技龙头企业争相涌现，文化科技融合完美演绎北京冬奥魅力。北京地区的重点文化产业发展呈现

---

* 江光华，博士，北京市科学技术研究院创新发展战略研究所副研究员，研究方向为文化科技融合、文化产业、科技政策；姜念云，博士，北京市科学技术研究院创新发展战略研究所研究员，研究方向为文化科技创新、文化产业、科技政策；伊彤，北京市科学技术研究院创新发展战略研究所所长、研究员，研究方向为科技战略、科技政策、科技管理。

可喜态势：数字技术赋能互联网信息服务发展；科技与创作表演服务日益融合；数字内容服务彰显数字技术与文化内容融合的魅力；"科技+设计"展现北京"设计之都"新面貌。为有效推进文化和科技融合，北京还须进一步完善文化和科技融合发展政策体系，增强文化科技创新能力，挖掘利用好"文化+科技"两大资源，促进重点文化领域产业高质量发展，提升北京文化品牌的国际影响力。

关键词： 文化科技融合　文化产业　数字技术　元宇宙　北京

2020年以来，新冠肺炎疫情给文化产业带来巨大冲击，世界各国纷纷出台促进文化产业数字化发展的相关政策措施。我国力推文化数字化发展，在广度与深度上不断拓展文化和科技融合，日趋完善有利于融合发展的政策环境。从北京地区来看，文化科技融合发展的政策措施亮点纷呈，有力推动了文化产业结构的转型升级和文化产业新业态、新产品的诞生，文化产业在科技的有力支撑下，努力克服新冠肺炎疫情带来的负面影响，实现了稳步增长。

一　世界文化科技融合发展的总体趋势

（一）数字技术成为全球文化产业发展的新引擎

数字技术已成为全球文化产业发展的重要引擎和新型文化业态形成的核心动力。5G、AR/VR/MR、云计算、大数据、区块链、AI等数字技术对文化产业产生颠覆性影响，使得文化产品的生产、传播、体验等方式发生巨大改变，也给文化产业的商业模式创新带来新的契机，使信息传播更加人格化、数据化、个性化、智能化、体验化。技术的进步促进了文化产业的快速发展，并催生出越来越多的新兴文化服务和文化消费业态。

英国首都伦敦的科技生态以独一无二的优势吸引着世界的关注，在创意产业现有的业务和人才基础上，数字科技产业带来的人工智能、算法、AR/VR 等技术创新，改变了创意产业的服务流程与产品形式，由此诞生了"创意科技"（Creative Technology）这一新兴交叉领域。作为创造力和科学技术交汇的产物，创意科技促进了科技在创意产业中的创新应用，催生出全新的创意科技产品与服务。互联网信息、创作表演、数字内容、设计服务等相关产业在现代科技的加持下，已成为英国经济增长的新引擎。

美国的科技与文化深度融合，为文化和创意产业在全球的传播提供了强有力的支持。在美国影视制作、数字唱片、电子游戏和大众传媒产业等领域，都能看到文化和科技的深度融合。文化科技融合推动实现了美国影视制作、数字唱片等工作流程再造，促进了商业模式的创新，促进了文化产业链的重塑，加速了文化产业的数字化发展。

意大利在设计产业领域着力打造智慧公园，旨在创造一个产品服务系统（Product-service-system，PSS），通过物联网、人工智能等新技术，开发多传感器及中控系统，建立云端数据收集平台，实现对公园内绿植、人与自然整体可持续等的控制功能及访问居民管理等多项新功能，已成为工业 4.0 战略中的物联网框架典型。

在日本东京奥运会开幕式上，伴随各代表团入场的背景音乐是多款日本游戏的经典音乐，代表团标志牌被设计为漫画对话框的样子，举牌手的服装设计灵感则来自创作漫画时使用的网点纸。[1] 在此之前，从未有奥运会完全采用源自游戏的音乐来组成入场仪式歌单，也没有哪个国家能像日本一样拥有这么多经久不衰的游戏 IP，积存如此丰厚的游戏音乐库。

---

[1] 张晓欣、郭亨宇：《从"东京八分钟"到"超级变变变"，奥运会开幕式究竟经历了什么？》，澎湃，2021 年 7 月 24 日，https：//m.thepaper.cn/baijiahao_ 13726452。

（二）元宇宙成为世界热门术语

当今世界，技术革命风起云涌，各种新技术层出不穷，而元宇宙
（Metaverse）无疑是 2021 年各种技术术语中"最靓的仔"，2021 年也被称为
元宇宙元年。与元宇宙相关的每一条新闻都迅速成为人们的谈资。可以说，
元宇宙浪潮已席卷全球，无论是传统文化行业还是科技巨头，都在争当
"头号玩家"。

元宇宙的概念最早起源于科幻小说《雪崩》，该小说描述了一个人类以虚
拟形象在三维空间中与各种软件进行交互的世界，其八大关键特征为身份、
朋友、沉浸感、随时、低延迟、内容多样化、经济和安全。随着 5G 时代计算
机性能提升、AR/VR 头显设备成熟，2021 年，在疫情防控常态化时期激增的
虚拟生活、娱乐、社交、消费等需求的刺激下，元宇宙正在加速成为现实。
元宇宙是数字化转型的最终形态，有望成为集娱乐、社交、学习、生产、生
活于一体的数字世界，与现实世界紧密融合。元宇宙的特点之一是临场感，
而沉浸式的文化体验作为文化科技融合的新场景，也是今后的重要发展方向。

2021 年 3 月 10 日，元宇宙概念股 Roblox 在美国上市，自此，元宇宙迅
速进入人们的视野。科技巨头们纷纷布局元宇宙，尤其 Facebook 改名 Meta，
全力押注元宇宙，更是在全球范围内掀起了各大科技巨头的元宇宙热潮。
2021 年 7 月，马克·扎克伯格描述了他对元宇宙的愿景，希望用 5 年左右
时间将 Facebook 打造成一家元宇宙公司。马克·扎克伯格明确提出，"我们
希望，在未来十年内，10 亿人将能接触元宇宙，成为一个承载数千亿美元
的数字行业，并为数百万创作者和开发者提供就业机会"。目前来看，
Facebook 的元宇宙版图覆盖了办公、游戏、社交、教育、健身等多种场景，
并不断探索更丰富的应用领域。

微软也决然加入了元宇宙大战，积极实施为消费者和企业构建元宇宙的
计划。在微软看来，元宇宙的本质在于构建一个与现实世界持久、稳定连接
的数字世界，元宇宙将让物理世界中的人、物、场等要素与数字世界共享经
验。比如，在企业加速数字化转型的过程中，元宇宙可以让人们在数字环境

中会面，借助数字替身及更有创意的协作方式，让人们在世界的各个角落，更加自如地交流沟通。

（三）虚拟现实技术获得更广泛应用

在元宇宙概念的带动下，AR/VR/MR 等虚拟现实技术进一步在文化行业中得到应用，主要体现在虚拟旅游和数字化复原两方面。虚拟旅游场景以轻 VR 为主，表现为 VR 全景照片及 VR 视频，用户只需佩戴相应设备便能实现全景浏览。数字化复原可以被应用于各类博物馆及文化古镇、乡村，通过数字化复原技术，人们可以看到已经消失的历史文物或者遗迹。AR 应用的场景相对较多一些，其可以植入景区各类主题 IP，设计寻宝、集物、打卡等互动活动，吸引游客扫描进行空间交互娱乐体验，有利于实现精准位置营销，促成商业转化。

在表演艺术行业，AR 技术与主题 IP 和剧本杀，进行联合开发，为景区的智慧化发展提供了新发展思路。AR 剧本杀让游客仅需用手机扫描景区场景即可体验虚拟与现实完美结合的场景布置、玩家搜证环节，其游玩模式为剧本创作带来了更多空间想象力，为游客增添了沉浸式数字化体验选择。2021 年 5 月 18 日，意大利国家电影博物馆在因卫生紧急情况而关闭后，重新向公众开放，第一批可供博物馆参观者观赏的作品是"复仇室"和"快乐的生日锁定 2020"。Cinevr 作为意大利第一个完全专门使用 VR 的永久性电影院，与 RAI Cinema 合作，放映 VR 电影内容，通过流媒体拓展电影市场的新空间。

（四）人工智能技术被广泛应用于文化产业内容开发领域

目前，智能视觉在视频、图像生产、设计制作等方面得到广泛应用，以实现图像美化、图片自动编辑、图片修复、图片替换、智能审核等。智能语音技术在语音文字的相互转化、语音交互、人机对话等方面拓展了声音的维度，增加了可能性，通过语音主播、高难度唱腔、智能音箱、即时翻译等领域深度融入文化内容生产环节。自然语言处理技术在文化生产中也得到了广泛运用，通过计算机的高效自动分类技术，可以为文本寻找有价值映射或函数，应用于文本情感分析、文稿撰写、文本翻译及文本审核等场景，体现一定的商业价值。机器智能决策在游戏领域得到了良好应用，人工智能技术生成的电脑玩家，可以根据大量的历史记录，随着游戏环境的变化而做出正确反应动作。人工智能技术介入艺术创作，如在人工智能音乐方面，能够轻松实现具备一定质量的智能作曲、智能演奏，引起了艺术行业从业群体的热烈关注。

（五）区块链等技术进一步加强了数字文化版权保护

人们运用区块链技术可信、可追溯的特点来进行各种类型的数字文化版权登记、变更、授权与衍生等交易。同时，区块链技术可对数字文化企业的股权、无形资产等合约或财产的真实性进行智能化管理，实现价值传递。此外，区块链技术在数字文化产品与服务的跨境支付、贸易结算、衍生品合约买卖等交易场景方面也将发挥重要作用。在网络视频行业，代币经济为网络视频产业提供了新的融资、创作、发行方式。如，在网络影视剧项目初期，可以通过发行代币进行融资，投资者可在未来使用代币消费该产品及其衍生品，也可在社群进行代币交易，从影视产品的价值变动中获得收益。世界各地越来越多的艺术家们可在不同应用程序上为自己的影视、音乐甚至慈善项目进行融资发行和版权交易。2021 年以来，NFT（非同质化代币）从小众圈层快速走向大众，NBA 巨星凯文·杜兰特，日本著名艺术家村上隆，美国传奇影业、图形软件巨头 Adobe Photoshop，《纽约时报》《时代周刊》等名人和名企都在关注并参与 NFT，国内众多的新兴 NFT 数字艺术平台也正在兴起。[①]

二 我国文化科技融合发展的特点与趋势

2021 年作为我国"十四五"开局之年，意义非同凡响。党的十九届五

---

① 龚才春主编《中国元宇宙白皮书》，2022（未出版）。

中全会明确提出，要繁荣发展文化事业和文化产业，提高国家文化软实力。推进文化和科技深度融合，促进文化产业高质量发展，对推进文化强国和科技强国建设均具有重要作用。在此背景下，与文化科技融合相关的规划政策陆续出台。在新时代、新政策、新科技等整体背景下，2021年，我国顺应文化和科技融合的时代趋势，文化产业活力持续增强，文化和科技融合发展环境不断改善，对经济社会贡献更为突出。

（一）促进文化科技融合的战略举措陆续出台

1.中长期规划明确了文化科技融合新方向

习近平总书记指出，文化和科技融合，既催生了新的文化业态、延伸了文化产业链，又集聚了大量创新人才，是朝阳产业，大有前途。谋划"十四五"时期发展，要高度重视发展文化产业。[1]《中华人民共和国国民经济和社会发展第十四个五年规划和2035年远景目标纲要》首次明确到2035年我国要实现建成文化强国的目标，要"实施文化产业数字化战略，加快发展新型文化企业、文化业态、文化消费模式"，表明我国文化科技融合已经进入新的历史阶段。这是我国构建"以国内大循环为主体、国内国际双循环相互促进"新发展格局的时代要求，也是我国数字文化产业发展和产业升级的必然趋势。

"十四五"时期，文化与科技融合在我国经济社会发展中承担着重大的历史使命。2021年4月，文化和旅游部印发了《"十四五"文化和旅游科技创新规划》（以下简称《规划》），[2] 明确了"十四五"文化和旅游科技创新发展的总体要求、重点领域、主要任务、保障措施，系统部署指导文化和旅游科技创新工作，描绘了文化和旅游科技创新工作蓝图。《规划》发展目

---

① 《习近平在湖南考察时强调 在推动高质量发展上闯出新路子 谱写新时代中国特色社会主义湖南新篇章》，新华网，2020年9月18日，http：//www.xinhuanet.com/politics/2020-09/18/c_ 1126512380. htm。

② 《文化和旅游部关于印发〈"十四五"文化和旅游科技创新规划〉的通知》，文化和旅游部网站，2021年4月26日，http：//zfxxgkml. mct. gov. cn/zfxxgkml/kjjy/202106/t20210611_ 925154. html。

标为围绕文化强国建设目标任务，以科技创新引领和支撑文化和旅游发展，提高文化和旅游生产要素水平，推动文化和旅游更好融入新发展格局，实现高质量发展。《规划》明确了科技在文化和旅游行业研究与应用的重点领域，提出了完善文化和旅游科技创新体系等七个方面的主要任务，明确了文化和旅游科技创新主攻方向。

2021 年 5 月，文化和旅游部印发了《"十四五"文化产业发展规划》，[①]提出：加强文化科技创新和应用，围绕文化产业发展需求，密切关注信息技术、材料科学、生命科学等前沿领域，强化自主创新，整合优势资源，加强文化产业共性、关键技术研发应用，为文化产业发展提供有力科技支撑；构建以企业为主体、市场为导向、产学研用深度融合的文化科技创新体系，支持设立文化产业领域的文化和旅游部重点实验室和技术创新中心；推动文化产业领域科技研发和成果转化，实施一批科技创新重点项目；推动虚拟现实、交互娱乐等领域产品、技术和服务标准研究制定，形成文化产业标准体系；加强手机（移动终端）动漫国际标准和数字艺术显示国际标准应用推广。为我国文化产业与科技融合提供了发展方向。

2. 国家文化科技融合示范基地建设持续推进

2021 年，科技部等 5 部门发布了第四批国家文化和科技融合示范基地名单，[②] 共认定了 5 家聚集类示范基地和 25 家单体类示范基地。迄今为止，科技部与中宣部会同相关部门于 2012 年、2013 年、2019 年、2021 年分四批共认定了 85 家国家文化和科技融合示范基地，鼓励示范基地加强产学研合作，推动文化和科技产业集群发展。与前两批示范基地相比，第三批、第四批示范基地开展了以企业为主体的单体类基地认定。

为落实国家关于文化和科技融合的政策文件，山东、江苏、浙江、四川、天津、广东等 10 多个省市陆续制定出台了推动文化和科技深度融合的实施意见

---

① 《文化和旅游部关于印发〈"十四五"文化产业发展规划〉的通知》，文化和旅游部网站，2021 年 5 月 6 日，http://zwgk.mct.gov.cn/zfxxgkml/cyfz/202106/t20210607_925033.html。
② 《第四批国家文化和科技融合示范基地名单公示　30 家或将入选!》，新浪财经，2021 年 9 月 29 日，http://finance.sina.com.cn/jjxw/2021-09-29/doc-iktzqtyt8839618.shtml。

或若干措施。从各地印发的实施意见或若干措施可以看出，文化和科技融合已成为各省（区、市）科研计划支持、财税补贴补助的重要方向，各地将培育一定数量的国家或省级文化和科技融合示范基地、领军企业作为推进文化和科技深度融合的重要目标之一，强调整合利用文化和科技资源，围绕文化产业链的各个环节并结合大中小文化科技融合企业的特点，制定了具体的措施。

3. 多措并举支持数字技术引领文化产业高质量发展

2020年11月18日，《文化和旅游部关于推动数字文化产业高质量发展的意见》① 明确提出加快新型基础设施建设、推动技术创新和应用、激发数据资源要素潜力、推动产业链创新与应用等内容，充分体现了"十四五"时期实施文化产业数字化战略的新要求，并从产业发展质量效益、产业生态、促进消费、企业发展和集群建设等角度，明确2025年数字文化产业发展的主要目标，体现文化和旅游部对数字文化产业发展的预期管理，调动业界支持数字文化产业发展的积极性和创造力，营造有利于创新创业创造的良好发展环境。

2021年3月8日，《文化和旅游部　国家发展改革委　财政部关于推动公共文化服务高质量发展的意见》② 明确提出了"加快推进公共文化服务数字化"，明确了推动智慧图书馆体系建设、整合利用全国群众文化活动资源、探索发展数字文化大众化实体体验空间、推广群众文化活动高清网络直播、培育线上文化服务品牌、推动在互联网视频平台开设全民艺术普及专题等方面的数字化路径。

2021年4月15日，《文化和旅游部　国家开发银行关于进一步加大开发性金融支持文化产业和旅游产业高质量发展的意见》③ 明确提出支持产业

① 《文化和旅游部关于推动数字文化产业高质量发展的意见》，中国政府网，2020年11月27日，http://www.gov.cn/zhengce/zhengceku/2020-11/27/content_5565316.htm。
② 《文化和旅游部　国家发展改革委　财政部关于推动公共文化服务高质量发展的意见》，中国政府网，2021年3月23日，http://www.gov.cn/zhengce/zhengceku/2021-03/23/content_5595153.htm。
③ 《文化和旅游部　国家开发银行关于进一步加大开发性金融支持文化产业和旅游产业高质量发展的意见》，中国政府网，2021年5月27日，http://www.gov.cn/zhengce/zhengceku/2021-05/27/content_5613011.htm。

创新发展，积极运用开发性金融支持数字文化产业发展，支持 5G、大数据、云计算、人工智能等新技术的应用，扶持一批文化、旅游与科技融合发展示范类项目和新型文化企业，引导创作生产优质、多样的数字文化产品，提高质量效益和核心竞争力，支持金融机构开发适应数字文化产业特点的融资新产品。

2021 年 7 月 19 日，《文化和旅游部办公厅关于组织开展 2021 年全国文化和旅游消费季活动的通知》① 决定组织开展 2021 年全国文化和旅游消费季活动。此次活动覆盖演出、展览、非遗、数字文化、主题公园、文化娱乐、游戏游艺、运动健身、节庆展会、文创产品和旅游商品、文体用品、景区景点、餐饮住宿、红色旅游、乡村旅游及其他文化和旅游领域行业门类，通过举办线上线下深度融合的系列促消费活动，营造良好消费氛围，激发居民文化和旅游消费热情，进而促进文化旅游消费市场复苏和文化旅游产业向更高质量发展迈进。

（二）文化和科技融合取得新进展

在文化和科技融合的驱动下，我国的文化产业日趋数字化、智能化，文化产品和服务的科技含量日益增加，文化消费逐步升级。尤其新冠肺炎疫情防控常态化时期，数字技术在文化产业发展中的支撑引领作用更加显著，文化和科技的融合方式、融合路径呈现诸多新特点、新趋势。

1. 科技促进文化产业规模不断扩大

大数据、人工智能、5G、云计算、4K 超高清、虚拟现实、增强现实、全息技术、物联网、3D 打印等高新技术广泛渗透到文化产业的生产、传播、消费及体验等各个层面、各个环节，既催生了数字文化产业新业态，又促进了传统文化产业数字化。

文化及相关产业已成为我国经济发展重要增长点。据统计，2020 年

---

① 《文化和旅游部办公厅关于组织开展 2021 年全国文化和旅游消费季活动的通知》，新浪网，2021 年 7 月 27 日，http：//k.sina.com.cn/article_ 7517400647_ 1c0126e470590170ks.html。

全国文化及相关产业增加值为 44945 亿元，比上年增长 1.31%（未扣除价格因素），占国内生产总值（GDP）的比重为 4.43%，比上年下降 0.07个百分点。① 2012~2020 年，我国的文化及相关产业的增加值不断地增长，金额从 2012 年的 18071 亿元增长到 2020 年的 44945 亿元，文化及相关产业增加值占同期 GDP 的比重也从 2012 年的 3.48% 提高到 2020 年的4.43%，上升了 0.95 个百分点，基本呈现逐年提高的态势（见图 1）。

图 1 2012~2020 年全国文化及相关产业增加值及其占同期 GDP 比重

资料来源：国家统计局网站。

与科技融合较为紧密的文化产业领域发展呈增长态势。2020 年，内容创作生产增长速度最快，实现增加值 10321 亿元，比上年增长 11.1%；新闻信息服务、文化投资运营、创意设计服务、文化消费终端生产行业均实现增长，分别比上年增长 7.7%、4.8%、1.2%、0.7%；文化娱乐休闲服务受疫情影响最严重，实现增加值 1922 亿元，比上年下降 19.8%；文化传播渠道、文化辅助生产和中介服务、文化装备生产均出现负增长，分别比上年下降

---

① 《2020 年全国文化及相关产业增加值占 GDP 比重为 4.43%》，国家统计局网站，2021 年 12月 29 日，http：//www.stats.gov.cn/xxgk/sjfb/zxfb2020/202112/t20211229_1825728.html。

5.9%、3.0%、2.3%。①

文化科技融合新业态发展动力持续增强。2021 年，数字文化新业态特征较为明显的 16 个行业小类实现营业收入 39623 亿元，比上年增长 18.9%；两年平均增长 20.5%，高于文化企业平均水平 11.6 个百分点；占文化企业营业收入的比重为 33.3%，比上年提高 0.8 个百分点。② 其中，可穿戴智能文化设备制造、互联网广告服务两个细分行业营业收入两年平均增速分别为 46.4% 和 31.8%。③

2. 线上虚拟文化消费和体验不断增长

疫情防控常态化时期，文化消费习惯与消费方式发生明显变化。线上与线下文化消费场景已深度嵌入居民日常生活。从线上文化消费活动情况及付费意愿来看，2021 年上半年：我国在线影视、视频直播实际体验人数占 40.0%，愿意付费人数占 35.2%；线上展演（歌剧、舞剧、音乐会等）实际体验人数占 55.8%，愿意付费人数占 57.2%；文化场馆云体验（线上博物馆、美术馆等）实际体验人数占 57.7%，愿意付费人数占 54.8%；知识充电（得到、喜马拉雅等知识付费平台）实际体验人数占 41.3%，愿意付费人数占 39.6%；在线网课（厨艺、编程、修图等）实际体验人数占 12.3%，愿意付费人数占 13.3%。④

疫情下，传统的线下文化产品或服务受到较大冲击，"云看展""云赏剧"等文化新业态出现，促进了传统文化的数字化转型。全息投影、互动投

---

① 《2020 年全国文化及相关产业增加值占 GDP 比重为 4.43%》，国家统计局网站，2021 年 12 月 29 日，http://www.stats.gov.cn/xxgk/sjfb/zxfb2020/202112/t20211229_1825728.html。

② 《国家统计局社科文司高级统计师张鹏解读 2021 年全国规模以上文化及相关产业企业营业收入数据》，国家统计局网站，2022 年 1 月 30 日，http://www.stats.gov.cn/tjsj/sjjd/202201/t20220130_1827159.html。

③ 《国家统计局社科文司高级统计师张鹏解读 2021 年全国规模以上文化及相关产业企业营业收入数据》，国家统计局网站，2022 年 1 月 30 日，http://www.stats.gov.cn/tjsj/sjjd/202201/t20220130_1827159.html。

④ 《2021 年上半年中国文化消费情况及未来文化消费发展趋势分析》，"智研咨询"百家号，2021 年 7 月 23 日，https://baijiahao.baidu.com/s?id=1706042267873874366&wfr=spider&for=pc。

影、LED 天幕等数字技术的快速发展和人工智能（AI）、增强现实（AR）、虚拟现实（VR）等场景技术的大量应用，以及一批新型展演、文化主题公园等关键技术及装备的应用与突破，增强了视觉表现力和沉浸式体验感，促进了以剧场、实景空间为载体的传统文化旅游演艺向以科技为支撑的多空间、沉浸式新型展演转变，在地文化 IP 与旅游的体验性、消费性有机融合，催生了一批沉浸式体验新业态，推动了文旅产业的集群化发展。今后，随着数字技术的发展与应用，数字文化消费意愿将持续被激发，市场主体将会更加积极乐观，文化创意产品也将会更加充分迎合广大人民群众多元化的文化消费需求，进而促进文化产业的数字化。

3. 元宇宙概念引领的文化经济开始出现

2021 年，元宇宙概念引爆全球，也加速了我国文化产业的数字化。虽然对于元宇宙的概念和定义众说纷纭，但并不影响它可能成为下一代互联网经济的热点话题。以腾讯、字节跳动、网易、米哈游等为代表的网络企业纷纷加码元宇宙赛道，围绕 AR/VR 硬件设施、3D 游戏引擎、内容制作平台等与元宇宙相关的多重领域拓展能力版图，依托微信、抖音、原神等王牌产品，既为场景化社交、虚拟偶像、自组游戏、加密艺术、虚拟旅游等新型网络文化产品创造更加广阔的商业发展前景，也为工业、文旅业、互联网业、游戏业、教育业等领域带来深远的影响和无尽的发展可能。[1] 比如，腾讯推出"全真互联网"，字节跳动用重金 90 亿布局元宇宙，A 股"中青宝"等元宇宙概念股被资本热捧，等等。

（三）科技驱动我国重点文化行业转型升级

试以互联网信息服务、创作表演服务、数字内容服务、设计服务四个重点文化产业领域为代表，从文化和科技融合的视角对其进行研究，归纳概括我国科技促进、支撑文化产业发展的特点与趋势。

---

[1] 北京大学文化产业研究院课题组：《北大报告：文化产业 10 大关键词、10 大特征、10 大趋势预测》，哔哩哔哩网站，2022 年 1 月 9 日，https://www.bilibili.com/read/cv14763405。

1. 互联网信息服务行业呈现新特点与新趋势

互联网信息服务行业是随着互联网的发展及网络媒体的出现形成的。据 2020 世界互联网大会·互联网发展论坛发布的《世界互联网发展报告 2020》，中国互联网发展领先其他国家，综合排名中国已跃居世界第二，仅次于美国。这既得益于信息传播技术的发展和基础建设的进步，也得益于政策的支持。

一是互联网服务行业快速发展。中国互联网络信息中心（CNNIC）在京发布的第 47 次《中国互联网络发展状况统计报告》显示，截至 2020 年 12 月，我国网民规模达 9.89 亿，较 2020 年 3 月增长了 8540 万，互联网普及率达 70.4%。2020 年，我国互联网行业在抵御新冠肺炎疫情和疫情常态化防控等方面发挥了积极作用，为我国成为全球唯一实现经济正增长的主要经济体、国内生产总值（GDP）首度突破百万亿、圆满完成脱贫攻坚任务做出了重要贡献。[1]

二是短视频影响力持续增强。2020 年下半年的复工复产推动了短视频电商直播的火爆。QM 数据显示，2020 年短视频月活跃用户规模达 8.72 亿，同比增量为 4900 万，增速为 6%，首次降至个位数，用户红利触顶；2020 年 12 月抖音月活跃用户达 5.36 亿，快手月活跃用户为 4.42 亿。[2] 随着抖音、快手等电商平台建设的不断完善，短视频、电商规模成绩凸显，用户黏性增强。

三是移动互联网催生数字消费新业态。随着人们生活和工作节奏的加快、时间碎片化程度的日益提高及社会群体流动性的日趋增强，信息传播受众将越来越多地利用零碎的时间来获取各种信息。移动终端具有便捷性和易于携带等多种特点，可以使用户在一天当中多次获取各类信息，大大优化了用户的体验。疫情下，人们的消费方式被重塑，网上零售、直播带货等新模式层出不穷。2020 年，基于移动互联网的"云上游""云看展"等旅游新

---

[1] 《中国网民规模接近 10 亿 互联网为抗疫赋能赋智》，"潇湘晨报"百家号，2021 年 2 月 3 日，https：//baijiahao. baidu. com/s？id＝1690647322002214715&wfr＝spider&for＝pc。

[2] 《于煊：中国移动短视频发展报告》，澎湃新闻，2021 年 8 月 2 日，https：//www. thepaper. cn/newsDetail_ forward_ 13851277。

业态、新模式迅速发展。全国有超过 100 个城市的 500 多个景点"上云"，用户可利用手机对其进行参观游览，"云游故宫"等活动给游客带来了全新的体验。从发展趋势来看，信息传播服务的移动化、数字化、智能化将成为未来消费行业发展的重要方向。

四是独角兽企业成为数字经济增长新引擎。2020 年中国独角兽数量再创高峰。互联信息服务领域，主要包括数字文娱、数字医疗、人工智能、新零售、电子商务、互联网教育等细分行业。长城战略咨询《中国独角兽企业研究报告 2021》数据显示，2020 年中国独角兽企业达 251 家，总估值首次超过万亿美元，其中估值超过（含）100 亿美元的超级独角兽共 12 家，包括字节跳动、快手、猿辅导、商汤科技等。[①]

2. 科技助力创作表演服务行业平稳发展

艺术创作是繁荣发展演出市场的基础，在某种程度上讲，也是促进市场经济的一个元素，演出市场又促进了市场经济多元化、多角度、全方位的繁荣发展，因此，艺术创作是繁荣发展演出市场的重要因素。近年来，我国创作表演市场快速发展，戏曲、歌舞、话剧、音乐等各类文艺演出及展览活动蓬勃发展。

一是科技助力演出行业持续平稳增长。近年来，各种新技术层出不穷，发展速度越来越快，如立体投影（3D MApping）、实时交互、VR、AR、MR、GLSL 等编程语言，还有实时渲染游戏引擎等，不断被应用于舞台演出。2019 年，演艺市场的经济规模增长至 538 亿元；2020 年受疫情影响，演艺市场经济规模有所缩小。[②] 不过从长期来看，随着艺术表演产业与互联网产业、信息技术产业、旅游产业、数字产业等逐渐融合发展，演艺市场将继续发展，艺术表演的形式和内容将更加丰富，经济和社会效益也将不断

---

① 《2020 各城市独角兽企业数量排名：北京第一，上海第二（附全名单）》，"中工招商网"百家号，2021 年 4 月 29 日，https：//baijiahao. baidu. com/s？id ＝ 1698363741513100841&wfr ＝ spider&for ＝ pc。

② 《2020 年中国演出行业市场现状与发展趋势分析 短暂困境后将回复持续增长状态》，"前瞻经济学人"百家号，2020 年 11 月 23 日，https：//baijiahao. baidu. com/s？id ＝ 168411214 3606168584&wfr ＝ spider&for ＝ pc。

提升。

二是文化科技融合催生云演艺等新业态。为解决上座率限制与演出成本之间矛盾反差等实际问题，鼓励引导演出业探索更加多元更具韧性的发展路径，演艺行业尝试运用5G为舞台艺术提供新支撑、开辟新路径、打造新业态。依托5G直播技术，中国移动咪咕公司在国内首创孵化了5G云演艺互动体验，包括云观众、云包厢等多个创新功能。咪咕音乐"5G+VR+AI云演艺直播新业态城市未来场景实验室"被评为成都市首批城市未来场景实验室。5G云演艺直播新业态实验室的场景创新，包括音乐+文创场景、云互动观演场景、全民直播场景和联合直播场景四大场景创新。

三是互联网思维助推演艺营销方式创新。互联网无疑为直接的观演交流提供了更为广阔的天地，原本事后的文化交流可以被前置到艺术的生产阶段，演员及经营者能够与观众进行更多的交流，及时获得观众的反馈意见。当下演出市场中存在着"粉丝经济"、全方位观演互动、网络平台营销等代表性现象，"85后"、"90后"，甚至"00后"这类成长、生活在网络时代的群体，已构成了当今文化消费群体中的重要人群，他们的思维方式及时间感、空间感都不同于以前的传统观众。充分借助互联网宣传平台和销售平台来进行精准营销的方式，也将越来越被戏剧、戏曲、舞蹈等演艺行业的经营者所关注。

四是科技赋能文旅演艺场景创新。线下演艺企业想要成功走到线上，需要充分了解用户需求，进行数字化的针对性设计，突破在有限的技术、资源和渠道范围内"简单复制"的局面，通过产业各方的多边协同，共创演艺行业新内容、新场景、新渠道。新内容意味着全新的拍摄、观看和聆听方式及全新的视听享受；新场景包括多视角、自由视角、自由缩放、AR/VR等，它们是基于5G、云、AI和超高清视频技术与实体场景融合后形成的空间视频体验；新渠道指将上述新内容、新场景保质保量地传递到更多用户手中。

3. 数字技术支撑数字内容服务快速发展

数字内容服务就是应用数字技术提供文化信息内容服务的产业，主要覆盖数字内容服务动漫、游戏数字内容服务/互联网游戏服务/多媒体、游戏动漫和数字出版软件开发/增值电信文化服务等领域。在 5G、AR/VR、人工智能、大数据、云计算及区块链技术等数字技术的有力支撑下，数字内容服务快速发展。

一是文化大数据体系建设稳步推进。2021 年是"十四五"开局之年，在 3 月公布的《中华人民共和国国民经济和社会发展第十四个五年规划和 2035 年远景目标纲要》中，专栏 13"社会主义文化繁荣发展工程"明确提出"分类采集梳理文化遗产数据，建设国家文化大数据体系"。这是国家文化大数据体系建设上升为国家战略并迈入全新发展阶段的重要标志。此后，中央部委发布的多个政策文件均对国家文化大数据体系建设有所提及，如：中宣部、国家发改委、教育部、科技部等九部门联合印发的《关于推进博物馆改革发展的指导意见》；文旅部发布的《"十四五"文化和旅游发展规划》和《"十四五"公共文化服务体系建设规划》；国家广播电视总局发布的《广播电视和网络视听"十四五"发展规划》。文化大数据体系是文化领域的"新基建"，其目的是适应新时代文化建设的新要求，顺应文化和科技深度融合的新趋势，夯实宣传文化事业发展的信息化基础。特别是在智慧文旅、智慧广电、公共文化服务等领域，文化大数据体系建设将释放巨大动能，从而为整个产业带来颠覆性的巨变。将国家文化大数据体系写入新基建"十四五"规划，正是为迎接数字化变革而提前谋篇布局。

二是数字文化消费向深度沉浸式体验演进。借助 VR、AR、MR、AI 等先进技术，促使现实世界和虚拟世界结合在一起，文化消费将给观众带来全新的沉浸感和临场感体验。未来沉浸式内容消费将进一步向"到场"体验深化，主要体现在真实场景 6DOF 带来的更高观看自由度、8K/12K 等更高显示清晰度、声音交互/触觉反馈/动作捕捉/传感器等多感官体验和交互方面。随着线上线下文化消费的融合，沉浸式媒体有望推动新兴文化业态和传统文化业态升级，释放科技文化融合潜力，掀起新一轮文化消费变革的大潮。

三是元宇宙开启我国数字内容服务的新时代。百度、腾讯、字节跳动等科技企业纷纷加码元宇宙赛道，在 AR/VR 硬件设施、3D 游戏引擎、内容制作平台等与元宇宙相关的多重领域拓展能力版图。随着 VR、AR、AI、5G 等技术水平不断提升，元宇宙的内涵也在不断拓展。

4. 设计服务与科技日渐融合

设计与科技融合发展的典型特征是通过应用数字技术、电子媒介技术开展媒体艺术设计，进而更好地表达和呈现创意内容。近年来，"设计+科技"理念在视频直播、网络表演、数字出版、动漫游戏、虚拟现实/增强现实的沉浸式体验、文化遗产数字化、博物馆空间智慧展示、数字新文创等广阔行业领域不断得到体现。

一是现代科技促使设计理念发生颠覆式革新。在创新设计领域，大数据、人工智能、虚拟现实、量子计算和区块链等技术及其所带来的新的生产工具，不断推动着生产力呈几何级数增长，颠覆式地改变生产关系，倒逼创新设计的思维与方法做出根本改变。特别是人工智能技术的发展，使人类的智能模式可以被人工智能所模仿，给创新设计的思维方法带来了颠覆式革新。

二是设计行业与人工智能、大数据技术融合的优势日益显现。人工智能赋能设计产业，不仅助推设计的规范化、自动化、系统化，还为企业提供充满个性化、艺术化的设计，重塑新型的视觉、听觉和物理的体验。在大数据技术的支撑下，设计服务根据大众的喜好进行精准设计，有效解决文化产品供需脱节的矛盾，找到产品成本和运营收入之间的平衡点，提升企业的经济效益。

三是交互设计将成为设计服务的新潮流。随着人工智能技术的发展，人机互动设计由传统的"被动式"交互日益转变为机器自主型更强"主动式"交互。具体来说，"被动式"的人机交互设计是由人来发出指令，机器只是对人的指令进行被动的反馈及交互。而"主动式"交互意味着机器的自主性更强，其可以通过感知系统和大数据深度学习等方式提升命令准确性，并通过对数据进行分析与整理、得出建议并进行预测的方式同人进行交流，这使得机器越来越变得像真人一样，而不需要其他人在这个过程中发出指令。未来，人机交互设计将成为设计服务领域的一个重要突破口。

三　北京文化科技融合发展现状与趋势展望

（一）促进文化科技融合的支持力度不断加大

1. 北京中长期规划引领文化科技融合

2020 年 12 月，中共北京市委审议通过《中共北京市委关于制定北京市国民经济和社会发展第十四个五年规划和二〇三五年远景目标的建议》，明确提出"扎实推进全国文化中心建设"，"实施文化产业数字化战略，推动文化与科技、旅游、金融等融合发展，培育发展新型文化企业、文化业态、文化消费模式"，① 为文化和科技融合提供了方向指引。

2021 年 11 月，中共北京市委、北京市人民政府印发的《北京市"十四五"时期国际科技创新中心建设规划》，明确将"推动文化与科技融合发展"列为其中的一项重要任务，提出要"推动数字技术在文化领域创新应用与场景落地""打造文化科技创新生态""推进设计之都建设"，② 进一步明确了"十四五"时期文化和科技融合发展方向。

北京市文化和旅游局印发的《北京市"十四五"时期文化和旅游发展规划》明确提出：提高公共文化服务科技含量，推进公共文化设施智能化升级，推进公共文化服务数字化建设；加强非物质文化遗产保护传承，推进非遗活态传承，拓展"非遗+"融合范围，开展"非遗+旅游""非遗+互联网""非遗+金融"等合作，利用市场化手段和现代科技促进非遗保护；合理利用北京历史文化名城资源，积极推动历史文化资源数字化和文化大数据

---

① 《中共北京市委关于制定北京市国民经济和社会发展第十四个五年规划和二〇三五年远景目标的建议》，北京市人民政府网站，2020 年 12 月 7 日，http://www.beijing.gov.cn/zhengce/zhengcefagui/202012/t20201207_2157969.html。

② 《中共北京市委　北京市人民政府关于印发〈北京市"十四五"时期国际科技创新中心建设规划〉的通知》，北京市人民政府网站，2021 年 11 月 24 日，http://www.beijing.gov.cn/zhengce/zhengcefagui/202111/t20211124_2543346.html。

体系建设，推出一批历史文化资源数字化展示体验项目。① 这对促进文化和科技融合发展具有重要指导作用。

广播电视和网络视听行业是文化和科技融合发展的典型产业。北京市广播电视局印发的《北京市"十四五"时期广播电视和网络视听发展规划》，将"科技创新能力全面提升"作为广播电视和网络视听发展的一个重要目标，明确提出：推动高品质内容创作生产，提升文化内容产品影响力；加快推进媒体深度融合发展，构建共融互通的全媒体传播格局；加快实施智慧广电工程，推进广播电视智慧化升级；推进新型传输网络体系建设，增强网络综合承载及服务能力；强化科技创新平台和标准化建设，推动文化科技融合发展。② 该规划注重谋划布局，以加速广播电视和网络视听与新一代信息技术融合创新为驱动，以深化事业管理与产业促进为抓手，以谋划布局"五新"、推进"两区"建设为契机，勇于担当，敢于作为，创新舆论宣传和媒体传播方式，加快培育壮大新业态新模式。

北京市文物局印发的《北京市"十四五"时期文物博物馆事业发展规划》明确提出："加大文物科技应用"，创新科研工作机制，编制文博领域高新科技应用纲要；实施标准化战略，促进"文物保护+标准化+科技创新"行动；推进考古发掘、文物结构安全检测与监测、文物修复与鉴定等领域的关键技术研发和应用，实现文物保护技术、装备、管理和服务升级。③

2. 文化科技融合政策体系进一步健全

2021 年，北京市着眼文化产业的总体布局和文化企业的实际需求，进一步增强政策响应能力、落地执行能力和企业服务能力，为实现文化和科技

---

① 《北京市文化和旅游局关于印发〈北京市"十四五"时期文化和旅游发展规划〉的通知》，北京市人民政府网站，2021 年 10 月 25 日，http://www.beijing.gov.cn/zhengce/zhengcefagui/202110/t20211025_ 2520206.html。

② 《北京市广播电视局关于印发〈北京市"十四五"时期广播电视和网络视听发展规划〉的通知》，北京市人民政府网站，2021 年 11 月 10 日，http://www.beijing.gov.cn/zhengce/zhengcefagui/202111/t20211126_ 2546333.html。

③ 《北京市文物局关于印发〈北京市"十四五"时期文物博物馆事业发展规划〉的通知》，北京市人民政府网站，2021 年 11 月 26 日，http://www.beijing.gov.cn/zhengce/zhengcefagui/202111/t20211126_ 2546690.html。

有机融合构建良好的制度环境。

围绕北京全球数字经济标杆城市建设，中共北京市委办公厅、北京市人民政府办公厅印发了《北京市关于加快建设全球数字经济标杆城市的实施方案》，提出："加快数字社会建设"，不断深化数字技术在各个社会事业领域的应用，提升公共服务、社会治理的数字化水平，数字教育、数字文化、数字社会保障、数字社区建设取得更大突破；以数字技术助推文化、商业、旅游融合发展，以数字链接、数字体验促进以文塑旅、以文带商、以旅彰文；引导数字平台企业健康有序发展，线上线下融合互动的应用场景更加普及。①

围绕北京国际消费中心城市建设，中共北京市委办公厅、北京市人民政府办公厅印发了《北京培育建设国际消费中心城市实施方案（2021—2025 年）》，将"文旅消费潜力释放行动"作为其中的一项重要任务，明确提出"挖掘文化资源优势""设计开发精品旅游线路""打造重磅文旅消费产品"，开展"非遗+旅游""非遗+互联网""非遗+文创"，利用市场化手段和现代科技促进非遗文化传播，鼓励市场主体拓展"文旅+科技"场景应用。②

围绕北京文化产业高质量发展，提升财政资金使用效益，服务全国文化中心建设，引导撬动金融资本扩大对北京文化产业的投融资规模，推动文化和金融的融合发展，缓解文化企业融资难、融资贵、融资慢问题，北京市文化改革和发展领导小组办公室制定出台了《北京市支持文化金融融合发展资金管理办法》③。同时，北京市国有文化资产管理中心印发了

---

① 《中共北京市委办公厅 北京市人民政府办公厅印发〈北京市关于加快建设全球数字经济标杆城市的实施方案〉的通知》，北京市人民政府网站，2021 年 8 月 3 日，http：//www.beijing.gov.cn/zhengce/zhengcefagui/202108/t20210803_ 2454581.html。

② 《中共北京市委办公厅 北京市人民政府办公厅关于印发〈北京培育建设国际消费中心城市实施方案（2021—2025 年）〉的通知》，北京市人民政府网站，2021 年 9 月 24 日，http：//www.beijing.gov.cn/zhengce/zhengcefagui/202109/t20210924_ 2500473.html。

③ 《关于印发〈北京市支持文化金融融合发展资金管理办法〉的通知》，北京市国有文化资产管理中心网站，2021 年 12 月 2 日，http：//wzb.beijing.gov.cn/wzbzc/bjwh/ff8080817a1cad4b017d7a7c2be203e0.html。

《北京市文化产业"投贷奖"政策实施细则》、《北京市文化产业"房租通"政策实施细则》及《北京市文化产业风险补偿政策实施细则》。[①]

围绕文化旅游领域"两区"建设，推进文化和旅游领域的开放创新，中共北京市委宣传部制定了《文化旅游领域"两区"建设工作方案》，明确提出："优化证照资源配置"，大力扶持新兴文化业态，积极推动网络视听、网络游戏、数字音乐、电子竞技等相关产业健康发展；"加大财税政策扶持力度"，鼓励文化产品和服务出口，加大对国家文化出口重点企业和项目扶持力度；扩大旅游业对外开放，推动文化"走出去"，以重大项目带动、促进文化旅游消费，推动文化交流融合，提高中国文化软实力。[②]

为提升文化科技创新力，培育文化新业态、新模式，通过聚焦和拓展数字技术在文化领域的应用，鼓励建设面向文化行业的开放创新服务平台，助力培育数字经济新动能。

（二）北京文化科技融合发展取得新成效

1. 科技创新支撑文化产业持续增长

文化产业是北京的重要支柱产业。近几年，北京的文化产业处于蓬勃发展阶段，市场活力日益凸显，成为当前经济增长的重要动力，对国民经济的贡献度也在平稳增长。2011～2019年，北京文化产业的增加值从2011年的1358.7亿元增长到2019年的3318.4亿元；文化产业增加值占同期GDP的比重也从2011年的7.9%提高到2019年的9.4%，增加了1.5个百分点（见图2）。

总体来看，"十三五"期间，北京的文化产业迈入高质量发展新阶

---

① 《北京市国有文化资产管理中心关于印发〈北京市文化产业"投贷奖"政策实施细则〉〈北京市文化产业"房租通"政策实施细则〉及〈北京市文化产业风险补偿政策实施细则〉的通知》，北京市国有文化资产管理中心网站，2021年12月2日，http://wzb.beijing.gov.cn/wzbzc/bjwh/ff8080817a1cad4b017d7a89fe8903e6.html。

② 《文化旅游领域"两区"建设工作方案》，北京市人民政府网站，2021年2月23日，http://www.beijing.gov.cn/zhengce/zhengcefagui/202102/t20210223_2286671.html。

图 2　2011~2019 年北京文化产业增加值及其占同期 GDP 比重

资料来源：《北京统计年鉴 2021》。

段，文化科技融合不断释放新活力。据统计，北京全市规模以上文化产业实现收入 12849.7 亿元、增加值 3318.4 亿元，均为"十二五"期末的1.7 倍；文化产业增加值占 GDP 比重保持增长态势，2019 年占比达9.4%，较"十二五"期末提高 1 个百分点，始终居全国首位。[①] "十四五"时期，北京市将进一步推进文化和科技深度融合，着力构建"高精尖"文化产业结构，奋力培育首都文化发展新动能，加快推进文化产业高质量发展。

　　2. 数字技术促进文化产业结构优化升级

　　当前北京正着力实施文化产业数字化战略，数字技术与文化内容融合发展的新业态正在蓬勃发展。网络直播、短视频、电子竞技、数字阅读、数字音乐、在线教育等文化新业态不断涌现，4D 电影、互动影视、线上博物馆等数字文化产品层出不穷，成为产业发展的新动能和增长点。据悉，北京规模以上文化科技融合企业收入占文化产业收入比重连续 3 年达 50%以上，年增速保持在 10%以上；2021 年上半年，北京文化新业态企业实现营业收入

---

① 《北京晒出"十三五"文化产业成绩单》，"新京报"App，2021 年 1 月 13 日，http：//m. bjnews. com. cn/detail/161051766715637. html。

占全国比重达 25.9%，成为文化产业高质量发展的重要引擎。[①] 随着文化和科技不断地向深度和广度融合，北京文化产业越来越呈现内涵化、数字化、智慧化、高端化、品质化、绿色化的新特征。

在科技创新的驱动下，北京文化产业在保持稳步增长的同时，不断优化调整产业内部结构。根据北京市统计局数据，2021 年，北京全市规模以上文化产业收入合计 17563.8 亿元，同比增长 17.5%。从具体行业领域来看，文化核心领域主导地位进一步得到巩固。全市规模以上文化核心领域收入合计 15848.3 亿元，同比增长 17.8%，占规模以上文化产业总收入的 90.2%；其中，与科技较为密切的新闻信息服务、创意设计服务、内容创作生产、文化传播渠道四大行业领域收入占全市规模以上文化产业总收入的 89.3%，凸显优势行业的主导地位。全市规模以上文化相关领域收入合计 1715.6 亿元，同比增长 14.4%，占规模以上文化产业总收入的 9.8%，成为文化相关领域实现增长的主要动力。[②] 北京规模以上文化产业 9 大行业领域的收入占比情况，详见图 3。

3. 文化科技龙头企业不断涌现

文化科技融合促进企业整体实力持续增强，龙头企业发展强劲。无论是国家文化和科技融合示范基地数量、数字文化娱乐独角兽企业数量，还是"全国文化企业 30 强"数量、国家文化出口重点企业和项目数量，北京均居全国首位。

国家文化和科技融合示范基地建设取得突出成效。2021 年，科技部等 5 部门公布了第四批国家文化和科技融合示范基地名单，[③] 共认定了 25 家单体类示范基地。其中，北京地区的故宫博物院、北大方正电子有限公司、完美世界（北京）软件科技发展有限公司、北京影谱科技股份有限公司、中

① 《数字+文化：北京文产发展新引擎》，"人民资讯"百家号，2021 年 9 月 10 日，https：//baijiahao. baidu. com/s？ id=1710465942423334155&wfr=spider&for=pc。

② 《规模以上文化产业情况》，北京市统计局网站，2022 年 2 月 7 日，http：//tjj. beijing. gov. cn/tjsj_ 31433/yjdsj_ 31440/wh/2021/202202/t20220207_ 2605342. html。

③ 《第四批国家文化和科技融合示范基地名单公示 30 家或将入选！》，新浪财经，2021 年 9 月 29 日，http：//finance. sina. com. cn/jjxw/2021-09-29/doc-iktzqtyt8839618. shtml。

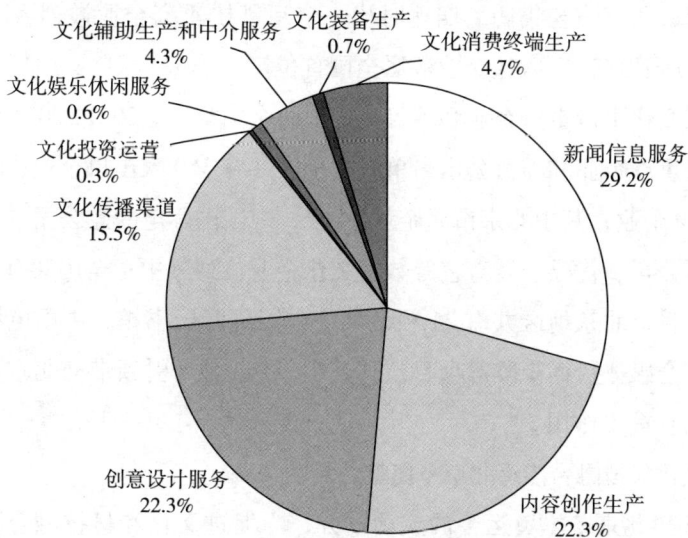

图 3　2021 年北京市规模以上文化产业 9 大行业领域的收入占比情况

资料来源：北京市统计局网站。

文在线数字出版集团股份有限公司、新维畅想数字科技（北京）有限公司 6
家机构在名单之列。至此，北京地区已有 11 家国家文化和科技融合示范基
地，包括 1 家聚集类示范基地和 10 家单体类示范基地。

　　文化科技型的独角兽企业继续领跑全国。依托丰富的文化资源和发达的
数字技术，北京高估值的数字文娱型独角兽企业继续领跑全国。2020 年的
独角兽企业榜单显示，北京数字文娱独角兽企业共 11 家，[①] 在全国占比约
为 60%，其中既包括字节跳动、快手等大型互联网企业，也包括一下科技、
阿里音乐、知乎、乐元素、快看漫画、一点资讯、太合音乐、得到、雪球财
经等数字文化领域的代表性文化企业。

　　"全国文化企业 30 强"入选企业数继续位居前列。2020 年，北京地区
的完美世界、光线传媒、保利文化 3 家企业进入"全国文化企业 30 强"，

---

① 《2020 各城市独角兽企业数量排名：北京第一，上海第二（附全名单）》，"中工招商网"
百家号，2021 年 4 月 29 日，https：//baijiahao. baidu. com/s？id = 1698363741513100841&
wfr = spider&for = pc。

歌华传媒、北京演艺集团、四达时代、掌阅科技 4 家企业被列入"全国文化企业 30 强提名",入选企业数居全国首位。

国家文化出口重点企业和项目数量位居全国第一。2021~2022 年度国家文化出口重点企业和项目公示名单中,全国共有 369 家出口企业,北京地区共有 69 家企业,其中北京市属企业 34 家,中国国际电视总公司、央视动漫集团有限公司、优酷、爱奇艺等数字文化企业位列其中;全国共有 122 项重点出口项目,北京地区共有 31 项,其中中国国际云书馆、中国电视长城平台、国际全媒体传播矩阵等项目位列其中。① 这对于引领带动北京数字文化产业发展有重要作用。

4. 文化科技融合演绎北京冬奥魅力

2022 年北京冬季奥运会的成功举办,为促进文化和科技融合发展、加快文化资源的开发利用、扩大文化交流与合作、推动中华文化走向世界带来重大机遇。北京冬奥会从赛前筹备,到开幕式表演、比赛,再到闭幕式,各个环节都注重充分发挥文化科技融合的作用,展示中国的文化魅力。

冬奥会开闭幕式完美体现文化科技融合理念。开幕式通过运用数字视听技术,将冬奥文化创意完美地呈现在世人面前,并建成了全球最大的城市化 8K 立体播放体系,分布于全市各区及 150 多个社区的 20 块大屏、200 余台 8K 电视机,使得冬奥期间播出的 200 小时以上 8K 节目的画面更清晰、色彩更靓丽,让观众领略了现代科技的魅力。② 在闭幕式上,AR 中国结惊艳亮相,一条条红色丝带通过特效从四面八方"飞"向鸟巢,缠绕住场内悬挂的巨型雪花火炬,并将此装点成一个巨大的红色"中国结"。这个"中国结"由数字 AR 技术生成,以超高的精细度形成仿真的视觉效果,就像一个巨大的实体装置挂在鸟巢上空,完美演绎了文化和科技的融合。科技创新为冬奥会插上科技的翅膀。本届冬奥会先后共有 212 项技术落地应

---

① 《关于公示 2021-2022 年度国家文化出口重点企业和重点项目名单的通知》,中国商务部网站,2021 年 7 月 27 日,http://www.mofcom.gov.cn/article/zwgk/gztz/202107/20210703180727.shtml。

② 郑金武:《为北京冬奥会插上科技的翅膀》,科学网,2022 年 2 月 18 日,https://news.sciencenet.cn/htmlnews/2022/2/474164.shtm。

用，涉及 60 多个细分应用场景，其中，有 4 项技术是全球首次推出，有 33 项技术是在冬奥会首次使用，充分彰显了科技的创新力量。① 本届冬奥会使用了许多"黑科技"，如冬奥场馆技术、制冰技术等，实现了许多"第一次"的突破，也首次全部使用绿色清洁电力。为了让赛事更好看，北京使用了超高清 8K 转播、人工智能等数字与仿真技术，在转播、技术、内容制作等多方面刷新了纪录，是迄今为止收视率最高的一届冬奥会。同时，还应用高新科技，让运动员的生活起居更加丰富多彩。例如，北京冬奥村（冬残奥村）成为一大亮点，高新技术也在这里得到了较好的展现，下沉广场成为运动员及随队官员享受一站式生活服务和体验文化的地方；数字时空舱采用沉浸式的方式带领观众领略古代奥林匹克和北京文化遗址的风采；桌面裸眼 3D 则通过全息投影等先进技术对三大赛区竞赛场馆进行立体展示。

"手语播报数字人"让"无声世界"共同感受冰雪热情。随着北京 2022 年冬奥会拉开帷幕，相关比赛热度一度攀升。需要注意的是，在本届冬奥会期间，虚拟数字人是重要技术之一。为了让听力障碍人群更好地体验冬奥会的盛况，北京市科委特地立项实施了"冬奥会手语广播数字人系统"，使得在北京广播电视台的《北京您早》节目播出冬奥会新闻时，屏幕的左下角增加了一个精通手语广播的"虚拟人"。② 此系统可以提供全流程智能化的手语生成服务，根据语音自动以手语播报冬奥会相关信息，从而使得听障群体也能感受北京冬奥的赛事盛况。③ 据悉，"手语播报数字人"的应用场景广泛：一方面，可以为新闻媒体提供全流程智能化的数字人手语生

---

① 《北京冬奥闭幕：如何用科技力量演绎中国式"浪漫与空灵"》，"澎湃"百家号，2022 年 2 月 21 日，https：//m. thepaper. cn/baijiahao_ 16790284。

② 《北京冬奥会｜"手语播报数字人"：让"无声世界"感受冬奥魅力》，"新华社新媒体"百家号，2022 年 2 月 10 日，https：//baijiahao. baidu. com/s？id = 1724348458864681667&wfr = spider&for = pc。

③ 《北京冬奥会｜"手语播报数字人"：让"无声世界"感受冬奥魅力》，"新华社新媒体"百家号，2022 年 2 月 10 日，https：//baijiahao. baidu. com/s？id = 1724348458864681667&wfr = spider&for = pc。

成服务，方便听障人士快速了解新闻简讯；另一方面，可将声音广播内容转化为手语，为听障人士播报冬奥会赛事情况、赛场成绩，便于其获取即时信息。① 未来，随着5G、人工智能等现代科技的不断突破，虚拟数字人将越来越备受关注，用科技演绎艺术，为观众带来更新颖更多元的表演。

（三）北京文化重点行业与科技融合发展势头强劲

1.数字技术赋能互联网信息服务发展

近年来，北京充分发挥科技与文化优势，推进文化产业信息化、数字化、智能化建设，优化北京市文化产业的产业结构及管理体系，促进文化产品和服务价值创新，进而提升北京文化品牌形象。当前北京正在深入挖掘京味文化内涵，利用5G、人工智能、AR/VR、物联网、大数据、云计算等现代科技，保护、传承和利用首都深厚的历史文化遗产，促进文化产业数字化转型升级。

一是互联网信息服务开启新局面。疫情下，市民新闻信息需求更加强烈，电视收视率大幅提升，主流媒体公信力彰显。媒体融合加速，移动化、社交化、可视化、平台化的新媒体运营成为发展重点。2020年，规模以上新闻信息服务业收入合计4231.6亿元，在9个行业领域中居首位，同比增长26.2%，占全市规模以上文化产业收入的27.4%；资产总计7296.5亿元，同比增长43.5%，占全市规模以上文化产业资产的29.2%。② 从企业的角度看，京东智联云就是较好的案例。京东云作为京东集团旗下的云计算综合服务提供商，在"云主机""云数据库""云产品""云服务"等方面积累了丰富的经验和优势，凭借"京东无接触智能温感筛查系统"助力企业复工复产，成功入选"企业创新服务案例"，为其他

---

① 《北京冬奥会丨"手语播报数字人"：让"无声世界"感受冬奥魅力》，"新华社新媒体"百家号，2022年2月10日，https://baijiahao.baidu.com/s? id = 1724348458864681667& wfr=spider&for=pc。

② 北京市国有文化资产管理中心、中国传媒大学文化产业管理学院：《北京文化产业发展白皮书（2021）》，2021年11月。

企业利用科技防控疫情、促进经济复苏提供了经验借鉴。再如，北京数字文化馆通过 PC 端、H5 端、App、微信公众号等多种方式，开展了各类群众文化活动，包括各类演出、直播、展览、讲座培训、摄影大赛、全民艺术普及微视频等，内容涵盖了广场舞蹈、歌唱、器乐书法、美术、摄影、戏曲等各类文化产品和服务，让广大市民群众可以便捷地参与各项市民文化节活动并享受各类优质文化资源；北京久其软件公司，从 2012 年开始，就策略性地迎合以云计算、大数据、物联网和移动互联网为核心的新兴信息技术趋势，采取"内生+外延"相结合的方式，在保证传统业务快速增长的前提下，持续服务众多国内外一线品牌客户，涵盖快消、旅游、3C、政企、互联网、媒体、汽车、医药、电商、游戏等多个领域，积极打造"久其+"生态体系，如今已经成为中国大数据产业生态联盟的核心成员和副理事长单位。

二是新的产业增长极将不断涌现。互联网信息服务通过与各方的连接、与线下业务的融合，实现人与人、人与信息、人与服务等的连接，推出移动社交、电子商务、在线办公等各种线上应用，满足了人们沟通、生活及工作等各方面的需求；而随着参与者数量的增多，又进一步促进了互联网服务业的快速发展。[1] 北京市企业在大数据、人工智能、社交、短视频、电商购物、新闻资讯等多个新兴领域实力凸显，字节跳动、小米、百度、美团、第四范式等企业入选 2020 年多项榜单。"宅经济"催生了直播带货等新模式，使得消费向线上转移，进而不断刺激人们的网购热情。如百度飞桨，它是百度自主研发的平台，也是国内首个开源开放、技术领先、功能完备的产业级深度学习平台[2]，被 2020 年中国国际服务贸易交易会评为"科技创新服务示范案例"。据悉，百度飞桨汇聚开发者数量达 370 万，服务 14 万企事业单位，产生了 42.5 万个模型；助力开发者快速实现 AI 想法，高效上线 AI 业

---

[1] 《互联网信息服务业乘风破浪》，浙江省经济和信息化厅网站，2020 年 8 月 3 日，http：//jxt. zj. gov. cn/art/2020/8/3/art_ 1562851_ 53889867. html。

[2] 《百度飞桨牵手中关村智酷，共创产业 AI 人才培养新机制》，"砍柴网"百家号，2021 年 3 月 12 日，https：//baijiahao. baidu. com/s? id=1694018104828190747&wfr=spider&for=pc。

务，帮助越来越多的行业完成 AI 赋能，实现产业智能化升级。再如，北京玖扬传媒有限公司，积极响应国家大数据战略，致力于伏羲云文化大数据云服务平台的研发、建设和运营，文化大数据底层关联集成的应用，增强数字文化服务能力，创新文化数字化传播渠道和方式，为更多的人提供守正、互动、关联的文化服务。

三是互联网信息服务在疫情防控常态化时期发挥着保障作用。主流媒体集体发力建设新媒体传播矩阵，用户规模和触达人数大幅提升。"央视频"对武汉火神山、雷神山医院建设进行全天 24 小时直播，最高吸引 5700 多万人同时在线观看；"央视新闻"抖音平台推出"战疫 Vlog"系列，累计播放量超过 7 亿次。互联网服务信息领域新业态层出不穷。《新京报》2020 年在各类传播平台的传播端口约为 500 个，覆盖人群超过 2.5 亿，每日阅读量超过 5 亿次。互联网资讯平台用户规模和使用率持续增长，如今日头条全年共发布内容 6.5 亿条，累计获赞 430 亿次，同比增长 377.8%。① 再如北京数字认证，以密码技术为核心，经过 20 多年，形成了网络信任服务、数字资产保护、网络安全服务的业务格局，应用覆盖政务、医疗、金融、教育、交通、电信等多个行业，为近千万企业用户和数亿个人用户提供网络安全服务。它在疫情防控常态化时期搭建的"电子认证云服务平台"，助力全国医疗卫生机构智慧战"疫"。② 另外，疫情防控常态化时期，金山办公在原有四大产品战略"多屏、云、内容和 AI"基础上，将协作加入公司的产品战略，并将此技术能力赋予公司所有产品，促使金山文档及其相关协作产品用户数快速增长，创下了 2.38 亿月活的成绩③。

2. 科技与创作表演服务日益融合

创作表演服务主要指文艺创作与表演、群众文体活动、其他文化艺术业

① 北京市国有文化资产管理中心、中国传媒大学文化产业管理学院：《北京文化产业发展白皮书（2021）》，2021 年 11 月。
② 《数字认证助力全国医疗卫生机构智慧战"疫"》，中国网，2020 年 4 月 28 日，http：//news. china. com. cn/txt/2020-04/28/content_ 75987852. htm。
③ 《3 步轻松作图 金山文档推出"金山海报"功能》，网易科技，2021 年 6 月 29 日，https：//www. 163. com/tech/article/GDLCL65V00099A7M. html。

等，既包括文学、美术创造，又包括戏曲、歌舞、音乐、杂技等表演艺术活动，还包括对各种主要由城乡群众参与的文艺类演出、比赛、展览等公益性文化活动的管理活动，以及网络（手机）文化服务，史料、史志编辑服务，艺（美）术品、收藏品鉴定和评估服务，街头报刊橱窗管理服务和其他未列明文化艺术服务。随着数字技术等现代科技的发展，近年来北京科技与创新表演服务的融合也在日益推进。

一是传统演艺加速数字化转型。在疫情的倒逼之下，传统演艺加速数字化转型升级。例如北京演艺集团，建立了"京演剧场"线上演出平台，在2020年推出了首届线上演出季，在快手等平台上的线上总观演人数超过2亿人次，是2019年集团全年所有线下演出观众总数（285万）的70倍[①]。对演艺行业来说，互联网除了是一种宣传手段之外，还是其创新发展的新领域、新阵地，线上演出将越来越成为演艺行业发展的新常态及新的增长点。例如，2021年10月由中共北京市委宣传部主办，东城区委宣传部、西城区委宣传部、北京演艺集团承办的"会馆有戏"系列演出之"遇见颜料"在青云胡同中的颜料会馆登台，此次演出以"民乐+"为主题，加以多样的艺术门类融合嫁接和数字技术的使用，串联起颜料会馆与现代的演出审美，更营造了沉浸式氛围。

二是"云演艺"等创新业态成为发展热点。疫情防控常态化时期，线下消费场景的受限，倒逼演艺机构加强与互联网平台合作，促使传统创作表演业态向"云端"转型升级，"云看展""云演艺""云视听""云旅游"等不断涌现，释放新的发展活力。如北京京剧院推出传统大戏赏析栏目，将《龙凤呈祥》《四郎探母》等12台传统经典剧目推送到"云剧场"，获得较好成效。

三是人工智能等数字技术赋能艺术创作和表演。随着数字技术在文娱应用领域的不断突破与创新，创作方式的数字化及设计的人性化逐渐成为艺术

---

① 赵佳琛：《大力支持传统演艺行业发展新兴文化业态》，中国人民政治协商会议北京市委员会网站，2020年9月18日，http：//www.bjzx.gov.cn/zxqk/bjgc/bjgc202009/sdf202009/202009/t20200918_30830.html。

家所要思考的问题。当前，数字媒体艺术已成为艺术创作的潮流新趋势，从视听艺术到视听交互，从虚拟现实到人与作品之间沟通的交互媒体，数字技术丰富了艺术家们的创作思路。① 同时，数字技术还改变了舞台艺术创作形式，丰富了舞台表演的内容，使得整个舞台空间产生巨大的变化，给人们带来了全新的视听盛宴。② 例如，小冰团队推出全球首次 AI 与人类乐队的音乐实验——做梦计划第一季"潜入虚拟世界"，在北京发布首批音乐作品。据介绍，在这场沉浸式音乐创作实验中，小冰框架内的 10 位人工智能音乐人，为 11 支人类乐队提供了人工智能词曲创作动机辅助，并承担起部分演唱及封面视觉设计的全套工作。③ 再如，在清华大学主办的"弦外之音——听见未来"的创意音乐会上，3 位与人类身高相仿的机器人"乐手"，或执竹笛、或弹箜篌、或敲排鼓，与民族音乐演奏家方锦龙同台奏乐，带来"中国风"机器人乐队与人类艺术家的合作表演。④

四是数字舞美将成为舞台发展的主流与方向。数字技术在舞美领域的应用，科技创新与文化创意日益交互融合，既突破了传统演出舞台形式，又丰富了数字舞美指导下的演艺作品，涌现了一批数字影像、虚拟现实、交互体验等文化科技成果。

以"梅兰芳数字人"为例，它是以 26 岁的梅兰芳先生本人为原型，将 3D 影视级 CG 仿真技术、人工智能多模态交互技术及 3D 引擎的实时交互实时渲染的跨领域技术融合，最大限度地再现了梅兰芳先生。再如，2022 年北京台春晚"苏小妹"，它是蓝色光标集团打造的第一个在元宇宙里苏醒的虚拟古代人物，其最大的亮点是虚拟人"苏小妹"和真人刘宇的交互设计，节目效

① 《你不可不知的数字时代下的舞台美术!》，数字展示在线，2019 年 3 月 17 日，http：//www.szzs360.com/news/2019/3/2019_ 1_ zs49677.htm。

② 《你不可不知的数字时代下的舞台美术!》，数字展示在线，2019 年 3 月 17 日，http：//www.szzs360.com/news/2019/3/2019_ 1_ zs49677.htm。

③ 《小冰推出全球首次 AI 与人类乐队的音乐实验》，"IT 之家"百家号，2021 年 9 月 27 日，https：//baijiahao.baidu.com/s? id=1712060884420241634&wfr=spider&for=pc。

④ 《清华"墨甲"来了! 当国乐艺术家遇上机器人乐队……》，"新华社客户端"百家号，2021 年 4 月 11 日，https：//baijiahao.baidu.com/s? id=1696734715807044398&wfr=spider&for=pc。

果不仅是二次元和三次元的碰撞破壁，也是科技感和国风的融合破壁。

3. 数字内容服务展现数字技术和文化内容融合的魅力

数字内容服务是文化和科技融合的典型业态，兼具数字与文化两方面的特征，涵盖动漫游戏数字内容服务、互联网游戏服务、多媒体/游戏动漫和数字出版软件开发、增值电信文化服务及其他文化数字内容服务等领域。北京当前正在着力打造国际数字标杆城市，其在数字内容产业领域既具有得天独厚的优势资源，又具有义不容辞的责任担当。

一是数据标准体系建设正在扎实推进。北京市大数据标准体系建设的一大亮点是，以目录链为核心，用标准重构数据制定体系。针对多年来未能从根本上解决的数据共享问题，北京市建立了目录区块链系统，利用区块链将60多个部门的职责、目录及数据连接在一起，为数据汇聚共享、优化营商环境提供支撑。当前，北京市正着力构建国际一流、国内领先的北京大数据标准体系，力求研制出一批大数据基础性、关键性标准，将北京市大数据打造成全国标准化的标杆。许多领头企业也在着力推进数据标准体系建设。比如咪咕音乐7.0版本全场景沉浸音乐体验，它是中国移动公司基于移动体系，充分发挥通信网、互联网、广电网等技术体系优势及自身5G、AI的技术优势，多维度开展的音乐业务。在产业侧，咪咕音乐着力建立"5G+视频彩铃产业联盟"，并牵头制定中国首个5G音乐标准；在业务侧，咪咕音乐力求为用户提供至臻音质、臻3D、极光音效等音乐服务，升级视频彩铃功能，进一步创新云演艺业务体验。

二是数字内容供给日益丰富。疫情防控常态化时期，为了丰富公众的精神文化生活，满足广大人民群众的学习、阅读等精神文化需求，北京76家出版单位在2020年发起了新型冠状病毒感染的肺炎疫情防控"+我一个"行动计划，开放在线教育、网络文学、数字音乐、数字阅读、有声读物等免费优质内容资源供给。① 文化文物单位积极与新媒体平台、数字文化企业合

① 《紧跟社会热点：各出版单位开放图书、音乐、有声读物等多种免费数字内容资源》，"中国财富网"百家号，2020年2月5日，https：//baijiahao.baidu.com/s？id=165766569 5768711264&wfr=spider&for=pc。

作互动，运用 5G、VR、AR、人工智能、多媒体等技术开发馆藏资源，探索"互联网+展陈"新模式，让观众在家也能逛故宫、看展览、赏文物、学历史等。数字出版业已步入高质量发展阶段，中华书局各类数字出版机构着力提升产品质量，精品佳作不断涌现。比如，云上 VR 书店，依托中国移动云 VR 技术，将线下游览书店、选书购书搬到了云端，让用户足不出户就能按照自己设计的路线"漫游"书店，在阅读领域通过 5G"浸"在眼前。2020 年龙源数字传媒集团打造的"数字书刊亭"，是一款具备杂志展示与阅读功能的大型触摸屏产品，它集结了文化服务、便民服务、线上与线下的多重服务内容与形式，从生活化及实用性的角度出发，致力为用户带来更为方便的日常服务。再如，华为 & 中国歌剧舞剧院的《舞上春》，于 2021 年 4 月在北京天桥艺术中心大剧场成功上演，通过"艺术+技术"的有机融合，为全国乃至全世界用户提供了网上观演的新体验。

三是数字内容产业生态环境将迎来重大变革。随着科技创新的推动和 IP 运营生态的日渐成熟，数字技术正在与内容产业加深融合，特别是 5G 商用的提速，使得数字内容企业不断突破所在圈层，数字内容产业生态环境或将面临新一轮洗牌。[①] 随着新消费需求和新型业态的不断出现，多个领域乃至整个数字内容产业的生态格局将出现发展拐点。景区景点、主题公园、文化街区、展览展会也纷纷应用虚拟现实技术、超高清技术等开展沉浸式体验项目与服务。例如，北京歌华文化发展集团与玉渊潭公园联合举办了北京国际光影艺术季"万物共生"户外光影艺术沉浸式体验展。再如"相约北京"国际艺术节，通过"云剧场""云演出"等"云"的形式演绎百年经典。"相约北京"国际艺术节自 2000 年以来已成功举办 22 届，于 2022 年 1 月 6 日至 2 月 18 日举行的第 22 届"相约北京"国际艺术节，聚焦北京冬奥会，设立表演艺术、视觉艺术、电影展映、城市活动和庆典活动五大版块，运用多种高新技术及"线上+线下"的形式，为观众呈现来自 22 个国家和地区

---

① 《数字出版产业新发展、新趋势》，长江传媒网站，2020 年 12 月 22 日，https：//www.600757.com.cn/contents/150/43039.html。

的百场展演活动，以及艺术论坛和演出推介会，进而为北京冬奥会营造浓郁的文化氛围和良好舆论环境，展现北京作为世界首座"双奥之城"的独特文化魅力。①

四是媒体深度融合发展将进一步提速。北京市在推动媒体融合过程中，坚持技术创新驱动，强化关键核心技术攻关，推动5G、大数据、人工智能、云计算、区块链等新技术在媒体融合各流程、各环节的综合应用，结合庆祝建党100周年活动、北京冬奥会筹办等，积极布局5G+8K新技术应用场景，进而促进媒体形态和传播方式的加速升级。比如2021年12月29日，中关村数字音乐作为数字文化中关村2021品牌活动之一，由海淀区委宣传部指导、实创股份主办的"线上中关村数字音乐声音发布会"聚势启幕，通过吸纳百度（有人工智能）、抖音（有音乐短视频）等先锋力量，持续推动数字技术与文化产业的同频共振，丰富和优化文化产品供给，进而促进科技青年创新文化新圈层建设。

4."科技+设计"展现北京"设计之都"新面貌

设计服务是一种立足于提升产品服务的价值与品质而开展的创造性活动，包括建筑设计服务、工业设计服务、专业设计服务等。北京自2012年获得"设计之都"殊荣以来，设计服务的品牌影响力不断提升。

一是科技与设计服务的融合环境进一步优化。北京拥有丰富的科技资源和设计资源，各类设计企业达2万余家，拥有北京工业设计创意产业基地、751D·PARK北京时尚设计广场等设计产业集聚区。为进一步利用好设计资源，持续推进"设计之都"建设，《北京市推进全国文化中心建设中长期规划（2019年—2035年）》《北京市"十四五"时期国际科技创新中心建设规划》等政策文件进一步明确了"设计之都"的建设目标。2021年北京编制完成《张家湾设计小镇启动区规划综合实施方案》，旨在充分挖掘现有工业遗存资源，提升本地区绿化和公共空间品

---

① 《第22届"相约北京"国际艺术节将如约而至》，中国军网，2021年12月28日，http://www.81.cn/2021zt/2021-12/28/content_10118832.htm。

质，打造具有地域特色的空间环境。

二是北京"设计之都"品牌优势和影响力持续扩大。北京立足建设有首都文化特色的设计名城，大力推动设计服务业加快发展。北京每年举办的国际设计周等知名品牌活动，持续推动全国相关行业发展和国内外设计业交流。"北京礼物"作为北京旅游商品和文创产品的标志性品牌，吸引众多企业和作品参与评选，其中54家企业的543件商品通过了"北京礼物"的首批认证，成为代表北京形象的城市名片。比如，上汽R汽车以"空间即体验"为核心设计理念，创造了沉浸式体验空间"想象魔盒"，结合裸眼3D MApping Show，携"智慧新物种"ES33、"全球首款5G智能车"MARVEL R及"续航'芯'霸王"ER6三款重磅车型强势出击上海国际车展，为观众带来了一场科技与想象兼具的视听盛宴。①

三是科技与设计跨界合作日趋成熟。北京正在以时尚设计产业为抓手，以科技为支撑，推动设计与人工智能、智能制造、新能源汽车、新材料、节能环保等高精尖产业深度融合，打造城市新名片。"科技+设计"为北京冬奥会开幕式打造全新视觉体验：通过运用数字技术，在开幕式上冰立方显现历届奥运会标志冰雕；随着冰球运动员击打冰球，激光刻刀雕刻出晶莹剔透的冰五环，破冰而出；还有孩子们手持和平鸽模型的舞蹈，运用人工智能动作捕捉技术，实时捕捉逐个动作，生成脚下动态轨迹。这些都是数字技术与创新性设计表达的精彩融合。同时，北京还打造了全国首个5G智慧工地，中建八局一公司与中国联通在2019年6月率先开展合作，在京东集团总部二期2号楼项目C座，探索5G与智慧工地的结合②，成为引领行业发展的示范标杆。例如，北京智能建筑科技有限公司，作为北京冬奥会和北京市智能建筑的平台公司，引入了5G、人工智能物联网、数字孪生等前沿技

① 《"无人区玫瑰"惊艳绽放　ES33领衔R汽车上海车展参展阵容》，"新华网"百家号，2021年4月19日，https：//baijiahao. baidu. com/s? id＝1697466322672572251&wfr＝spider&for＝pc。

② 《全国首个5G智慧工地，颠覆你对建筑工地的认识》，预制建筑网，http：//www. precast. com. cn/index. php/subject_ detail-id-15011. html。

术，将鸟巢打造成全球首个 5G＋AI＋IoT 大型文化体育场馆，展现了智慧建设的"北京经验""冬奥方案"。在打造冬奥科技示范的同时，北京智能建筑科技有限公司还积极面向市场，与远洋集团、首开集团、中国网球公开赛、万通集团、金隅集团、东升科技园、中国联通、中国残联、同仁堂等形成合作。

四是科技赋能设计点亮美好生活。成功的设计，不仅需要立足当代社会风潮，还需要先进科技赋能，将数字科技与现代设计理念、中华传统文化有机融合，挖掘利用好文化和科技两方面的资源。例如，北京如影智能科技有限公司，以"信仰极致用户体验"为价值观，打通了智能硬件与家居设计之间的沟壑，推出了一系列的智能家居产品。如影咖啡机器人是目前唯一会制作拉花的机器人，如影设计的智慧厨房机械臂能向大家展示如影在 AI 领域的深度学习能力，还能向米其林三星大厨学习煎牛排技能，在家就能达到米其林餐厅的水准。北京奔驰顺义工厂从设计建造之初就全面对标 56 号工厂，将梅赛德斯-奔驰乘用车生产运营 360（MO360）所提倡的"数字化、柔性化、高效、可持续"智造理念贯穿其中，构建了数字化生产体系。再如，北京首钢工业园，将工业遗存与现代产业相结合，通过在国有土地资产上进行用地混合使用，工业构筑物改造，植入奥运、科技和创意文化等功能，在促进产业新旧动能转换的同时，探索新的城市活力空间，形成了老工业区改造的首钢模式。

四　北京文化科技融合面临的问题与挑战

（一）文化科技融合政策体系有待进一步健全

促进文化和科技有机融合，推动落实国家文化数字化战略，既需要培育壮大数字文化产业新业态、新场景，也需要促进传统文化产业数字化转型。北京仍需进一步完善有利于文化产业科技创新的政策体系。例如，北京有关促进文化和科技融合的政策内容主要被包含在《北京市推进全国文化中心建设中长期规划（2019年—2035年）》《北京加强全国科技创新中心建设总体方案》等文件中，尚无专门针对文化和科技融合的行动计划、实施方案及文化科技融合示范基地、示范企业认定管理办法等政策措施；尤其是在疫情防控常态化时期，"文化+科技"作为支持经济复苏的强有力生长点，支持力度亟待加大，发展方向亟待明确。又如，资本市场对中小文化企业的促进作用有待加强，目前北交所对"专精特新"企业的释义，有待在文化类企业领域进一步拓展，① 以支持"业态之专、技术之精、发展之特、创意之新"的文化企业发展。再如，有利于文化和科技融合发展的相关监督管理机制需要完善，文化产业知识产权保护、文化消费安全保护等方面的制度建设相对滞后。

（二）文化科技融合创新能力仍需继续增强

近年来，北京在推进文化和科技融合方面取得了重要进展。研究发现②，将2014年作为评价基期（指数100），2019年北京文化科技融合规模指数递增至175.9，同比增长17.6，显示北京文化科技融合发展近年来取得稳步成效。虽然2019年指数的同比增幅有所下降，但仍高于2015～2017年的同比增幅水平。北京的互联网信息服务、数字内容、设计服务、创作表演等众多产业都取得了长足发展。2019年，北京地区文化科技融合发展在与上海、广东、浙江、四川等省市对比中排名第一，综合指数为74.7。相较于其他省市，北京在文化科技融合发展中拥有明显的优势与产业特色。然而，北京在文化和科技融合及文化企业科技创新效能、文化企业创新人力资源投入、公共文化服务水平等方面还有较大的提升空间。今后北京应进一步重视文化基础条件与文化人文环境建设，给予"聚人少、占地少"的高端文化产业更大的发展空间，依托5G、大数据、人工智能、AR/VR等高新技术，推进文化产业不断向更高质量、更高水平方向迈进。

---

① 盛波：《全国政协委员、希肯文化董事长安庭：将文化类企业纳入北交所"专精特新"范畴》，上海证券报网站，2022年3月9日，https://jrz.cnstock.com/yw/202203/4841624.htm。
② 详见本书B.2《北京文化科技融合发展评价报告（2022）》。

（三）数字化文化资源有待进一步加强创造性转化利用

当前北京的文化资源要素供给已经不是缺不缺、够不够的问题，而是好不好、精不精的问题，仍然存在有"数量"缺"质量"、有"高原"缺"高峰"的现象，以及缺乏文化创意、文化科技研发等高端人才等问题。北京具有多元丰富的历史文化资源。截至 2020 年底，北京共有博物馆 197 个，其中免费开放 90 个；公共图书馆 24 个，藏书量 7208 万册；档案馆 18 个，馆藏案卷 977.3 万卷件；群众艺术馆、文化馆 20 个。[①] 同时，北京还聚集了全国最为丰富的科技创新资源，拥有全国最多的高等院校、科研机构及中央企业。[②] 如何统筹利用好这些资源要素，通过搭建数字化文化服务平台，引导和扩大数字文化消费，满足人们日益丰富多元的文化需求，激活文化产业的数字化创新能力，促进文化资源数字化和产业化，是当前北京面临的现实问题。

（四）重点文化行业科技创新发展水平有待提升

近年来，北京的互联网信息服务等重点文化行业虽已取得较好成绩，但与北京建设全国文化中心、国际科技创新中心的定位相比，还存在数字化不足、创新能力弱、附加值偏低等问题。例如，在互联网信息服务方面，需要加强文化领域的新基建，促进文化大数据体系建设，丰富文化领域的应用场景，促进网络音视频等产业发展；在创作表演服务方面，存在过分依赖新设备、求新求变、炒作包装等问题，导致创作表演流于形式表面、失去核心文化和轻视艺术表演者基本功；在数字内容服务方面，既要加快培育发展数字文旅、电竞游戏等新型文化业态，又要加速传统文化产业的数字化转型；在

[①] 《北京市 2020 年国民经济和社会发展统计公报》，北京市统计局、国家统计局北京调查总队网站，2021 年 3 月 12 日，http://tjj.beijing.gov.cn/tjsj_31433/tjgb_31445/ndgb_31446/202103/t20210311_2304398.html。

[②] 《北京专报丨国家发改委答海报新闻：将布局若干区域科技创新中心》，"海报新闻"百家号，2021 年 9 月 29 日，https://baijiahao.baidu.com/s? id = 1712215767489780452&wfr = spider&for = pc。

设计服务方面，还需要继续促进科技与设计产业融合发展，大力发展数字设计产业。这些都是北京文化和科技融合面临的现实问题。

（五）首都文化的品牌影响力有待进一步提升

与其他省市相比，北京拥有强大而雄厚的文化实力和科技创新实力，但与世界发达国家和地区相比，北京还缺乏一批文化科技融合的龙头企业，存在企业的全球竞争力不足、创意内容核心环节式微和营销传播渠道狭窄等问题，文化 IP 全球影响力有限。创作表演、数字内容、设计创意等数字文化产品的全球竞争力和影响力，对于提升北京乃至我国文化软实力具有重要意义。如何通过增强科技创新对文化产业的支撑引领作用，塑造具有较强竞争力的文化 IP 品牌，加快建设全国文化中心，是当下北京文化产业发展面临的重要问题。

五 推进北京文化科技融合的思路与对策

（一）完善文化与科技融合发展政策体系

加强顶层设计。充分发挥全国文化中心、国际科技创新中心领导小组的统筹组织作用，促进中共市委宣传部，市财政局，市科委、中关村管委会，市文化局，市文物局，以及证券监管机构等相关部门的沟通交流，完善文化科技创新政策，提高资源配置效率。

制定专门的"促进北京文化和科技融合发展意见"。构建多层次、宽领域、分阶段推进的政策支持体系，根据文化产业的不同领域及企业的发展规模分类施策。其一，突出重点，给予投入大、见效慢、外部性强的文旅产业领域更多的经费支持，鼓励和引导其开展数字技术的研发与应用，并积极争取国家政策性资金支持。其二，对于经济效益相对较好的动漫游戏、网络视听等领域的文化企业，简化审批手续，激发其"走出去"的动力。其三，鼓励演艺类、影视类等文化产业利用数字技术出精品，对取得较好成绩的企业或产品给予奖励。

充分发挥资本市场对中小企业的促进作用，引导文化企业加强文化和科技融合发展。将文化类企业纳入北京证券交易所"专精特新"政策的认定范畴与实施框架，与创业板、科创板形成特色差异；新三板应为北京证券交易所培育更多的文化类上市企业，证监会、北交所和股转系统应该给予文化类企业足够重视，明确转板北京证券交易所的上市标准，给予优秀文化类企业进一步的资本市场上升空间。①

完善知识产权保护体系。加强司法、行政、技术和标准之间的结合，完善数字内容、文化创意等领域的审批流程和管理体系，通过设立北京文化科技融合、文化产业知识产权保护工作站，为文化产业及产品提供展示交易和维权的平台；成立文化科技融合产业行业协会或研究会，积极发挥文化行业、科技行业组织在平台搭建、信息交流、行业自律、版权保护、信用体系建设等方面的作用。

（二）增强文化科技创新能力

加强文化领域的原始科技创新。在北京设立文化科技融合重大专项，鼓励企业、高校、科研院所开展文化领域的关键核心技术研究，促进创新链与产业链有效对接。加强新基建布局，持续推进物联网、人工智能（AI）、量子计算、网络安全等关键核心技术在文化领域的研发与突破。加强文化领域的基础设施建设和服务平台建设，强化对高端文化装备制造领域的研发建造，着力提升文化技术装备水平。促进数字技术在文化领域的应用与渗透。围绕文化产业数字化发展的关键环节，积极推进网络技术、云计算、大数据、超高清、5G、人工智能、虚拟现实等高新技术的集成创新和转化应用，在推动文博馆、艺术品、旅游休闲等进行数字化转型的同时，培育发展电竞游戏、数字文旅、网络视听、线上演播、沉浸体验等新型文化业态。

---

① 盛波：《全国政协委员、希肯文化董事长安庭：将文化类企业纳入北交所"专精特新"范畴》，上海证券报网站，2022年3月9日，https://jrz. cnstock. com/yw/202203/4841624. htm.

推进文化领域行业技术标准的制定与应用。将文化技术纳入北京市重点发展的技术标准领域，鼓励高校、科研院所、企业加强文化产业关键技术标准、文化新产品标准的研究和制定，支持龙头企业承担和参与文化领域的国际技术标准、国家技术标准、行业技术标准及地方技术标准等的制定，出台并按照有关文件规定，对于参与技术标准制定工作的相关机构给予一定的支持。

（三）挖掘利用好文化科技资源

培育提升文化科技创新主体的活力。大力促进文化和科技领域的企业、科研院所等创新主体的融通共生成长，通过设立文化科技创新基金等形式，引导各类资本进入数字文化产业领域。支持企业开展文化领域的技术研发、运用及技术标准的制定，根据文化领域的不同及企业规划的大小进行分类支持，对符合条件的文化企业及科技企业，通过财政支持、税费减免等形式，努力降低文化领域科技创新、产业转型发展的成本。

聚力发展数字文化产业。顺应文化消费数字化的新趋势新特点，以满足国内外市场需求为导向，依托北京丰富扎实的文化资源和科技资源，优化数字文化装备与产品的供给结构，鼓励企业不断丰富和创新数字文化产品及服务。以"互联网+""云平台""云观展"新媒体等为载体，培育壮大新兴文化市场，促进数字技术在文化产业的创新与应用，优化和拓展文化产品的传播渠道，提升文化产业的服务效能。利用数字技术，大力开发网络视听、动漫游戏、创意设计、沉浸式演艺、旅游休闲等服务性消费，鼓励其开展内容创新、形式创新、服务创新，带动相关产业发展。加强文化科技融合平台建设。推进北京文化和科技融合示范基地建设，发挥中关村集聚类及利亚德等单体类两大类国家文化和科技融合示范基地的作用，鼓励建设专业化的数字文化服务平台。聚焦互联网信息服务、创作表演服务、数字内容服务及设计服务等细分领域，打造一批集科技创新、文化创意等功能要素于一体的服务平台。优化文化科技融合市场营商环境和创新生态。发挥北京服务业开放示范区、自贸试验区"两区"的先行示范作用，推进文化服务领域有序开放，在互联网、影视、文物、非遗、文化艺术、动漫游戏等文化服务领域争取更多的先行先试开放措施；搭建文化和科技共建共享平台，促进各类文化生产要素自由流动，着力破除文化领域的各类显性、隐性壁垒，不断提高文化生产要素市场运行的便利化、规范化、法治化程度；完善文化科技融合市场信用体系，建立守信激励和失信惩戒机制，完善市场监管体系，逐步清理、废除各种不利于文化科技融合市场公平竞争的政策和体制。

加强冬奥文化遗产资源的利用，打造北京"双奥之城"世界品牌。北京是全球首个"双奥之城"，2008 年的夏季奥运会和 2022 年的冬季奥运会的成功举办，给北京留下了丰厚的文化遗产。以 2022 年举办冬季奥运会为契机，创新利用奥运资源，传承奥运精神，持续放大奥运效应。加强冬奥会文化遗产传承与保护的宣传与研究，广泛引起社会各界的高度重视；建立科学的北京冬奥会文化遗产认证评估体系，挖掘利用好冬奥会的文化遗产资源，不断擦亮北京"双奥之城"的世界品牌，向全世界展示中国和北京的形象，传播中国和北京的声音，讲好中国和北京的故事。

（四）促进重点文化行业高质量发展

为推进全国文化中心建设和国际科技创新中心建设，北京还需要大力加强互联网信息服务、创作表演服务、数字内容服务及设计服务等重点文化细分行业与高新科技的融合创新，持续推进文化产业高质量发展。

加强文化领域的"新基建"，促进互联网信息服务产业发展。落实落细《关于推进实施国家文化数字化战略的意见》，围绕文化产业数字化战略，顺应互联网信息服务产业发展和文化产业的数字化变革需求，加强文化领域的新型基础设施建设。[1] 推进文化大数据体系建设，从文化产业的供给端、生产端、需求端和云端"四端"发力，[2] 借助广电网络实现互联互通，重塑

---

[1] 《中共中央办公厅 国务院办公厅印发〈关于推进实施国家文化数字化战略的意见〉》，中国政府网，2022 年 5 月 22 日，http://www.gov.cn/zhengce/2022-05/22/content_ 5691759. htm。

[2] 高书生：《国家文化大数据建设：加速文化界"新基建"促进文化产业转型升级》，《清华金融评论》2020 年第 10 期。

文化产业链的发展格局，着力促进网络音视频等产业的高质量发展；推进文化领域的"云、网、端"设施建设，加强新技术在新闻传播、新媒体等领域的前瞻性研究和应用；搭建"互联网+"等便捷文化营销平台，整合各种文化和科技、旅游优势产品资源，推进电子商务与文化及旅游行业的预订、销售、支付等各环节深度融合，提升文化产业的经济和社会效益。

促进科技和创作表演的融合发展，增强创作表演服务能力。其一，鼓励创作表演团队强练文化基本功，加大对创作表演服务的原创产品的支持力度，支持引导文艺表演团体创作、使用优秀剧本；着力提升创作表演服务水平。其二，鼓励创作表演团队利用大数据技术，更好地了解市场需求和公众的喜好，为创作表演做好前期的理论研究和趋势预判。其三，支持创作表演团队使用互联网、新媒体、人工智能、AR/VR/MR、数字化展示等现代技术，增强创新表演服务的表现力、感染力和影响力。

实施文化产业数字化战略，推进数字内容产业高质量发展。其一，大力推动优秀文化资源数字化，加强5G、多媒体技术、大数据技术、虚拟现实等技术在文化产业领域的研发与应用，通过实施文化精品数字化工程，引导优秀文化资源与关键数字技术实现有效链接。其二，重点培育壮大数字文化新业态，加速发展网络视听、动漫、电竞、数字影视、数字出版等重点新兴产业，打造一批具有国际竞争力的数字内容产业集群。其三，鼓励企业搭建非遗直播、"图书外卖"、文创产品推广等平台，促进传统文化产业数字化转型。其四，加强知识产权保护，充分发挥区块链技术在隐私保护、链上数据安全等方面的技术优势，不断提升数字内容产业的治理水平。

推进创意设计与科技深度融合，提升设计服务水平。其一，支持数字设计等新业态发展，依托人工智能、虚拟现实、5G等高新技术丰富设计产业的内容，拓展创意设计产业的发展途径。其二，促进设计服务数字化转型，鼓励广告会展、服装设计等传统产业实现数字化转化，支持创意设计企业开发适宜互联网、移动终端的数字文化产品。其三，优化设计服务产业的生态环境，制订北京"设计之都"建设中长期发展规划及相关建设计划，构建面向未来、面向世界、高端引领的设计产业体系，实施首都设计产业提升计划，会集大量高端设计人才，将北京建设成文化和科技融合的世界设计高地。

（五）提升北京文化品牌的国际影响力

充分利用数字技术，打造超级文化 IP。其一，加强原创能力建设，鼓励社会各界重视对我国优秀传统文化的传承与传播，支持文化企业挖掘利用本土文化的内涵和元素，同时充分发挥互联网、人工智能等数字技术的支撑作用，促进文化产品开发、流通与模式创新，进而提高文创产品的效率、质量与价值。其二，增强数字技术对传统文化产业的赋能，鼓励对文物、非物质文化遗产、旅游、艺术品等相关文化资源的创造性开发利用，积极推进文博馆等公共文化资源的数字化、智能化。其三，挖掘利用已有的文化 IP，将同一个文化 IP 通过包装与创意，分别应用到数字游戏、数字影视、数字动漫、数字出版等不同文化行业的细分领域，做活做新做亮北京乃至我国的文化元素，打造更加持久、更加旺盛的原创 IP，赋能新兴数字文化业态发展。

做大做强文化科技产业集群，延伸产业链条。其一，充分发挥中关村国家文化和科技融合示范基地的载体作用，加强海淀、东城、西城、朝阳、石景山五个分基地的统筹合作，健全文化科技融合服务体系，推动形成各具特色的"文化+科技"产业集群。其二，通过制定落实市级文化和科技融合示范基地认定管理办法，整合优化文化和科技两类资源的配置，建设一批特色鲜明的数字文化产业基地或者园区，助推北京文化科技产业发展壮大。其三，发挥龙头企业的示范引领作用，通过认定文化科技融合示范企业，鼓励文化科技企业以各种形式进入传统文化产品领域，培育一批具有国际竞争力的文化科技企业。

紧扣"国内国际双循环"新格局，提升北京文化的影响力和竞争力。其一，围绕国家和北京市重大事件、重大活动的需求，依托 2022 年冬奥会、北京中轴线申遗等规模大、影响广的重大事件和活动，深入挖掘其对数字文化建设的相关需求，在筹备、举办和后续利用过程中，强化数字技术等高新技术与文化产业的融合发展，开发丰富多彩的数字文创产品。其二，利用建设"两区"的叠加政策红利，高水平扩大对外开放，放宽市场准入，加速文化科技融合新业态、新模式的落地，促进国内国际双循环。其三，利用服贸会、科博会、国际设计周、中关村论坛、金融街论坛等平台优势，吸引国际优质文化品牌首店、顶尖创新设计机构和文化人才、科技人才的集聚，鼓励举办国际性的文娱演出、艺术品展会等。其四，贯彻落实"一带一路"倡议，畅通对外文化交流渠道，与共建"一带一路"国家持续深入文化科技创新领域的合作与交流，推动首都文化产品"走出去"，不断提升首都文化产业的品牌影响力、国际竞争力和全球引领力。

评 价 篇
Evaluation Report

B.2
北京文化科技融合发展
评价报告（2022）

张国会　王海峰　伊 彤*

摘　要： 本报告对上一年度构建的"区域文化科技融合发展评价指标体系2.0版"做了新的调整，形成了"区域文化科技融合发展评价指标体系3.0版"，进一步提升了评价指标的合理性和可靠性。用评价指标体系3.0版对2014~2019年北京地区文化科技融合发展情况进行评价，结果显示，2019年北京市文化科技融合发展指数达175.9，较2018年提高17.6，比2014年基期指数提高75.9。分领域看，文化科技融合基础、融合产出和融合环境三大指数都保持逐年稳定增长趋势；融合投入指数虽在2018年出现小幅下降，但2019年同比再次呈现上升趋势。对

---

* 张国会，北京市科学技术研究院创新发展战略研究所副研究员，研究方向为科技管理；王海峰，高级统计师，研究方向为科技统计分析，现就职于泰康人寿保险有限责任公司；伊彤，北京市科学技术研究院创新发展战略研究所所长、研究员，研究方向为科技战略、科技政策、科技管理。

2019 年北京、上海、广东、浙江、天津、四川六省市的文化科技融合水平进行测算的结果显示，六省市中北京指数最高，浙江居第二位，上海居第三位，广东居第四位，天津、四川分居第五、第六位。综合分析得出，北京文化科技融合发展总体优势突出，但在文化基础设施建设方面仍有改善空间，同时在文化制造业科技人力资源投入、利用资金优势加速创新突破等方面的压力也愈加显现。

关键词： 文化科技融合 融合发展 北京

本报告在《北京文化科技融合发展报告（2019）》"评价篇"和《北京文化科技融合发展报告（2020）》"评价篇"的研究基础上，对相关指标和数据进行了调整和优化，构建了"区域文化科技融合发展评价指标体系 3.0 版"，并据此对 2014~2019 年的北京文化科技融合发展情况进行指数测算与趋势分析，以期更加系统、准确地反映和描绘北京文化科技融合发展的特征和画像，把握北京文化科技融合的总体进展情况；同时对比 2019 年北京与上海、广东等国内文化科技融合发展较好的若干省市文化科技融合发展水平，明确北京文化科技融合发展的优势和短板。

一 区域文化科技融合发展指标体系完善研究

（一）区域文化科技融合评价指标体系3.0版及调整说明

随着课题组研究与认识的持续深入，我们在不断地调整与完善文化科技融合发展评价指标体系，以更加有效地反映与阐释北京文化科技融合发展水平与成效。

1. 区域文化科技融合纵向评价指标体系3.0版

在《北京文化科技融合发展报告（2019）》"评价篇"中，我们构建了区域文化科技融合评价指标体系1.0版，评价指标体系包括融合基础、融合投入、融合产出、融合环境4个一级指标、8个二级指标和21个三级指标。

在《北京文化科技融合发展报告（2020）》"评价篇"中，我们对评价指标体系进行了调整与完善，形成区域文化科技融合评价指标体系2.0版。评价指标体系的一级指标没有变化，仍然是融合基础、融合投入、融合产出、融合环境4个；二级指标数量没有变化，为8个，但是具体指标名称及内容有所完善；三级指标增加了1个指标，指标总数量增加到22个。

本报告进一步完善并构建了区域文化科技融合评价指标体系3.0版，在2.0版基础上对2个二级指标和5个三级指标进行了调整。区域文化科技融合发展评价指标体系3.0版涵盖4个一级指标、8个二级指标及22个三级指标，指标数量没有变化，但是调整了2个二级指标的名称和内容，对5个三级指标进行了更改（见表1）。

依据区域文化科技融合评价指标体系3.0版，对2014年以来北京地区文化科技融合发展进行连续年度的纵向评价，系统地描述北京自确立"四个中心"功能定位以来文化科技融合发展的总体形势与水平；同时对2019年北京和上海、天津、浙江、广东、四川6省市进行横向对比评价，为从时间横截面上对比分析北京文化科技融合发展位势与成效提供指标数据的判断依据。

表1 区域文化科技融合评价指标体系3.0版

一级指标	二级指标	三级指标
融合基础 （1/4）	文化基础（1/2）	万人拥有博物馆、公共图书馆、艺术表演场馆数（个/万人）
		地区居民人均文化娱乐消费支出（元/人）
		规模以上文化企业营业收入（亿元）

续表

一级指标	二级指标	三级指标
融合基础 (1/4)	科技基础(1/2)	研究与试验发展(R&D)经费投入强度(%)
		地区万人有效专利数(项/万人)
		高技术产业增加值占地区 GDP 比重(%)
融合投入 (1/4)	人力投入(1/2)	人文社科 R&D 人员全时当量(人年)
		规模以上文化制造企业 R&D 人员折合全时当量(人年)
	财力投入(1/2)	年度科普经费筹集额(万元)
		规模以上文化制造业企业 R&D 经费内部支出(万元)
融合产出 (1/4)	产出质量(1/2)	文化及相关产业发明专利授权数(项)
		规模以上文化制造企业新产品销售收入(万元)
		中国广播电视科技创新奖获奖项数(项)
	产出效率(1/2)	规模以上文化及相关产业劳动生产率(万元/人)
		规模以上文化及相关产业企业总资产利润率(%)
		国家文化出口重点企业数量占规上文化企业比(%)
融合环境 (1/4)	经济环境(1/2)	地区人均 GDP(万元/人)
		人均社会消费品零售总额(元/人)
		地方一般公共预算收入(亿元)
	社会环境(1/2)	人均互联网宽带接入端口(个/人)
		每万人口参加科普(技)讲座、展览人次(人次/万人)
		国家文化和科技融合示范基地数(个)

区域文化科技融合评价指标体系3.0版整个指标体系的基本框架仍然沿用往年研究思路与框架，包括"融合基础""融合投入""融合产出""融合环境"4个一级指标。"融合基础""融合投入""融合环境"三个一级指标的二级指标也保持稳定，沿用以前年度研究成果。对"融合产出"下的二级指标稍做调整（具体变动情况见表2）。

"融合基础"涵盖"文化基础"与"科技基础"2个二级指标及6个三级指标。分别从地区文化场馆、居民文化支出、文化企业发展、科技研发投入、专利技术创新能力、科技企业发展等角度呈现地区的文化发展基础与科技发展基础。

"融合投入"下设"人力投入"与"财力投入"2 个二级指标及 4 个三级指标。着力从社会层面的人文领域科技人力投入和科技领域的人文经费投入，以及文化企业层面的科技人力投入与科技经费投入等角度描述地区的文化科技融合投入情况。

"融合产出"下设"产出质量"和"产出效率"2 个二级指标。其中"产出质量"下设"文化及相关产业发明专利授权数（项）""规模以上文化制造企业新产品销售收入（万元）""中国广播电视科技创新奖获奖项数（项）"3 个三级指标，分别从文化产业专利技术研发与申请水平、新产品开发能力及文化产品科技创新能力获得社会荣誉与社会认可等角度来描述一个地区的文化科技融合产出质量。"产出效率"下设"规模以上文化及相关产业劳动生产率（万元/人）""规模以上文化及相关产业企业总资产利润率（%）""国家文化出口重点企业数量占规上文化企业比（%）"3 个三级指标，分别从文化产业从业人员产出效率、文化产业资产产出效率及国家重点出口企业的培育率等角度，体现一个地区文化产业的科技融合产出效率。

"融合环境"包括"经济环境"与"社会环境"2 个二级指标及 6 个三级指标。分别从经济环境、社会环境两个方面，从社会、居民、政府三个层面，从地区社会财富人均创造能力、人居消费水平、政府财力、互联网现代设施水平、社会人文科技意识与参加活动、政府政策环境等角度，力争较为系统、全面地反映一个地区的文化科技融合发展环境与未来增长潜力。

2. 具体评价指标的调整说明

相对于区域文化科技融合评价指标体系 2.0 版，区域文化科技融合评价指标体系 3.0 版 4 个一级指标维持不变；二级指标数量仍为 8 个，融合产出中的 2 个二级指标具体指标名称及内容有变化与完善；三级指标数量仍为 22 个，但是相对于 2.0 版，对 5 个具体指标进行了调整（见表 2）。

表2 区域文化科技融合评价指标体系 3.0 版与 2.0 版对比

一级指标	二级指标（2.0 版）	三级指标（2.0 版）	三级指标（3.0 版）	二级指标（3.0 版）
融合基础	文化基础	万人拥有博物馆、公共图书馆、艺术表演场馆数（个/万人）	万人拥有博物馆、公共图书馆、艺术表演场馆数（个/万人）	文化基础
		地区居民人均文化娱乐消费支出（元/人）	地区居民人均文化娱乐消费支出（元/人）	
		规模以上文化企业营业收入（亿元）	规模以上文化企业营业收入（亿元）	
	科技基础	研究与试验发展（R&D）经费投入强度（%）	研究与试验发展（R&D）经费投入强度（%）	科技基础
		地区万人有效专利数（项/万人）	地区万人有效专利数（项/万人）	
		高技术产业增加值占地区 GDP 比重（%）	高技术产业增加值占地区 GDP 比重（%）	
融合投入	人力投入	人文社科 R&D 人员全时当量（人年）	人文社科 R&D 人员全时当量（人年）	人力投入
		规模以上文化制造企业 R&D 人员折合全时当量（人年）	规模以上文化制造企业 R&D 人员折合全时当量（人年）	
	财力投入	年度科普经费筹集额（万元）	年度科普经费筹集额（万元）	财力投入
		规模以上文化制造业企业 R&D 经费内部支出（万元）	规模以上文化制造业企业 R&D 经费内部支出（万元）	
融合产出	数量产出	文化及相关产业发明专利授权数（项）	文化及相关产业发明专利授权数（项）	产出质量
		规模以上文化制造企业新产品开发项目数（项）	规模以上文化制造企业新产品销售收入（万元）	
		游戏、动漫企业营业收入总额（万元）	中国广播电视相关科技创新奖获奖项数（项）	
	质量产出	当年文化企业认定国高新数（家）	规模以上文化及相关产业劳动生产率（万元/人）	产出效率
		广播影视科技创新奖情况（项）	规模以上文化及相关产业资产利润率（%）	
		国家文化出口重点企业数量（家）	国家文化出口重点企业数量占规上文化企业比（%）	
融合环境	经济环境	人均社会消费品零售总额（元/人）	人均社会消费品零售总额（元/人）	经济环境
		地区人均 GDP（万元/人）	地区人均 GDP（万元/人）	
		地方一般公共预算收入（亿元）	地方一般公共预算收入（亿元）	
	社会环境	人均互联网宽带接入端口（个/人）	人均互联网宽带接入端口（个/人）	社会环境
		每万人口参加科普（技）讲座、展览人次（人次/万人）	每万人口参加科普（技）讲座、展览人次（人次/万人）	
		国家文化和科技融合示范基地数（个）	国家文化和科技融合示范基地数（个）	

（1）一级指标"融合产出"下的二级指标变化情况

原为"数量产出"和"质量产出"，现调整为"产出质量"与"产出效率"，以更好地对应所包含的三级指标，也有利于从更科学、更全面的视角衡量和反映区域文化科技融合发展的成效和水平。

（2）二级指标"产出质量"下三级指标变化情况

"规模以上文化制造企业新产品开发项目数（项）"指标调整为"规模以上文化制造企业新产品销售收入（万元）"。对指标进行调整，能更全面地反映新产品开发的市场价值。

"广播影视科技创新奖情况（项）"指标调整为"中国广播电视科技创新奖获奖项数（项）"。由于原采用指标"广播影视科技创新奖"没有开展新一年的评奖活动，因此改为"中国广播电视科技创新奖获奖项数（项）"指标。中国广播电视科技创新奖是经国家科学技术部 2006 年批准设立的全国范围评选活动，具有权威性，能够在很大程度上反映国内各省市广播影视科技创新水平和优秀成果。

"游戏、动漫企业营业收入总额（万元）"和"当年文化企业认定国高新数（家）"2 个指标为相关企业提供的数据，为进一步确保指标来源的权威性、稳定性、可靠性，将此 2 个指标舍弃。

（3）二级指标"产出效率"下三级指标变化情况

增加"规模以上文化及相关产业劳动生产率（万元/人）"和"规模以上文化及相关产业企业总资产利润率（％）"2 个指标。在经济学概念中，劳动力与资本是经济生产中两个最基本的投入要素，劳动力产出率与资本产出率是反映经济发展效率的 2 个重要指标。"规模以上文化及相关产业劳动生产率（万元/人）"可从从业人员生产效能方面全面体现一个地区文化产业的生产效率与创新状态。劳动生产率越高，说明人力要素发挥了更大效能，工作"更出活"，或因从业人员具有更高的科技与知识素养，而拥有更强的劳动与创造财富的能力。"规模以上文化及相关产业企业总资产利润率（％）"指标在一定程度上可反映资本投入的效能及营利增值能力。在相同的资产投入水平下，文化企业的利润率越高，往往说明企业更加注重创新，从而有能力实现资本的更多增值。

"国家文化出口重点企业数量（家）"指标调整为"国家文化出口重点企业数量占规上文化企业比（%）"指标。一般情况下，文化企业的创意和科技创新程度越高，越能够得到国内外市场的认可，更有可能被认定为"国家文化出口重点企业"。一个地区规上文化企业中拥有的国家文化出口重点企业数量占比越高，说明该地区的文化企业更加注重创意与科技的力量，使用该指标更有助于准确体现一个地区文化企业的创新创意发展成效与发展高度。

3. 简化用于地区比较的评价指标体系

本报告简化用于省市之间横向对比的区域文化科技融合评价指标体系，一级指标仍然沿用以前年度总的研究思路，指标体系由"融合基础""融合投入""融合产出""融合环境"4个一级指标构成，具体指标总数量仍为10个（见表3）。

表3　简化的区域文化科技融合评价指标体系3.0版

一级指标	具体指标
融合基础	万人拥有博物馆、公共图书馆、艺术表演场馆数（个/万人）
	研究与试验发展（R&D）经费投入强度（%）
融合投入	规模以上文化制造企业R&D人员折合全时当量（人年）
	年度科普经费筹集额（万元）
融合产出	文化及相关产业发明专利授权数（项）
	中国广播电视科技创新奖获奖项数（项）
	规模以上文化及相关产业劳动生产率（万元/人）
	规模以上文化及相关产业企业总资产利润率（%）
融合环境	人均社会消费品零售总额（元/人）
	人均互联网宽带接入端口（个/人）

"融合基础"下设"万人拥有博物馆、公共图书馆、艺术表演场馆数（个/万人）""研究与试验发展（R&D）经费投入强度（%）"2个指标，从文化场馆基础设施建设水平与科技研发投入经费两个角度，分别反映地区

的文化及科技基础。

"融合投入"下设"规模以上文化制造企业 R&D 人员折合全时当量（人年）"和"年度科普经费筹集额（万元）"2 个指标，从文化企业科技人员投入和全社会科技人文经费等角度反映地区的人员与经费投入情况。

"融合产出"下设"文化及相关产业发明专利授权数（项）""中国广播电视科技创新奖获奖项数（项）""规模以上文化及相关产业劳动生产率（万元/人）""规模以上文化及相关产业企业总资产利润率（%）"4 个具体指标，分别从文化产出的质量与效率两个方面，从文化产业的专利技术研发能力、创新产品获得社会荣誉和奖励、从业人员劳动效率、资产配置效率等角度反映地区间的文化科技融合发展成效与差异。

"融合环境"下设"人均社会消费品零售总额（元/人）""人均互联网宽带接入端口（个/人）"2 个指标，期望从人均消费水平、互联网现代设施条件等角度反映地区的文化科技外部综合发展环境与未来增长空间。

简化的评价指标体系用于北京、天津、上海、浙江、广东、四川 6 省市的对比分析，从省市间横向对比角度反映北京文化科技融合在全国的地位与处境，分析其优势与短板，从更宽广的视角认识北京文化科技融合整体水平与发展态势。

4. 简化的评价指标调整说明

与区域文化科技融合横向评价指标体系 2.0 版相比，区域文化科技融合横向评价指标体系 3.0 版受纵向评价指标体系中具体指标变动影响，具体指标略有变动。具体指标变动主要涉及"融合产出"一级指标下的 3 个具体指标（见表 4）。

表 4　简化的区域文化科技融合评价指标体系 3.0 版与 2.0 版对比

一级指标	具体指标(2.0 版)	具体指标(3.0 版)
融合基础	万人拥有博物馆、公共图书馆、艺术表演场馆数(个/万人)	万人拥有博物馆、公共图书馆、艺术表演场馆数(个/万人)
	研究与试验发展（R&D）经费投入强度(%)	研究与试验发展（R&D）经费投入强度(%)

续表

一级指标	具体指标(2.0版)	具体指标(3.0版)
融合投入	规模以上文化制造企业R&D人员折合全时当量(人年)	规模以上文化制造企业R&D人员折合全时当量(人年)
	年度科普经费筹集额(万元)	年度科普经费筹集额(万元)
融合产出	文化及相关产业发明专利授权数(项)	文化及相关产业发明专利授权数(项)
	当年文化企业认定国家高新数(家)	中国广播电视科技创新奖获奖项数(项)
	游戏、动漫企业营业收入总额(万元)	规模以上文化及相关产业劳动生产率(万元/人)
	国家文化出口重点企业数(家)	规模以上文化及相关产业企业总资产利润率(%)
融合环境	人均社会消费品零售总额(元/人)	人均社会消费品零售总额(元/人)
	人均互联网宽带接入端口(个/人)	人均互联网宽带接入端口(个/人)

具体来说,有以下几点:

第一,将融合产出中的"当年文化企业认定国家高新数(家)"指标剔除,增加"中国广播电视科技创新奖获奖项数(项)"指标;

第二,将融合产出中的"游戏、动漫企业营业收入总额(万元)"和"国家文化出口重点企业数(家)"指标剔除,增加"规模以上文化及相关产业劳动生产率(万元/人)"指标;

第三,在融合产出中增加"规模以上文化及相关产业企业总资产利润率(%)"指标。

(二)调整指标的解释及说明

1. 规模以上文化制造企业新产品销售收入(万元)

指规上文化制造企业在文化主营业务收入和其他业务收入中销售新产品所实现的收入。

2. 中国广播电视科技创新奖获奖项数(项)

中国广播电视科技创新奖是2006年经国家科学技术部批准设立、由中国广播电视设备工业协会承办的评奖奖项，旨在奖励在推动广播电视科学技术进步方面有较大贡献的产品、企业和个人，调动广播电视科技工作者的积极性和创造性，促进我国广播电视科学技术的发展。中国广播电视科技创新奖设置广播电视科技创新优秀奖、广播电视科技创新奖、广播电视科技创新企业奖、科技创新优秀个人奖四类奖项。本处所指的中国广播电视科技创新奖获奖项数（项）由各奖项数无差别加总获得。中国广播电视科技创新奖的获得数量能够在一定程度上体现一个地区在广播电视等文化服务业领域的创新发展成效。

3. 规模以上文化及相关产业劳动生产率（万元/人）

指标数值=规模以上文化及相关产业企业营业收入/规模以上文化及相关产业企业年末从业人员。经济学认为，劳动力与资本作为经济增长中的两个主要投入要素，劳动生产率与资本对经济的贡献率都对经济增长具有重要的意义。本指标能够在一定程度上体现一个地区文化及相关产业中单个劳动者的社会财富创造能力，这一能力受劳动者勤劳程度、劳动者个人能力、劳动环境与条件等多方因素影响。

4. 规模以上文化及相关产业企业总资产利润率（%）

指标数值=规模以上文化及相关产业企业利润总额/规模以上文化及相关产业企业资产总计。本指标反映的是文化及相关产业资产的利润获得水平。指标值如果较高，一般说明资本得到了高效率的应用；指标值如果偏低，则可能存在资本过量投入、资本应用效率低或资产闲置等问题。

5. 国家文化出口重点企业数量占规上文化企业比（%）

指标数值=国家文化出口重点企业数/规模以上文化及相关产业企业数量。国家文化出口重点企业由商务部等五部门联合评选认定，旨在通过国家政策支持，鼓励、引导文化企业开拓国际市场，培育文化贸易品牌。通过认定的重点企业都在文化贸易品牌塑造、国际市场开拓等方面具有一定的优势。指标能够在一定程度上体现一个地区文化企业的国际市场开拓能力、地区文化企业的创新发展势头与成效等。

6.国家文化和科技融合示范基地数（个）

该指标为北京文化科技融合评价指标体系 2.0 版的沿用指标，指标名称并未发生变化，但是本报告对指标的核算方式进行了调整。在文化科技融合评价指标体系 2.0 版中，聚集类基地和单体类基地分别按照 0.8 和 0.2 的系数比被计入测算指数。而在文化科技融合评价指标体系 3.0 版，即本报告指数测算中，基于无论是聚集类基地还是单体类基地都对本地区的文化科技融合发展起到显著引领带头作用的考量，对聚集类基地和单体类基地无差别对待，统一按照系数 1 将其计入指标数值。

（三）指标权重与数据

1.指标权重赋值

在文化科技融合评价指标体系 3.0 版中，采用"逐级等权法"对全部具体指标进行指标权数的分配，基数为 100。纵向及横向评价指标体系涉及具体指标权重赋值见表 5 和表 6。

表 5　区域文化科技融合评价指标体系 3.0 版指标权重赋值

一级指标及权重	二级指标及权重	三级指标及权重
融合基础（1/4）	文化基础（1/2）	万人拥有博物馆、公共图书馆、艺术表演场馆数（个/万人）（1/3）
		地区居民人均文化娱乐消费支出（元/人）（1/3）
		规模以上文化企业营业收入（亿元）（1/3）
	科技基础（1/2）	研究与试验发展（R&D）经费投入强度（%）（1/3）
		地区万人有效专利数（项/万人）（1/3）
		高技术产业增加值占地区 GDP 比重（%）（1/3）
融合投入（1/4）	人力投入（1/2）	人文社科 R&D 人员全时当量（人年）（1/2）
		规模以上文化制造企业 R&D 人员折合全时当量（人年）（1/2）
	财力投入（1/2）	年度科普经费筹集额（万元）（1/2）
		规模以上文化制造业企业 R&D 经费内部支出（万元）（1/2）
融合产出（1/4）	产出质量（1/2）	文化及相关产业发明专利授权数（项）（1/3）
		规模以上文化制造企业新产品销售收入（万元）（1/3）
		中国广播电视科技创新奖获奖项数（项）（1/3）

一级指标及权重	二级指标及权重	三级指标及权重
融合产出 （1/4）	产出效率（1/2）	规模以上文化及相关产业劳动生产率（万元/人）（1/3）
		规模以上文化及相关产业企业总资产利润率（%）（1/3）
		国家文化出口重点企业数量占规上文化企业比（%）（1/3）
融合环境 （1/4）	经济环境（1/2）	人均社会消费品零售总额（元/人）（1/3）
		地区人均GDP（万元/人）（1/3）
		地方一般公共预算收入（亿元/人）（1/3）
	社会环境（1/2）	人均互联网宽带接入端口（个/人）（1/3）
		每万人口参加科普（技）讲座、展览人次（人次/万人）（1/3）
		国家文化和科技融合示范基地数（个）（1/3）

注：各分领域的权数均为1/4，某一分领域内指标对所属领域的权重为1/n（n为该领域指标个数）。

表6　简化的区域文化科技融合评价指标体系3.0版指标权重赋值

分领域	指标名称及权数
融合基础（1/4）	万人拥有博物馆、公共图书馆、艺术表演场馆数（个/万人）（1/2）
	研究与试验发展（R&D）经费投入强度（%）（1/2）
融合投入（1/4）	规模以上文化制造企业R&D人员折合全时当量（人年）（1/2）
	年度科普经费筹集额（万元）（1/2）
融合产出（1/4）	文化及相关产业发明专利授权数（项）（1/4）
	中国广播电视科技创新奖获奖项数（项）（1/4）
	规模以上文化及相关产业劳动生产率（万元/人）（1/4）
	规模以上文化及相关产业企业总资产利润率（%）（1/4）
融合环境（1/4）	人均社会消费品零售总额（元/人）（1/2）
	人均互联网宽带接入端口（个/人）（1/2）

注：各分领域的权数均为1/4，某一分领域内指标对所属领域的权重为1/n（n为该领域指标个数）。

2. 数据来源说明

为确保指标数据来源的科学性、准确性和可靠性，区域文化科技融合评价指标体系3.0版中所有具体评价指标全部采用国家和北京市相关部门多年常规公布指标数据。各项指标数据来源详见表7。

表7　北京文化科技融合评价指标体系3.0版指标数据来源

指标	数据来源
万人拥有博物馆、公共图书馆、艺术表演场馆数(个/万人)	《中国文化及相关产业统计年鉴》
地区居民人均文化娱乐消费支出(元/人)	《中国文化及相关产业统计年鉴》
规模以上文化企业营业收入(亿元)	《中国文化及相关产业统计年鉴》
研究与试验发展(R&D)经费投入强度(%)	《中国科技统计年鉴》
地区万人有效专利数(项/万人)	《中国科技统计年鉴》
高技术产业增加值占地区 GDP 比重(%)	《北京统计年鉴》
人文社科 R&D 人员全时当量(人年)	《中国科技统计年鉴》
规模以上文化制造企业 R&D 人员折合全时当量(人年)	《中国文化及相关产业统计年鉴》
年度科普经费筹集额(万元)	《中国科技统计年鉴》
规模以上文化制造业企业 R&D 经费内部支出(万元)	《中国文化及相关产业统计年鉴》
文化及相关产业发明专利授权数(项)	《中国文化及相关产业统计年鉴》
规模以上文化制造企业新产品销售收入(万元)	《中国文化及相关产业统计年鉴》
中国广播电视科技创新奖获奖项数(项)	中国广播电视设备工业协会
规模以上文化及相关产业劳动生产率(万元/人)	《中国文化及相关产业统计年鉴》
规模以上文化及相关产业企业总资产利润率(%)	《中国文化及相关产业统计年鉴》
国家文化出口重点企业数量占规上文化企业比(%)	商务部网站
人均社会消费品零售总额(元/人)	《中国统计年鉴》
地区人均 GDP(万元/人)	《中国统计年鉴》
地方一般公共预算收入(亿元)	《北京统计年鉴》
人均互联网宽带接入端口(个/人)	国家统计局网站
每万人口参加科普(技)讲座、展览人次(人次/万人)	《北京科普统计》
国家文化和科技融合示范基地数(个)	科技部网站

3. 数据基期设定与原始数据

2014 年习近平总书记考察北京，对北京提出了要建设全国文化中心、科技创新中心等四个中心的建设要求。因此我们以 2014 年为基期开展指数测算与指标数据的对比分析，长期跟踪监测和研究北京文化科技融合发展水平与态势。

按照以上研究目的与指标体系设定，搜集整理 2014~2019 年相关数据如表 8 和表 9 所示。

表8 2014～2019年北京文化科技融合纵向评价指标原始数据

一级指标	二级指标	三级指标	2014年	2015年	2016年	2017年	2018年	2019年
融合基础	文化基础	万人拥有博物馆、公共图书馆、艺术表演场馆数（个/万人）	0.04	0.05	0.06	0.07	0.08	0.07
		地区居民人均文化娱乐消费支出（元/人）	2333.7	2592.1	2351.4	2395	2191.6	2272.1
		规模以上文化企业营业收入（亿元）	6876.9	7548.06	8195.45	9586.01	10962.96	12997.26
	科技基础	研究与试验发展（R&D）经费投入强度（%）	5.53	5.59	5.49	5.29	5.65	6.31
		地区万人有效专利数（项/万人）	126.52	157.64	190.28	225.59	260	298.2
		高技术产业增加值占地区GDP比重（%）	21.6	22.0	21.8	22.9	24.2	24.4
融合投入	人力投入	人文社科R&D人员全时当量（人年）	13204	13522	14082	12964	13204	13886
		规模以上文化制造企业R&D人员折合全时当量（人年）	1121	974	1062	906	824	822
	财力投入	年度科普经费筹集额（万元）	217381	212622	251204	269586	261786	276991
		规模以上文化制造企业R&D经费内部支出（万元）	29216	28584	27928	38600	35207	38269
融合产出	产出质量	文化及相关产业发明专利授权数（项）	945	1399	1840	2288	3176	3920
		规模以上文化制造企业新产品销售收入（万元）	585732	660439	744121	827643	863843	989781
		中国广播电视科技创新奖获奖项数（项）	25	22	14	18	16	16

续表

一级指标	二级指标	三级指标	2014 年	2015 年	2016 年	2017 年	2018 年	2019 年
融合产出	产出效率	规模以上文化及相关产业劳动生产率（万元/人）	143.91	159.14	169.23	177.07	204.02	239.64
		规模以上文化及相关产业企业总资产利润率（%）	6.2	5.8	4.9	5.8	5.1	3.9
		国家文化出口重点企业数量占规上文化企业比（%）	1.57	2.05	1.98	1.63	1.67	1.55
融合环境	经济环境	人均社会消费品零售总额（元/人）	44394.3	56087.3	59840.1	63508.2	65795.2	68784.0
		地区人均 GDP（万元/人）	10.56	11.33	12.32	13.62	15.10	16.18
		地方一般公共预算收入（亿元）	4027.2	4723.86	5081.26	5430.79	5785.92	5817.10
		人均互联网宽带接入端口（个/人）	0.53	0.72	0.81	0.83	0.94	0.94
	社会环境	每万人口参加科普（技）讲座、展览人次（人次/万人）	20858.5	24849.47	21244.89	28224.72	65403.34	111665.1
		国家文化和科技融合示范基地数（个）	1	1	1	1	5	5

表9　2019年六省市文化科技融合横向评价指标原始数据

指标名称	北京	天津	上海	浙江	广东	四川
万人拥有博物馆、公共图书馆、艺术表演场馆数（个/万人）	0.07	0.12	0.07	0.13	0.04	0.07
研究与试验发展（R&D）经费投入强度（%）	6.31	3.28	4	2.68	2.88	1.87
规模以上文化制造企业R&D人员折合全时当量（人年）	822	867	2114	18910	43507	7709
年度科普经费筹集额（万元）	276991	31058	178664	124255	105209	76231
文化及相关产业发明专利授权数（项）	3920	234	1451	2135	6277	642
中国广播电视科技创新奖获奖项数（项）	16	0	2	6	5	5
规模以上文化及相关产业劳动生产率（万元/人）	239.64	249.74	218.77	183.87	108.68	142.75
规模以上文化及相关产业企业总资产利润率（%）	3.9	6.5	7	10.8	7.3	6.3
人均社会消费品零售总额（元/人）	68784	30456	63876	42892	34392	25557
人均互联网宽带接入端口（个/人）	0.94	0.79	0.82	0.99	0.68	0.7

二　北京文化科技融合发展纵向评价研究

　　基于北京文化科技融合纵向评价指标体系3.0版，进行数据的采集、整理，测算出2014～2019年北京文化科技融合发展规模指数及各分类指标指数（见表10）。

表10 2014~2019年北京文化科技融合评价规模指数测算结果

	2014年	2015年	2016年	2017年	2018年	2019年	较2018年变化
文化和科技融合评价规模指数	100.0	110.0	115.5	126.0	158.3	175.9	增长
一、融合基础	100.0	112.2	120.1	132.8	145.5	154.0	增长
文化基础	100.0	115.3	123.3	139.0	151.1	153.8	增长
科技基础	100.0	109.2	116.9	126.7	139.9	154.3	增长
二、融合投入	100.0	96.2	103.1	108.8	103.6	109.2	增长
人力投入	100.0	94.6	100.7	89.5	86.8	89.2	增长
财力投入	100.0	97.8	105.6	128.1	120.5	129.2	增长
三、融合产出	100.0	113.9	116.7	129.3	146.3	162.7	增长
产出质量	100.0	116.3	125.9	151.8	182.5	215.9	增长
产出效率	100.0	111.6	107.6	106.8	110.1	109.4	下降
四、融合环境	100.0	117.7	122.1	133.1	237.6	277.6	增长
经济环境	100.0	117.0	125.9	135.6	145.0	150.9	增长
社会环境	100.0	118.3	118.2	130.6	330.3	404.2	增长

（一）北京文化科技融合发展总体情况

通过评价指标指数测算结果可以看出，以 2014 年为基期（指数 100），北京的文化科技融合规模指数由 2014 年的 100.0 逐年递增至 2019 年的 175.9，显示北京文化科技融合发展近年来取得稳步成效。指数由 2014 年的 100.0 增长到 2015 年的 110.0，增长 10，2016 年同比增长 5.5，2017 年指数同比增长 10.5。2018 年，基于融合环境中的相关指标数据的快速增长，总指数同比增长了 32.3，为历年来的一个显著变化。2019 年指数同比增长 17.6，总指数最终达到 175.9 的水平。虽然 2019 年指数的同比增幅有所放缓，但仍高于 2015~2017 年的同比增幅水平。指数的快速增长显示北京文化科技融合发展的良好态势（见图 1）。

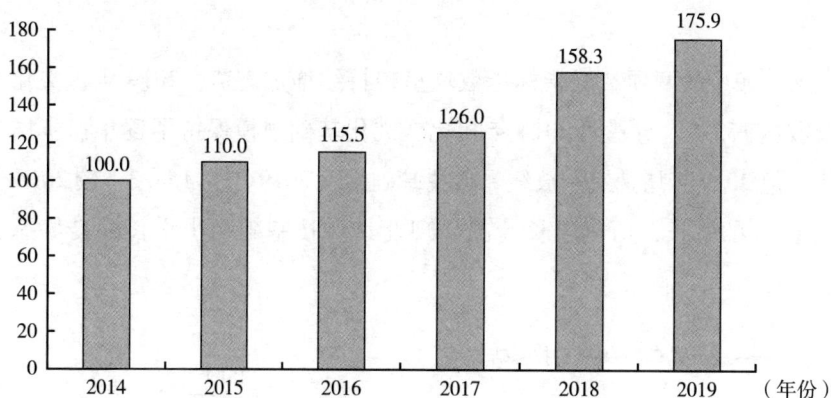

图 1　2014~2019 年北京文化科技融合规模指数

（二）分领域文化科技融合发展情况分析

分领域看，北京文化科技融合发展的产业基础不断夯实，融合投入总体趋势向好，融合产出增长显著，经济社会等相关因素构成的融合环境显著优化，文化科技融合发展持续跨上新台阶。

1.融合基础指数逐年稳步增长

2019 年，融合基础指数达 154.0，较上年的 145.5 实现了较大幅度的增长。2014～2019 年，融合基础指数由基期 100.0 提高到 154.0，实现了逐年稳步增加（见图2）。

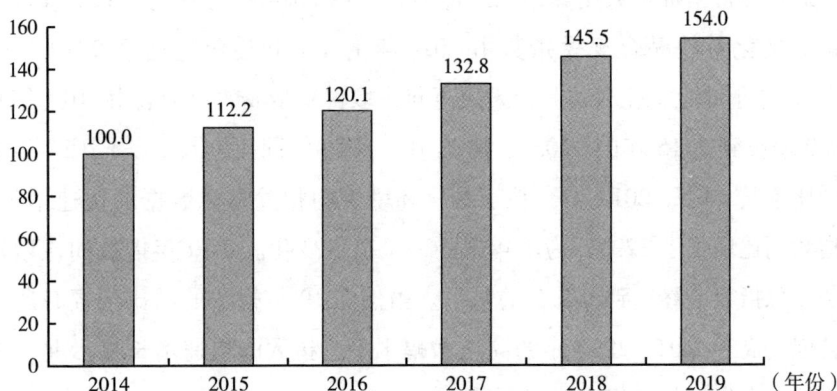

图2　2014～2019 年融合基础指标指数

该领域中的两项二级指标指数均呈现持续增加态势。2019 年，文化基础指数达 153.8，与基期 2014 年相比，文化基础规模保持了逐年稳步增长态势，但 2019 年增速有所放缓。科技基础指数 2019 年为 154.3，较 2018 年实现 14.4 的增长，历年增长情况体现北京科技基础稳步增长的良好态势（见图3）。

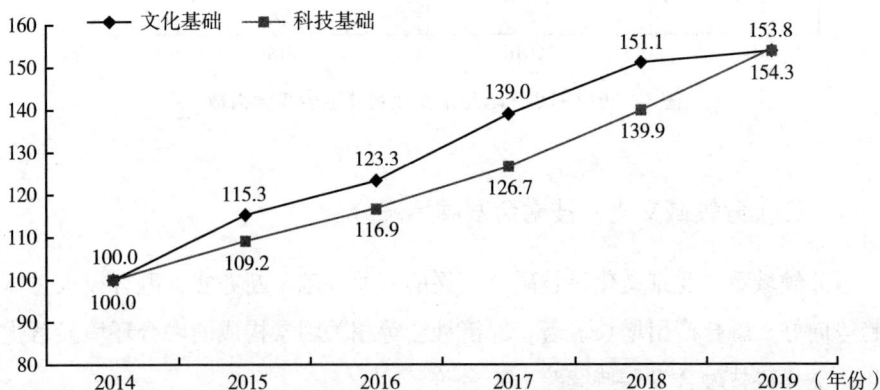

图3　2014～2019 年融合基础二级指标指数

2.融合投入指数波动上升

融合投入指数呈现波动上升趋势。除了 2015 年与 2018 年有回落现象，其他年份总体呈现上升趋势。2017 年融合投入指标指数为 108.8，2018 年指数回落，但是 2019 年指数重新站上高位，达 109.2，较 2018 年的 103.6 有所增长，并高于 2017 年的 108.8（见图 4）。

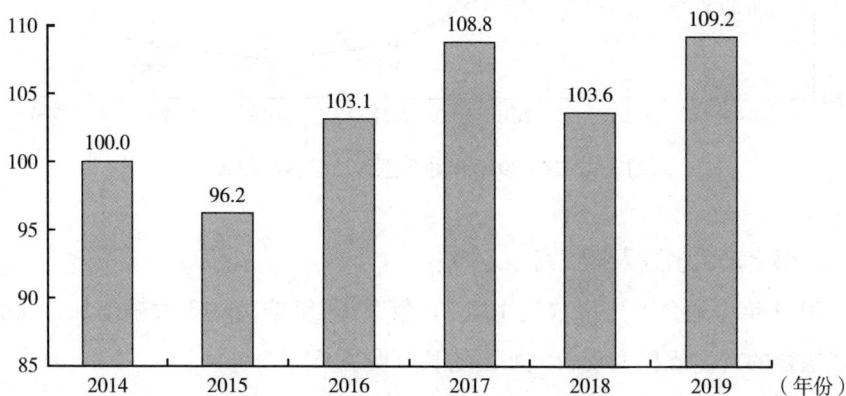

图 4　2014～2019 年融合投入指标指数

该领域中两个二级指标指数在 2018 年时均较 2017 年出现下降，但 2019 年两个二级指标指数重新实现增长。

2019 年人力投入规模指数为 89.2，较 2018 年的 86.8 增长 2.4，但仍略微低于 2017 年的 89.5。与 2016 年的最高值 100.7 相比，2019 年人力投入规模指数虽然小幅回升，但仍然低于 2016 年的水平。说明北京文化科技融合的人力投入受到一定程度的压制。

2019 年财力投入规模指数为 129.2，同比实现了增长，指数增长 8.7。2018 年该指标指数较 2017 年的 128.1 下降 7.6，2015～2017 年该指标指数逐年上升，2018 年指数下降主要是由于年度科普经费筹集额和规模以上文化制造业企业 R&D 经费内部支出有所减少。2019 年，两项指标指数较 2018 年均有所增加（见图 5）。

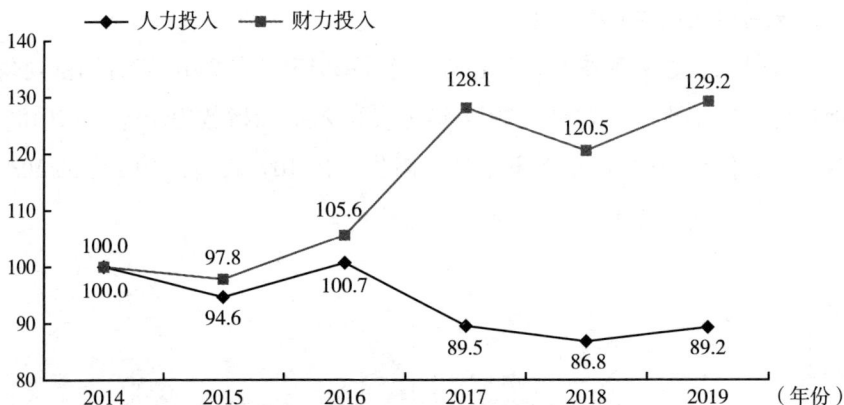

图 5　2014～2019 年融合投入二级指标指数

3. 融合产出指数大幅提高

2019 年，融合产出指数达 162.7，较 2018 年的 146.3 大幅增加，文化科技融合的产出规模实现较大幅度增长（见图 6）。

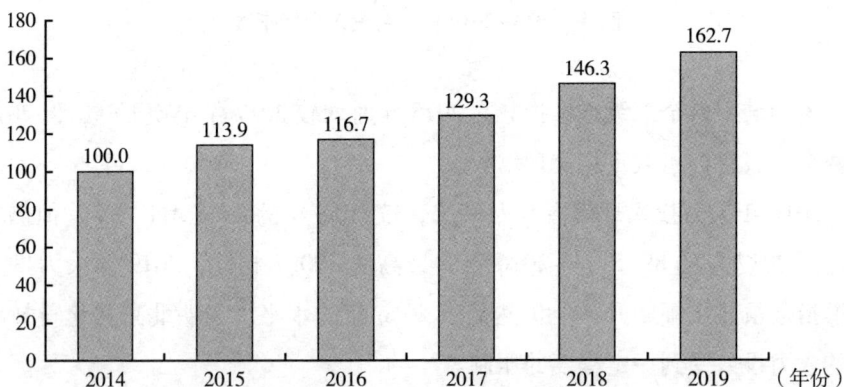

图 6　2014～2019 年融合产出指标指数

该领域中两个二级指标指数都得到了调整，总体来说，产出质量指标指数增长显著，产出效率指标指数保持稳定。

产出质量指标指数逐年持续增长，特别是 2017 年起更是呈现较快增长趋势。2019 年该指数为 215.9，是基期的近 2.2 倍，较 2018 年的 182.5 有较大增加，这说明北京在文化科技融合产出质量方面取得的成效非常显著，其中文化及相关产业发明专利授权数、规模以上文化制造企业新产品销售收入两项指标，持续保持较快增长，中国广播电视科技创新奖获奖项数与 2018 年持平。

在文化科技融合产出效率方面，2019 年该指数为 109.4，较 2018 年的 110.1 有一定的下降，但高于 2017 年的 106.8。具体来看，2019 年，规模以上文化及相关产业企业总资产利润率为 3.9%，较 2018 年的 5.1% 下降 1.2 个百分点，国家文化出口重点企业数量占规上文化企业比为 1.55%，较 2018 年的 1.67% 下降 0.12 个百分点，文化科技融合产出效率需要进一步提升（见图 7）。

图 7　2014~2019 年融合产出二级指标指数

4. 融合环境指数持续改善

2019 年，融合环境指数达 277.6，较 2018 年的 237.6 显著增加，融合环境指数是四项一级指标中最高的，也是近年来增长最快的指标（见图 8）。

该领域两个二级指标指数值均呈现良好的增长态势。特别是社会环境指标指数，2019 年达 404.2，远高于 2018 年的 330.3，更远高于 2017 年的 130.6，是 2014 年基期的 4 倍多，这说明北京文化科技融合的社会环境得到持续改善。其中，每万人口参加科普（技）讲座、展览人次指标大幅增加，对指数结果影响显著。原因是近年来在京单位组织开展了较多次的科普活动，特别是网络形式科普活动的参加人次大幅增加。

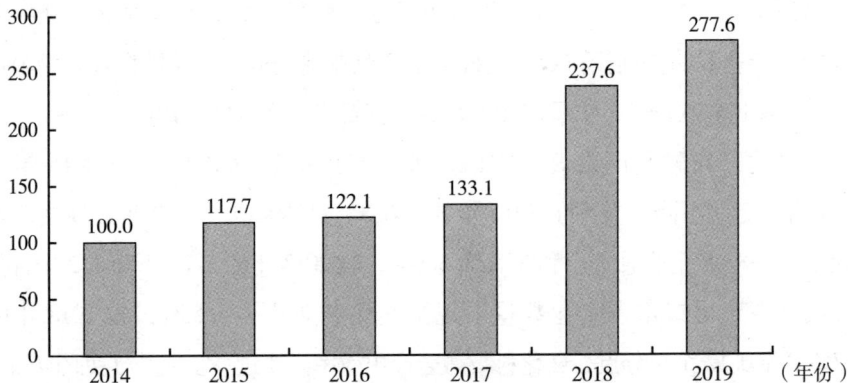

图8　2014~2019 年融合环境指标指数

经济环境方面，2019 年该指数为 150.9，2014~2019 年呈现平稳增长态势（见图9）。说明近年来北京经济发展较为稳定，高质量发展取得一定成效。

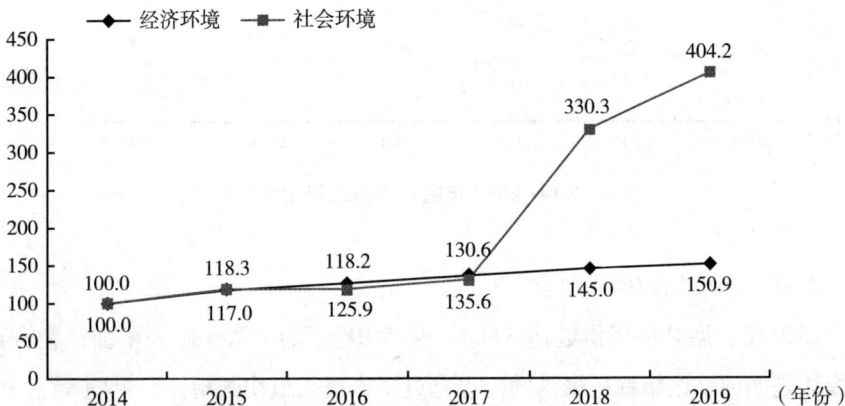

图9　2014~2019 年融合环境二级指标指数

（三）文化科技融合发展增速分析

以 2014 年为基期（指数 100），本报告对北京文化科技融合发展速度指数进行了测算，总体测算结果如下（见表11）。

表 11　2014～2019 年北京文化科技融合发展速度指数

	2014 年	2015 年	2016 年	2017 年	2018 年	2019 年	2019 年较 2018 年增速变动
北京文化科技融合发展速度指数	100.0	109.2	112.5	122.4	145.6	157.8	放缓
一、融合基础	100.0	111.8	118.1	128.7	138.5	146.2	放缓
文化基础	100.0	115.1	121.6	135.7	144.1	147.6	放缓
科技基础	100.0	108.6	114.6	121.8	132.9	144.7	放缓
二、融合投入	100.0	96.1	102.8	108.5	103.1	108.5	加快
人力投入	100.0	94.3	100.5	89.1	85.7	87.8	加快
财力投入	100.0	97.8	105.1	127.9	120.4	129.1	加快
三、融合产出	100.0	112.0	108.5	120.6	127.1	133.0	放缓
产出质量	100.0	113.5	111.5	135.1	146.8	164.8	加快
产出效率	100.0	110.5	105.4	106.1	107.4	101.1	放缓
四、融合环境	100.0	117.0	120.7	131.9	213.7	243.6	放缓
经济环境	100.0	116.7	125.6	135.5	144.9	150.8	放缓
社会环境	100.0	117.3	115.8	128.3	282.5	336.4	放缓

测算结果显示，2019 年北京文化科技融合发展速度指数首次突破 150，达 157.8，较上年增长 8.4%，虽然增速较上年放缓 10.6 个百分点，但仍处于快速增长状态（见图 10）。

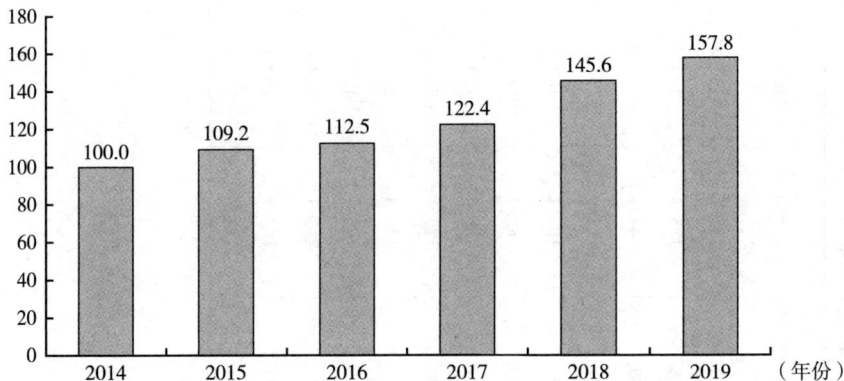

图 10　2014～2019 年北京文化科技融合发展速度指数

分领域看，2019 年，北京文化科技融合基础、融合产出和融合环境三个指标的发展速度较上年均有所放缓，融合投入指标发展速度指数有所回升。具体分析如下。

1. 融合基础速度指数

2019 年北京文化科技融合基础指数为 146.2，较上年增长 5.6%，指数总体呈现逐年增长态势，但是增速有所放缓，较上年低了 2 个百分点（见图 11）。

2019 年，领域内两个指标较上年均实现增长。其中，文化基础指数为 147.6，较上年增长 2.4%，但是增速有所放缓；科技基础指数也实现稳定增长，为 144.7，较上年增长 8.9%，增速较上年低了 0.2 个百分点（见图 12）。

2. 融合投入速度指数

2019 年融合投入速度指数为 108.5，重新回到增长轨道，增长 5.2%，并与 2017 年持平（见图 13）。

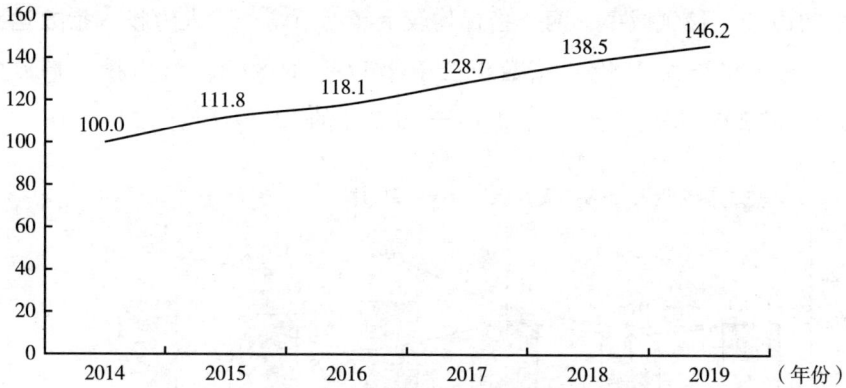

图 11　2014~2019 年融合基础速度指数

图 12　2014~2019 年融合基础二级指标速度指数

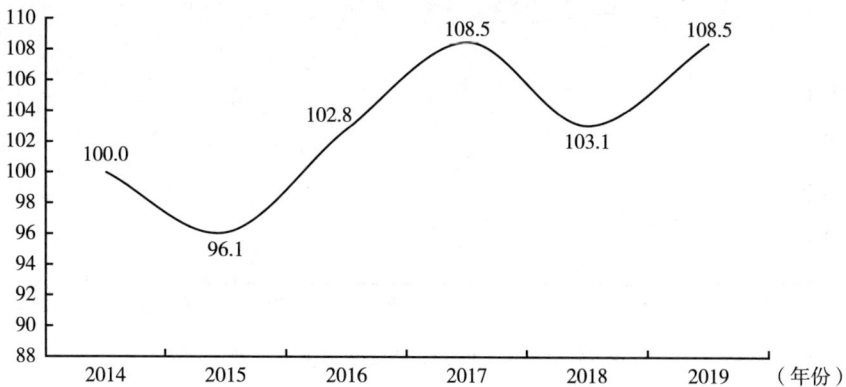

图 13　2014~2019 年融合投入速度指数

2019 年，该领域中，两个指标均较上年有所增长，人力投入指数达到87.8，较上年增长 2.5%，指数仍低于 2017 年的 89.1。财力投入指数为129.1，较 2018 年增长 7.2%，并高于 2017 年的 127.9（见图 14）。

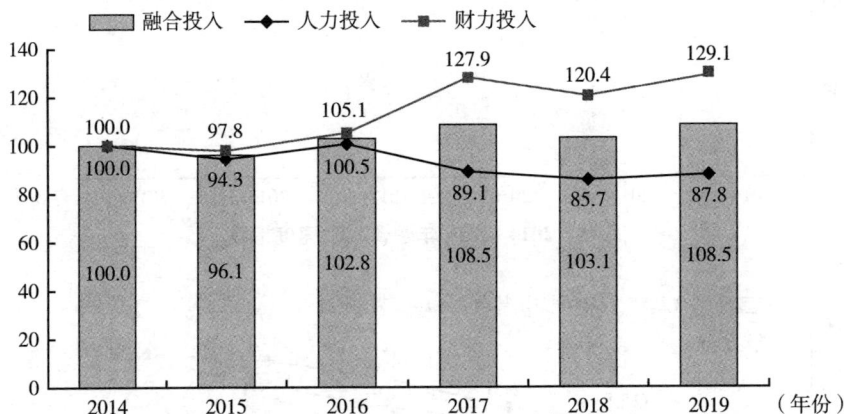

图 14　2014~2019 年融合投入二级指标速度指数

3. 融合产出速度指数

2019 年，北京文化科技融合产出速度指数达 133.0，较上年增长 4.6%，增速下降 0.8 个百分点（见图 15），融合产出呈稳步增长态势。

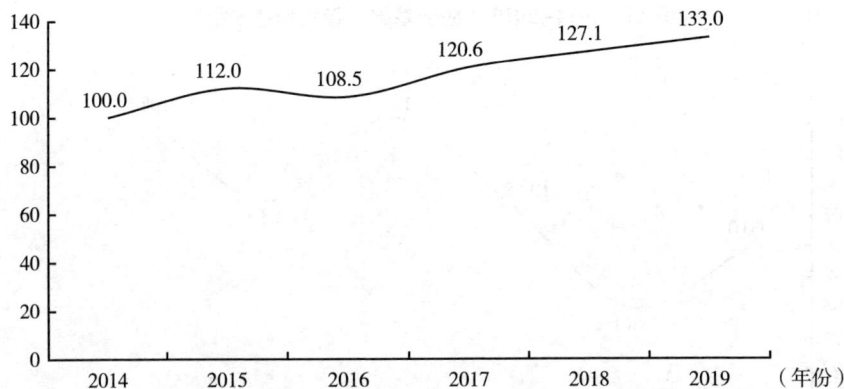

图 15　2014~2019 年融合产出速度指数

2019 年，融合产出速度指数的两个二级指标中，产出质量指数为 164.8，比上年增长 12.3%，增速加快 3.6 个百分点；产出效率指数下降，为 101.1，较上年下降 5.9%（见图 16）。从具体三级指标来看，规模以上文化及相关产业企业总资产利润率有所下降，国家文化出口重点企业数量占规上文化企业比重也有所下降。

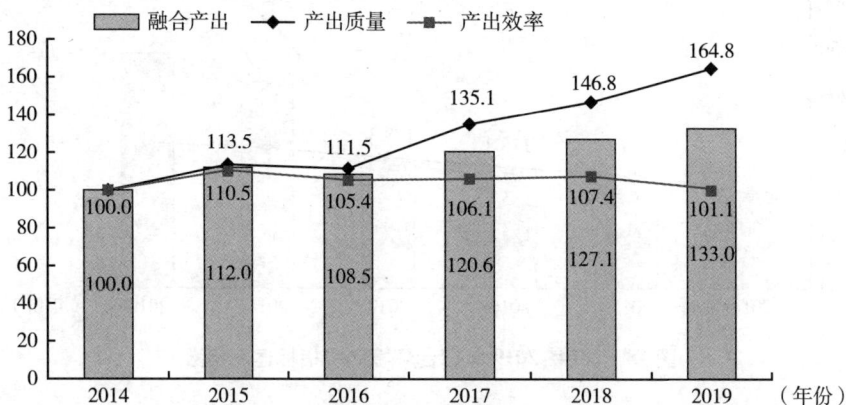

图 16　2014~2019 年融合产出二级指标速度指数

4.融合环境速度指数

2019 年北京文化科技融合环境速度指数达 243.6，融合环境发展指数在 2018 年和 2019 年快速增长（见图 17）。

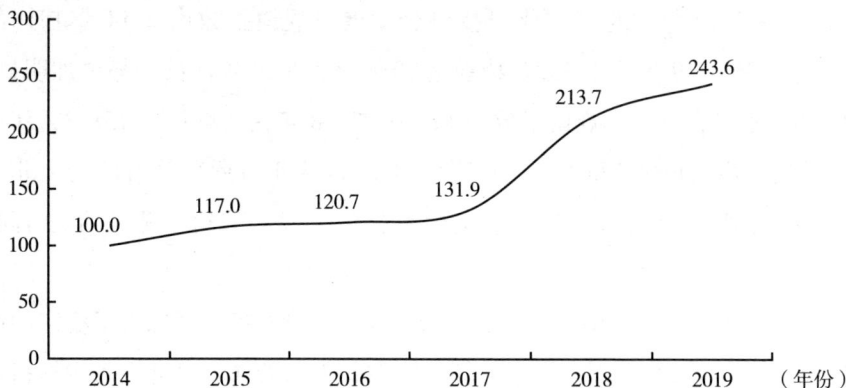

图 17　2014~2019 年融合环境速度指数

2019 年，在文化科技融合环境中，经济环境指数为 150.8，较上年增长 4.1%；社会环境指数为 336.4，较上年大幅增长 19.1%，在全部评价指标指数中增长最为明显（见图 18）。

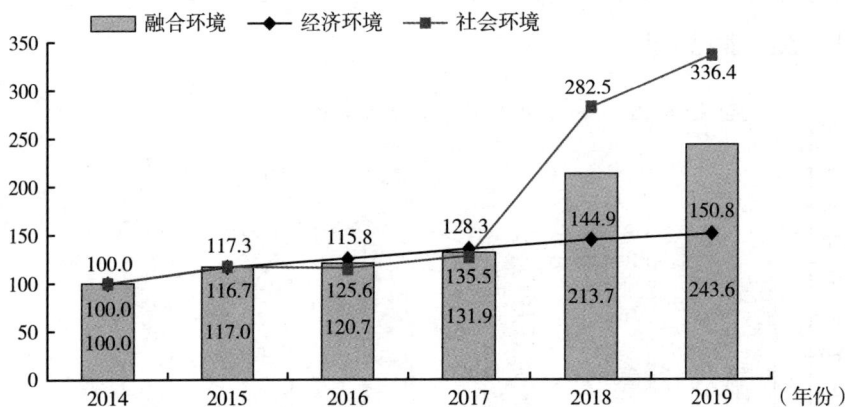

图 18　2014~2019 年融合环境二级指标速度指数

（四）评价分析结论

1. 北京文化科技融合发展总体呈现稳步增长态势

北京文化科技融合总规模指数连年实现增长，增幅明显，增长态势明显。

2014~2019 年，北京文化科技融合发展总规模指数由 2014 年基期的 100，上升到 2019 年的 175.9。特别是 2018 年、2019 年增长态势更加明显。2017 年北京融合发展总规模指数为 126.0，2018 年快速增长到 158.3，2019 年更是进一步增长到 175.9。充分说明自从 2014 年习近平总书记提出北京的"四个中心"定位后，北京的文化科技融合发展取得了稳定而显著的成效。

其中，融合基础、融合产出、融合环境一级指标指数都保持了稳定的逐年增长趋势，到 2019 年，分别达 154.0、162.7、277.6。融合投入指标指数 2014~2019 年存在小幅波动，2015 年、2018 年都出现了小幅下降，但 2019

年指数回升，达 109.2。

2. 融合基础持续改善

融合基础总体呈现稳步增长态势，但是其中的地区居民人均文化娱乐消费支出指标出现下行趋势。

融合基础指数由 2014 年的基期指数 100 增长到 2019 年的 154.0，平均每年增长 10 多个单位，实现了逐年稳定增长。二级指标中的文化基础与科技基础指数都同样实现了稳定快速增长，并呈现加速增长趋势。

2014~2019 年，融合基础的 6 个三级指标中，有 2 个指标呈现逐年稳定增长态势，一个是规模以上文化企业营业收入，另一个是地区万人有效专利数；有 1 个指标（地区居民人均文化娱乐消费支出）出现总体下降的大趋势，2014 年这一指标为 2333.7 元/人，2019 年降为 2272.1 元/人，这一指标的长期下行可能会对北京文化科技融合的长期繁荣发展产生一定的消极影响；其他指标均呈现震荡上升的趋势。

3. 融合投入在波动中缓慢提升

融合投入总体呈现上升态势，但是增速相对缓慢，其中规模以上文化制造企业 R&D 人员折合全时当量指标数据下降趋势比较明显。

融合投入指数从 2014 年的基期 100 增长到 2019 年的 109.2，2015 年和 2018 年该指标同比还出现了小幅下降。2015 年该指数由 2014 年的 100 下降到 96.2，2016 年、2017 年指数逐年上升，但是到 2018 年指数同比再次下降，由 2017 年的 108.8 下降为 103.6，2019 年再次回升到 109.2。

2014~2019 年，融合投入的 4 个三级指标中，3 个三级指标呈现波动上升的趋势，其中规模以上文化制造业企业 R&D 经费内部支出实现了较大幅度增长，由 2014 年的 29216 万元增加到 2019 年的 38269 万元；另有 1 个指标总体水平是下降的，即规模以上文化制造企业 R&D 人员折合全时当量由 2014 年的 1121 人年下降到 2019 年的 822 人年，除了 2016 年同比增加，其他年份均同比下降。这一指标数据的下降与近年来北京首都城市发展大战略相关。受指标数据可得性限制，选取文化制造业研发投入类指标，必然会使北京的融合投入指标指数表现相对弱势。

4. 融合产出呈现加速增长态势

北京文化科技融合产出指数由 2014 年的基期 100 增长到 2019 年的 162.7，总体保持了较大幅度的稳定增长。其中，融合产出质量指标指数快速增长，融合产出效率指标指数略有增长，但是增长乏力。

二级指标融合产出质量指数，由 2014 年的基期 100 增长到 2019 年的 215.9。其中的 3 个三级指标，有 2 个指标（文化及相关产业发明专利授权数、规模以上文化制造企业新产品销售收入）指数实现了快速增长，有 1 个指标（中国广播电视科技创新奖获奖项数）指数有所下降。

二级指标融合产出效率指数，由 2014 年的基期 100 增长到 2019 年的 109.4，增速相对较缓。特别是 2015 年以来指数值维持在一个相对水平，甚至有所下降，2015 年指数值为 111.6，2019 年为 109.4。其 3 个三级指标中，只有规模以上文化及相关产业劳动生产率实现增长，由 2014 年的 143.9 万元/人增加到 2019 年的 239.64 万元/人。其他两个指标，规模以上文化及相关产业企业总资产利润率、国家文化出口重点企业数量占规上文化企业比在 2014~2019 年均呈现下降趋势。

5. 融合环境实现较大程度的优化

融合环境指数由 2014 年的基期 100 增长到 2019 年的 277.6。特别是 2018、2019 年指数出现快速增长。2017 年融合环境指数为 133.1，2018 年快速增长到 237.6，2019 年达 277.6。

2014~2019 年，融合环境的 6 个三级指标都实现了不同程度的优化。随着网络科普形式被广泛推广和应用，统计数据体现出的每万人口参加科普（技）讲座、展览人次快速增加，由 2017 年的 28225 人次/万人增加到 2018 年的 65403 人次/万人，2019 年继续增长至 111665 人次/万人，相当于 2017 年的近 4 倍、2018 年的 1.7 倍。另外，人均社会消费品零售总额、地区人均 GDP、地方一般公共预算收入、人均互联网宽带接入端口、国家文化和科技融合示范基地数等指标也都实现了大幅提升。因此 2014~2019 年的文化科技融合环境实现了持续快速改善，特别是 2017~2019 年有较大的飞跃。

三 北京与部分省市文化科技融合发展的横向比较研究

基于简化的文化科技融合评价指标体系，我们对 2019 年北京、上海、广东、浙江、天津、四川六省市的融合基础、融合投入、融合产出、融合环境的 10 个指标进行了数据的收集、对比与最终的横向指数测算（见表 12），据此可看出六省市文化科技融合发展的各自优势与特色。

表 12 2019 年六省市文化科技融合横向评价发展指数

	北京	天津	上海	浙江	广东	四川
总指数	74.7	45.4	57.0	64.5	56.8	39.4
一、融合基础	76.9	72.1	58.6	71.2	38.2	41.7
万人拥有博物馆、公共图书馆、艺术表演场馆数（个/万人）	53.8	92.3	53.8	100.0	30.8	53.8
研究与试验发展（R&D）经费投入强度（%）	100.0	52.0	63.4	42.5	45.6	29.6
二、融合投入	50.9	6.6	34.7	44.2	69.0	22.6
规模以上文化制造企业 R&D 人员折合全时当量（人年）	1.9	2.0	4.9	43.5	100.0	17.7
年度科普经费筹集额（万元）	100.0	11.2	64.5	44.9	38.0	27.5
三、融合产出	73.6	41.0	47.0	61.3	60.6	39.2
文化及相关产业发明专利授权数（项）	62.5	3.7	23.1	34.0	100.0	10.2
中国广播电视科技创新奖获奖项数（项）	100.0	0.0	12.5	37.5	31.3	31.3
规模以上文化及相关产业劳动生产率（万元/人）	96.0	100.0	87.6	73.6	43.5	57.2
规模以上文化及相关产业企业总资产利润率（%）	36.1	60.2	64.8	100.0	67.6	58.3
四、融合环境	97.5	62.0	87.8	81.2	59.3	53.9
人均社会消费品零售总额（元/人）	100.0	44.3	92.9	62.4	50.0	37.2
人均互联网宽带接入端口（个/人）	94.9	79.8	82.8	100.0	68.7	70.7

（一）六省市总体情况对比

从六省市文化科技融合发展指数来看，2019年综合对比，北京指数最高，为74.7。浙江居第二位，指数为64.5。上海位列第三，指数为57.0。广东第四，指数为56.8。天津、四川分别居第五位、第六位，指数分别为45.4、39.4（见图19）。北京虽总体上遥遥领先于其他省市，但从各分项情况来看，仍有可发展和改进的空间。

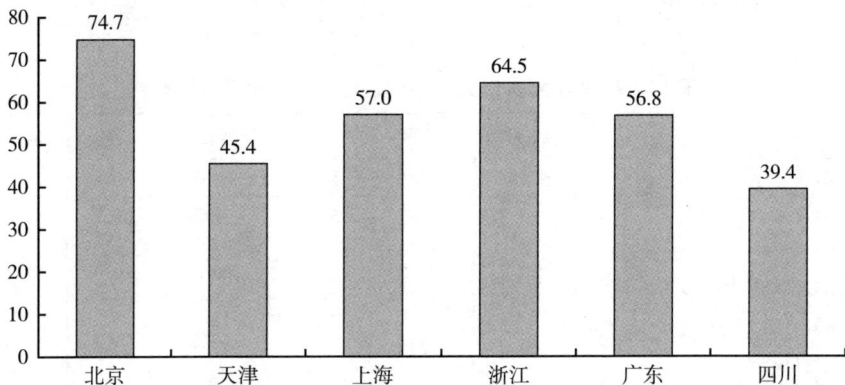

图19　2019年六省市文化科技融合发展指数对比

（二）一级指标指数分析

从一级指标对比评价结果来看：融合基础指数，北京位列第一，为76.9，略高于天津的72.1和浙江的71.2；融合投入指数，北京为50.9，排第二位，是唯一得分没有排名第一的指数，低于第一位广东的69.0，主要原因是北京规模以上文化制造企业R&D人员折合全时当量指标数值较低；融合产出指数，北京73.6，居首位，浙江61.3，广东60.6；融合环境指数，北京97.5，居首位，上海87.8，浙江81.2（见图20）。

1.融合基础对比

融合基础指数综合考量了万人拥有博物馆、公共图书馆、艺术表演场馆

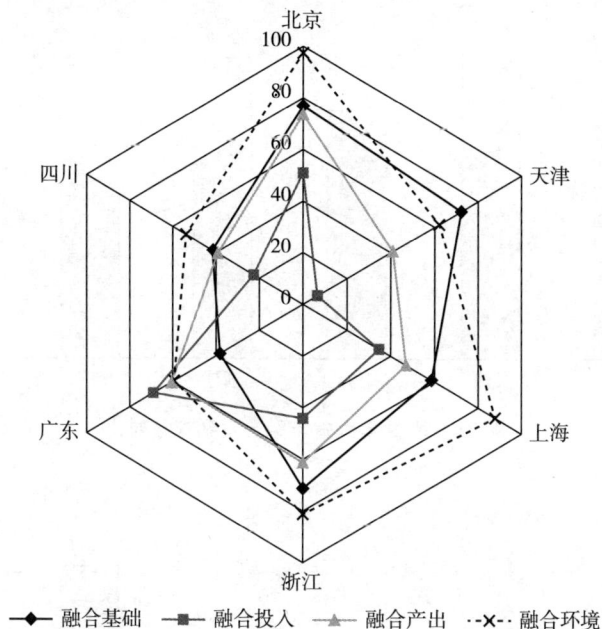

图 20　2019 年六省市分领域文化科技融合发展指数对比

数和研究与试验发展（R&D）经费投入强度两个指标。可以看出，文化科技融合基础指数排序为北京、天津、浙江、上海、四川、广东。北京第一，广东最末。北京市文化和科技融合基础指数为 76.9，其研究与试验发展（R&D）经费投入强度在 6 个地区中居首位，文化场馆数少于浙江和天津，但也处于中等水平。天津的融合基础为 72.1，浙江为 71.2，其余均低于 60。广东的融合基础指数低于 40，为 38.2，主要受万人拥有博物馆、公共图书馆、艺术表演场馆数较低影响（见图 21）。

2. 融合投入对比

融合投入维度从规模以上文化制造企业 R&D 人员折合全时当量、年度科普经费筹集额两个指标的角度进行比较。对比结果显示，广东对文化科技融合的投入水平最高，指数为 69.0。其次是北京和浙江，天津的融合投入最低，指数仅为 6.6（见图 22）。广东指数最高，主要得益于文化制造业的研发人员人力投入较高。

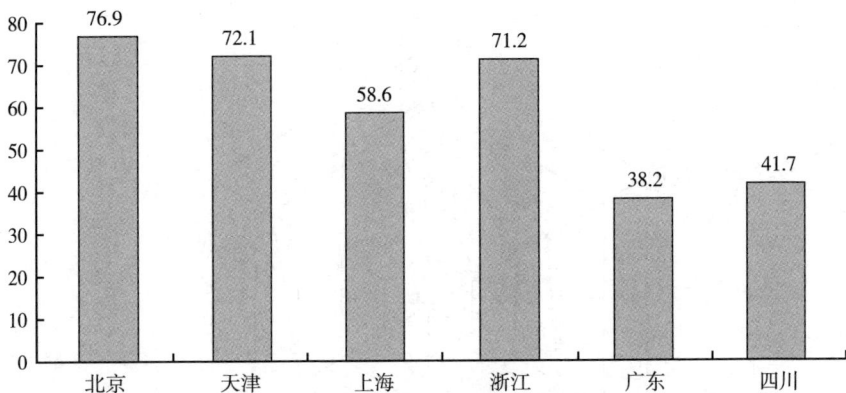

图21 2019年六省市融合基础指数对比

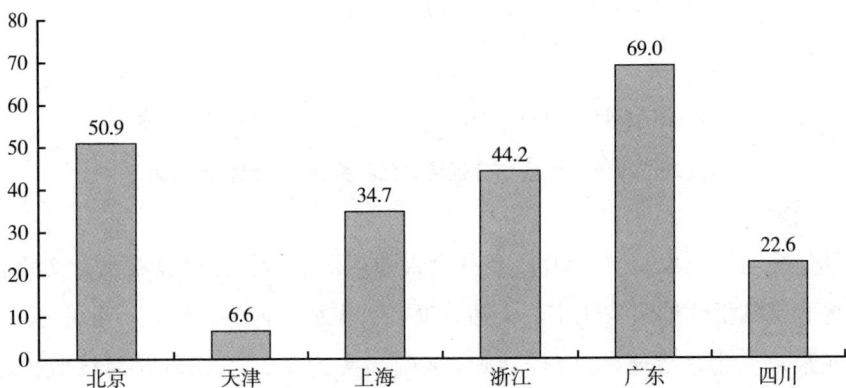

图22 2019年六省市融合投入指数对比

3. 融合产出对比

融合产出对比包含了文化及相关产业发明专利授权数、中国广播电视科技创新奖获奖项数、规模以上文化及相关产业劳动生产率和规模以上文化及相关产业企业总资产利润率4个指标。评价结果显示，北京文化科技融合产出水平最高，指数为73.6，浙江第二，为61.3，广东为60.6。其他省市均低于50，排名先后为上海、天津、四川（见图23）。

4. 融合环境对比

六省市文化科技融合环境对比包含了人均社会消费品零售总额和人均互联

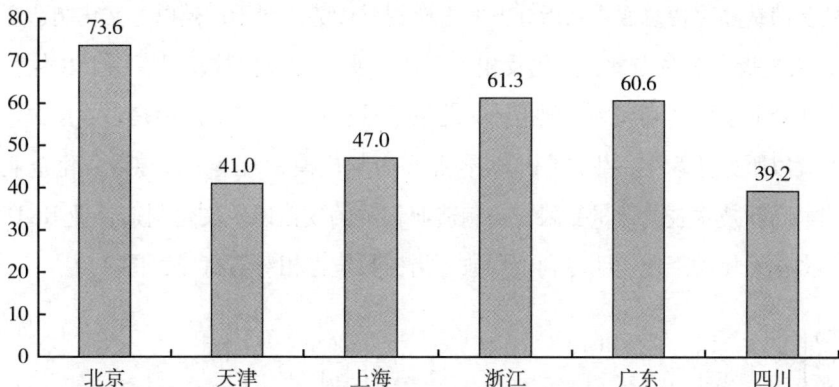

图 23　2019 年六省市融合产出指数对比

网宽带接入端口两个指标。对比结果显示，北京融合环境最好，指数为 97.5，上海居第二位，为 87.8。浙江居第三位，为 81.2。六省市中，四川融合环境相对较弱，指数为 53.9，主要是受人均社会消费品零售总额较低影响（见图 24）。

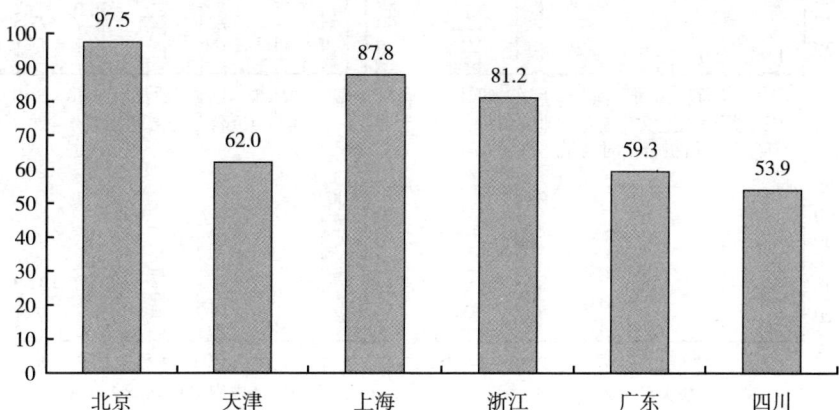

图 24　2019 年六省市融合环境指数对比

（三）具体指标指数分析

从具体指标来看，在六省市对比中，2019 年北京在研究与试验发展（R&D）经费投入强度、年度科普经费筹集额、中国广播电视科技创新奖获奖项数、人均社会消费品零售总额 4 项指标方面占有明显优势。对于规模以上文化制造企业 R&D 人员折合全时当量、文化及相关产业发明专利授权数、规模以上文化及相关产业企业总资产利润率 3 项指标,北京不具有相对优势。原因是,北京文化产业发展以服务业为主,生产制造类企业实力与规模相对不足,导致文化企业认定国家高新技术企业数量受限,与制造业相关的规模以上文化制造企业 R&D 人员、文化及相关产业发明专利授权数等指标数值也相对不高(见图 25)。

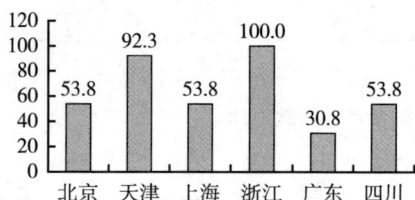

（1）万人拥有博物馆、公共图书馆、艺术表演场馆数

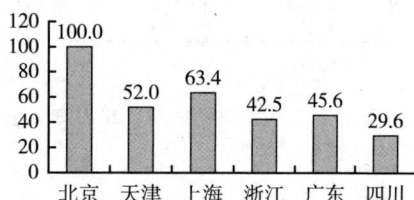

（2）研究与试验发展（R&D）经费投入强度

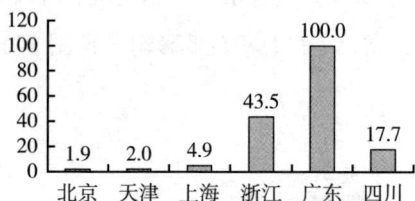

（3）规模以上文化制造企业R&D人员折合全时当量

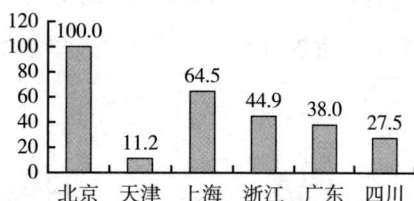

（4）年度科普经费筹集额

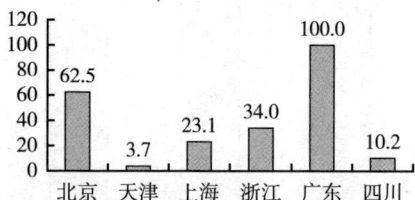

（5）文化及相关产业发明专利授权数

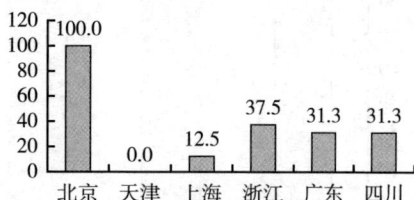

（6）中国广播电视科技创新奖获奖项数

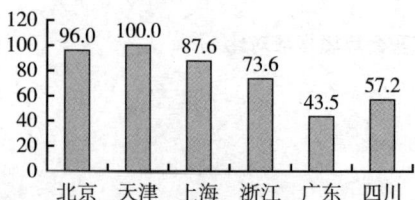

（7）规模以上文化及相关产业劳动生产率

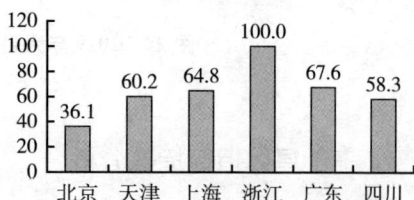

（8）规模以上文化及相关产业企业总资产利润率

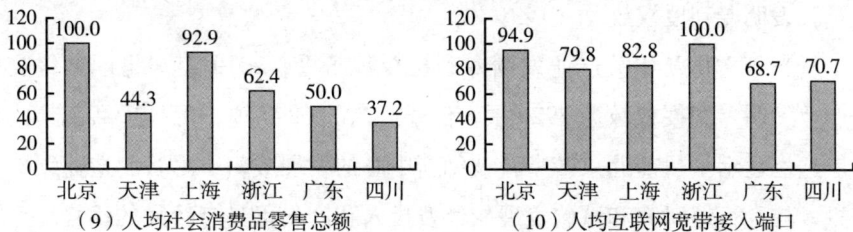

（9）人均社会消费品零售总额　　　　（10）人均互联网宽带接入端口

图 25　2019 年六省市文化科技融合具体指标指数对比

1. 文化场馆

万人拥有博物馆、公共图书馆、艺术表演场馆数，浙江最高，为 0.13 个/万人。其次为天津，为 0.12 个/万人。北京处于中位，与上海、四川持平，为 0.07 个/万人。

2. 全社会研发投入

从研究与试验发展（R&D）经费投入强度来看，北京最高，为 6.31%，遥遥领先于其他省市。第二为上海，为 4%。研发投入经费是地区科技创新活动的重要衡量指标。北京特别是在京中央单位近年来重视科技创新活动，不断加大科技研发投入力度。

3. 文化制造业研发人员投入

从规模以上文化制造企业 R&D 人员折合全时当量来看，广东处于首位，北京处于较低的位置，这与北京服务业发达、制造业规模相对有限的产业结构有一定关联，北京文化制造业发展及文化制造业研发活动开展受到一定影响。

4. 科普经费

从年度科普经费筹集额来看，北京仍然领先全国，为 27.7 亿元，其次为上海 17.9 亿元，浙江、广东经费筹借也都在 10 亿元以上，四川、天津较低，在 10 亿元以下。北京作为全国文化中心，对科学普及、提升公民科学素养方面给予了较大的重视及经费支持，体现了北京在全国文化科学中的核心地位。

5. 发明专利授权数

从当年文化及相关产业发明专利授权数来看，2019 年，北京文化及相关产业发明专利授权数为 3920 项，低于广东的 6277 项，但是远高于其他省市。这也显示了目前北京转型科技创新中心的发展战略，尽管制造业领域人员投入减少，但研究和试验发展的经费投入和产出仍具有较大的优势。

6. 广播电视科技创新奖

中国广播电视科技创新奖鼓励各地广播电视文化作品的科技创新活动。从广播电视科技创新奖获奖情况来看，2019 年北京获奖数为 16 项，排名第一，优势地位明显。浙江中国广播电视科技创新奖获奖项数为 6 项，排第二位。

7. 文化产业劳动生产率

从规模以上文化及相关产业劳动生产率来看，北京处于第二位，为 239.64 万元/人，低于天津的 249.74 万元/人，高于第三名上海的 218.77 万元/人。说明北京文化及相关产业就业人员产值水平相对较高。

8. 文化产业总资产利润率

从规模以上文化及相关产业企业总资产利润率来看，北京处于较低水平，总资产利润率为 3.9%，低于其他五省市的总资产利润率水平，且近年来呈持续下降趋势。这提示北京文化企业需要进一步进行市场化转型，提升利润率，但从另一方面来看，也反映出北京文化企业资本充裕，有更强的资本实力开展文化科技创新研发等高风险活动。

9. 人均社会消费

从人均社会消费品零售总额来看，2019 年，北京的人均社会消费品零售总额为 68784.0 元/人，居六省市第一位。北京强劲的社会消费能力为文化产业及文化科技融合发展提供了较好的经济基础与市场环境。

10. 宽带接入端口

从人均互联网宽带接入端口来看，北京居第二位，人均互联网宽带接入端口为 0.94 个/人，略低于浙江的 0.99 个/人，高于其他省市。北京作为我国首都，信息基础设施和信息资源发达，为文化科技创新传播提供了有力的天然独特环境。

（四）综合态势分析

北京等六省市的文化科技融合发展都有各自的特色与侧重点。将评价指标体系中两个或两个以上的指标放在一起进行综合性的对比分析，可以更进一步揭示指标之间的联系与差别，阐释省市间的文化科技融合发展侧重点与优劣势。本报告将从两个层面选择指标数据进行分析，一是一级指标间的对比，二是同一个一级指标下具体指标的对比，旨在进一步揭示北京与其他省市的发展特色与差异。

1. 北京融合发展基础实力雄厚，支撑实现了高质量的融合产出

北京的融合基础指数排名第一，融合产出指数排名第一。2019 年，北京文化科技融合基础指数值为 76.9，在六省市中排名第一。天津、浙江紧随其后，分列第二名、第三名。上海位列第四，指数为 58.6。四川、广东分列第五位、第六位。2019 年北京的融合产出指标指数值为 73.6，在六省市中排名第一。浙江、广东位列第二、第三，指数值分别为 61.3 和 60.6，与北京有一定差距。上海、天津、四川位列第四、第五、第六，与前三名差距明显（见表13）。北京融合发展基础实力雄厚，在一定程度上支撑了北京文化科技融合发展。

表 13　2019 年六省市融合基础与融合产出指数值

	北京	天津	上海	浙江	广东	四川	中位数
融合基础	76.9	72.1	58.6	71.2	38.2	41.7	64.9
融合产出	73.6	41.0	47.0	61.3	60.6	39.2	53.8

就六省市范围划中位线进行对比，北京、浙江处于强基础、高产出象限，体现出两省市对于文化科技融合的高度重视和推进成效；广东处于弱基础、高产出象限，体现出广东省在促进文化科技融合的可持续发展方面还有较大发展潜力。天津处于强基础、低产出象限，体现了天津尚未充分挖掘强大的文化科技融合基础优势。四川与上海在六省市对比中，相对处于弱基础、低产出象限，未来有较大的发展空间（见图26）。

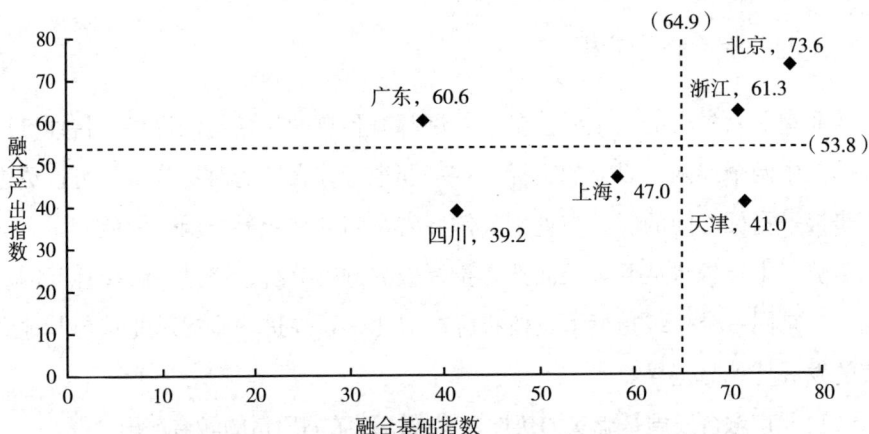

图26　2019年六省市融合基础与融合产出指数对比

2. 北京的融合投入与融合产出总体都处于较高水平，体现了较强的协同性

北京融合投入排名第二，融合产出排名第一。总体来说，北京的文化科技融合投入与融合产出的指数都处于较高水平，总体发展成效显著。2019年，北京文化科技融合投入指数为50.9，在六省市中排名第二。广东由于文化制造业相对发达，文化制造业研发人员投入统计数值较高，指数相对被拉高，为69.0。浙江、上海指数排序处于中间位置，四川、天津指数值较低。受统计数据可得性与指标选择影响，在反映文化科技投入指标上选用的是规上文化制造业研发人员投入，这在一定程度上对北京、上海等文化服务业占比较高的城市有所影响。北京文化科技融合产出指数达73.6，融合发展的产出成效显著，明显高于其他五省市（见表14）。

表14　2019年六省市融合投入与融合产出指数值

	北京	天津	上海	浙江	广东	四川	中位数
融合投入	50.9	6.6	34.7	44.2	69.0	22.6	39.45
融合产出	73.6	41.0	47.0	61.3	60.6	39.2	53.8

就六省市范围划中位线进行对比，北京、浙江、广东都处于高投入、高产出的区域，文化科技融合发展呈现高投入、高产出的繁荣发展局面。上

海、天津、四川相对处于低投入、低产出区间，文化科技融合发展相对较弱（见图27）。

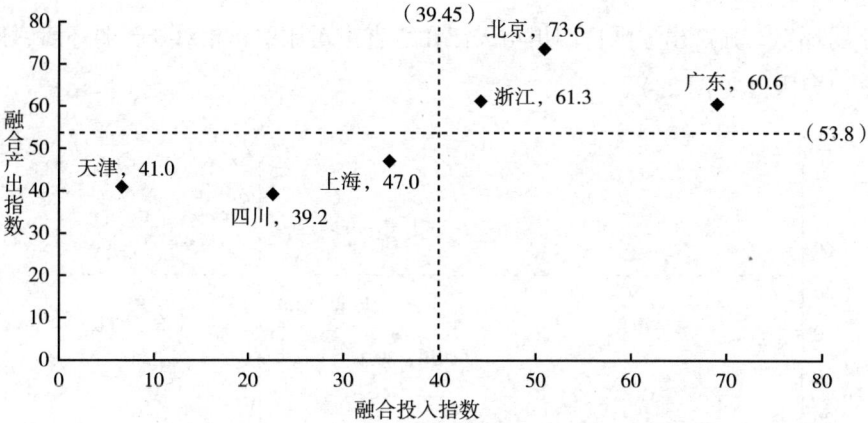

图 27　2019 年六省市融合投入与融合产出指数对比

3. 北京融合发展环境优越，为文化科技融合长期发展提供了坚实保障

北京的融合环境指数排名第一，融合产出指数排名第一。2019 年，北京文化科技融合发展环境指数值为 97.5，在六省市中排名第一。上海借助较高的人均社会消费品零售总额居第二位，指数值为 87.8；浙江基于人均互联网宽带接入端口指标的优势，排名第三，指数为 81.2。天津为 62.0，广东为 59.3，四川为 53.9。同时，北京的融合产出指数值为 73.6，在六省市中也位列第一（见表 15）。优越的文化科技融合发展环境为北京融合产出的优异成绩提供支撑，融合环境与融合产出呈现双优越局面。

表 15　2019 年六省市融合环境与融合产出指数值

	北京	天津	上海	浙江	广东	四川	中位数
融合环境	97.5	62.0	87.8	81.2	59.3	53.9	71.6
融合产出	73.6	41.0	47.0	61.3	60.6	39.2	53.8

就六省市范围划中位线进行对比，北京、浙江处于环境优越、高融合产出象限，体现出社会环境基础与文化产业发展的良好协同性；上海处于环境优越、低融合产出象限，说明文化科技融合发展仍有较大提升空间；广东处于弱环境、强产出象限；四川与天津在六省市对比中，相对处于弱环境、低产出象限（见图28）。

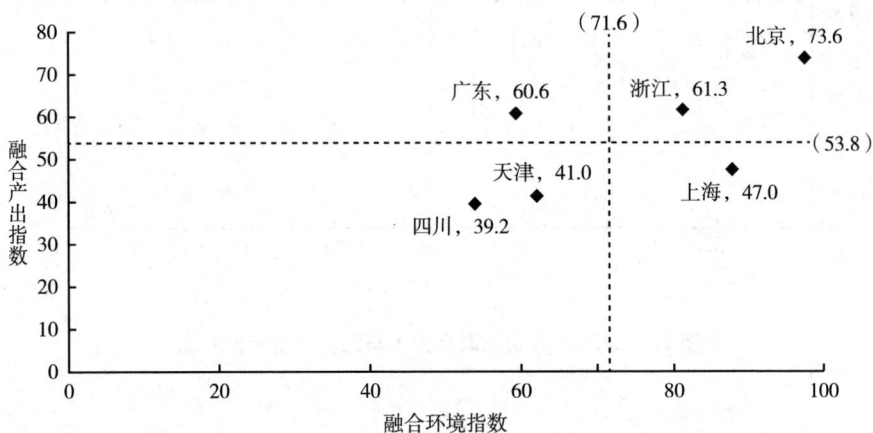

图28 2019年六省市融合环境与融合产出指数对比

4. 在融合基础对比中，北京科技基础明显优于其他省市，浙江文化基础优势更明显

北京科技基础［研究与试验发展（R&D）经费投入强度］排名第一，文化基础（万人拥有博物馆、公共图书馆、艺术表演场馆数）排名第三。2019年，北京研究与试验发展（R&D）经费投入强度为6.31%，居六省市之首。上海排第二名，研究与试验发展（R&D）经费投入强度为4%，指标指数值为63.4，与北京有明显差距。再下依次是天津、广东、浙江，最末位为四川（指数值为29.6）。而在文化基础方面，北京的万人拥有博物馆、公共图书馆、艺术表演场馆数为0.07个/万人，在六省市中优势并不明显，指数值为53.8，处于中间水平，与上海、四川齐平，低于浙江（0.13个/万人）、天津（0.12个/万人）（见表16）。科技基础的明显优势有力弥补了文化基础的不足，使得北京的融合基础指数总体处于较高水平。

表 16　2019 年六省市融合基础相关指标指数值

指数值	北京	天津	上海	浙江	广东	四川	中位数
万人拥有博物馆、公共图书馆、艺术表演场馆数	53.8	92.3	53.8	100.0	30.8	53.8	53.8
研究与试验发展（R&D）经费投入强度	100.0	52.0	63.4	42.5	45.6	29.6	48.8

　　就六省市范围划中位线进行对比，北京、上海的文化基础处于中位线以上，科技基础处于高科技投入象限。四川的文化基础处于中位线以上，科技基础处于低科技投入象限。天津处于高科技投入、高文化基础象限；浙江处于高文化基础、低科技投入象限；广东处于低科技投入、低文化基础象限（见图 29）。

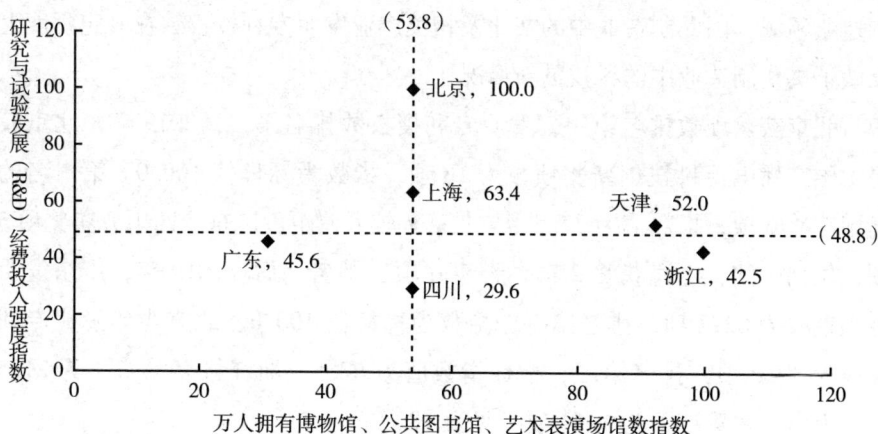

图 29　2019 年六省市文化场馆与研发经费投入指数对比

　　就文化基础与科技基础两个指标实力对比来看，上海、广东文化基础与科技基础资源匹配相对协调，针对文化科技融合发展主题，将更容易实现资源的高效利用；北京的科技基础明显强于文化基础，更加适合高科技的文化科技融合产业方向；天津、浙江、四川三省市的文化基础相对于科技基础优势更强，更适合向文化创意设计等方向发展（见表 17）。

表17　2019年六省市文化基础与科技基础相对实力分类

指标间相对实力对比	省市
文化基础与科技基础实力相对协调	上海(科技63.4,文化53.8) 广东(科技45.6,文化30.8)
强科技基础,弱文化基础	北京(科技100,文化53.8)
强文化基础,弱科技基础	天津(科技52.0,文化92.3) 浙江(科技42.5,文化100.0) 四川(科技29.6,文化53.8)

5. 融合产出中,北京的广播影视等文化服务业发展优势明显,广东文化制造业创新更具活力

中国广播电视科技创新奖获奖项数在一定程度上反映了各省市在广播电视等文化服务业领域的创新发展成就。文化产业中的发明专利主要来自文化制造业领域,因此制造业中的文化及相关产业发明专利授权数在一定程度上反映了文化制造业中的科技创新情况。

北京获奖项数排名第一,发明专利授权数排名第二。2019年,北京获得中国广播电视科技创新奖项数为16项,指数为标杆值100.0。第二名的浙江获奖6项,指数值为37.5,与北京有较大差距。广东、四川分获奖项5项,位列中间,上海获奖2项,天津0项,排名靠后。2019年,广东发明专利授权为6277项,排名第一,指数为标杆值100.0。北京当年发明专利授权为3920项,排名第二,指标指数值为62.5。浙江排名第三,为2135项;上海排名第四,为1451项(见表18)。

表18　2019年六省市广播电视科技创新奖与发明专利授权指标指数值

指数值	北京	天津	上海	浙江	广东	四川	中位数
文化及相关产业发明专利授权数	62.5	3.7	23.1	34.0	100.0	10.2	28.55
中国广播电视科技创新奖获奖项数	100.0	0.0	12.5	37.5	31.3	31.3	31.3

北京的中国广播电视科技创新奖获奖项数最多，这说明北京的广播影视等文化服务业发展获得了更多的成效和认可。广东的发明专利授权数最多，说明广东在文化制造业技术的发明与专利创造上倾注了更多的热情与精力。

就六省市范围划中位线进行对比，北京和广东差别较为明显，北京中国广播电视科技创新奖获奖项数指数值高，但文化及相关产业发明专利授权数指数值低，广东正好相反，中国广播电视科技创新奖获奖项数指数值低，但文化及相关产业发明专利授权数指数值高。浙江、四川、上海两项指标指数值都相对较低（见图30）。

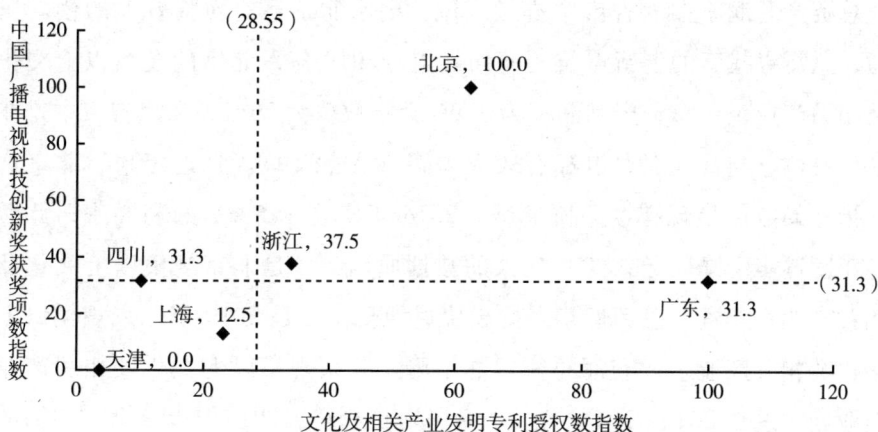

**图30　2019年六省市中国广播电视科技创新奖获奖项数
与文化及相关产业发明专利授权数指数对比**

6. 融合产出中，北京文化产业的劳动生产率较高，但文化产业的总资产利润率较低

劳动力与资本作为经济增长中两个最主要的投入要素，对经济发展具有重要的意义。劳动力的经济增长贡献率高，说明劳动力的效能得到有效发挥，单个劳动力创造了更多的社会财富。资本对经济增长的贡献率高，说明资本得到更大程度的利用，在经济增长中发挥了更大的作用。

北京规模以上文化及相关产业劳动生产率在六省市中排名第二，说明北京聚集了一批高素质、高技能水平的从业人员。2019年，天津的规模以上文化及相关产业劳动生产率达249.74万元/人，指数值为100，在六省市中位列第一；北京紧随其后，产业劳动生产率达239.64万元/人，指数值为96.0，位列第二。上海、浙江分别居第三位、第四位；四川、广东位次靠后。这在一定程度上反映出天津、北京的文化及相关产业从业人员人均创造了更大的经济价值，劳动效率较高；而广东、四川的文化及相关产业劳动生产率相对较低一些。

北京文化产业中聚集了大量的资产，但规模以上文化及相关产业企业总资产利润率在六省市中排最末位，揭示北京目前面临较大的创新压力，急需寻找新的创新点与利润增长点。2019年，北京的规模以上文化及相关产业企业总资产利润率为3.9%，指数值为36.1，在六省市中排在最后一位，与其他五省市都有较大差距（见表19）。且近年来，北京这一指标的数值呈现持续下降趋势，2014年实现了6.2%的利润率，此后各年度逐步下降。导致这一现象的数据原因，一是北京规模以上文化及相关产业企业资产总额近年来持续快速增长，二是2019年北京规模以上文化及相关产业企业利润总额突然下降。北京规模以上文化及相关产业企业利润总额2014~2018年总体保持增长趋势，2018年保持了5.1%的总资产利润率。但是2019年利润总额同比出现下降，由853亿元降到739亿元，而同期总资产增加，这导致北京的文化及相关产业企业总资产利润率在2019年出现了一次明显滑坡。这说明，北京文化产业与文化产品的市场竞争力有一些消极变化因素，相对于其他省市的文化产业发展势头，北京需要进行改变与提升。

北京文化产业的劳动生产率较高、总资产利润率较低，说明北京文化产业中的人力资源得到高效利用，但是资本并没有。今后，要进一步创新运营方式和商业模式，提高利润；充分利用好文化资产，减少闲置；优化文化资源配置，提高效率。

表 19　2019 年六省市文化产业劳动生产率与资产利润率指数值

指数值	北京	天津	上海	浙江	广东	四川	中位数
规模以上文化及相关产业劳动生产率	96. 0	100. 0	87. 6	73. 6	43. 5	57. 2	80. 6
规模以上文化及相关产业企业总资产利润率	36. 1	60. 2	64. 8	100. 0	67. 6	58. 3	62. 5

　　就六省市范围划中位线对比，只有上海在高劳动生产率、高资产利润率象限中；天津、北京在高劳动生产率、低资产利润率象限中；浙江、广东在低劳动生产率、高资产利润率象限中；四川相对处于低劳动生产率、低资产利润率象限中（见图 31）。

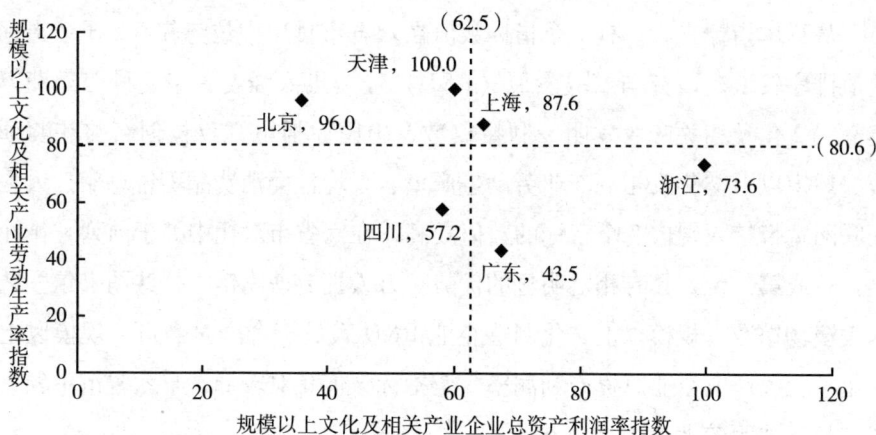

图 31　2019 年六省市劳动生产率与资产利润率指数对比

（五）评价分析结论

　　通过六省市的横向对比分析，相对于其他省市，北京文化科技融合总体呈现以下发展特点。

1. 北京文化科技融合发展总体优势突出

　　在六省市对比中，2019 年北京地区文化科技融合指数值为 74. 7，排名第一，文化科技融合发展优势明显。第二名浙江，指数值为64.5；第三名上海，指数值为57.0。广东排名第四，指数值为56.8；天津排名第五，指数值为45.4；四川排第六位，指数值为39.4。近年来，北京的数字影视、数字出版、创意设计、搜索引擎、人工智能等众多产业发展都取得了长足进展。相较于其他省市，北京在文化科技融合发展中拥有明显的优势与产业特色。

一级指标中，北京融合基础、融合产出、融合环境3个指标的指数值在六省市对比中都排在第一位，融合投入指数在六省市中排第二位。其中，融合基础一级指标指数，北京排名第一，为76.9，第二名天津为72.1。融合投入指标指数，北京为50.9，排名第二，低于第一名广东的69.0。融合产出指标指数，北京为73.6，高于第二名浙江的61.3。融合环境指标指数，北京为97.5，高于第二名上海的87.8。

从具体指标来看，有7个指标数值在六省市排序中位势较高，3个指标数值排序较低。研究与试验发展（R&D）经费投入强度、年度科普经费筹集额、文化及相关产业发明专利授权数、中国广播电视科技创新奖获奖项数、规模以上文化及相关产业劳动生产率、人均社会消费品零售总额、人均互联网宽带接入端口7个指标的数值较高，在六省市对比中处于前列，排在第一位或第二位，具有相对明显的优势。万人拥有博物馆、公共图书馆、艺术表演场馆数，规模以上文化制造企业R&D人员折合全时当量，规模以上文化及相关产业企业总资产利润率3个指标数值相对较低，与六省市中领先省市相比差距较大。

2. 北京文化基础设施与社会文化基础构建仍有改善空间

北京明确了建设全国文化中心的战略定位，但在社会特别是社区的文化普及与基础条件建设等方面仍有可提升空间。北京万人拥有博物馆、公共图书馆、艺术表演场馆数为0.07个/万人，与上海、四川持平，低于浙江的0.13个/万人和天津的0.12个/万人，广东在六省市中相对最低，为0.04个/万人。

北京在博物馆、公共图书馆、艺术表演场馆方面的人均拥有量较少，主要受公共图书馆、艺术表演场馆数量较少影响。北京的博物馆、公共图书馆、艺术表演场馆数占三馆总数比为 52∶15∶33，而天津这一比值为 40∶17∶43，浙江这一比值为 44∶13∶43。博物馆更多的是体现官方与权威机构意愿的文化展示场所。相较于博物馆，市民在公共图书馆与艺术表演场馆中的参与度、融入度更高，公共图书馆与艺术表演场馆相对更加贴近普通市民生活。艺术表演场馆更是民间艺术的集中展示场所，更能够反映一个地区民众对艺术的热爱与参与度。北京在博物馆建设方面拥有较为明显的优势，但是在公共图书馆和艺术表演场馆等市民能够更加自主融入的场馆建设方面仍有进一步提升的空间，以提高普通市民对文化的关注。

3. 北京文化制造业的科技人力资源投入受到抑制

由于各省市文化及相关产业的 R&D 人员数无公开统计数据，故暂以文化制造企业 R&D 人员折合全时当量替代。2019 年，北京该项指标指数值远低于广东、浙江、四川等省市，在六省市中最低，可能与近年来北京人口红线控制、非首都核心功能疏解、减量发展时期制造业发展空间受限等因素有关。同时，对历年数据进行对比发现，北京规模以上文化制造企业 R&D 人员折合全时当量的统计数据近年来持续下降，2014 年为 1121 人年，2017 年降到 906 人年，2018 年为 824 人年，2019 年为 822 人年。北京的文化高端制造业企业的研发人员投入受到了一定程度的抑制。

4. 北京文化产业聚集了大量资金，急需寻找新的创新突破点

2018~2019 年，北京规模以上文化及相关产业企业总资产利润率出现持续下降趋势。2019 年，北京规模以上文化及相关产业企业总资产利润率为 3.9%，在六省市中处于较低水平。浙江这一指标数据为 10.8%，广东为 7.3%，上海为 7%，天津为 6.5%，四川为 6.3%，都明显高于北京。与以往年份相比，北京这一指标也呈下降趋势。2014 年北京规模以上文化及相关产业企业总资产利润率为 6.2%，2017 年为 5.8%，2018 年为 5.1%，2019 年指标统计数据降到 3.9%，为近年来最低。

导致这一指标数据下降的原因是北京文化企业总资产逐年稳步快速增长，但是利润总额在 2019 年出现了明显滑坡，由 2018 年的 852.7 亿元降到 2019 年的 739.1 亿元。按照经济学普遍观点，社会财富的创造受资本、劳

动力、技术创新三大主要因素影响。北京文化及相关企业的资本投入充足，从资产总额的增长数据就可以看出，北京规模以上文化及相关产业企业资产总计由 2014 年的 7937.9 亿元增长到 2019 年的 19020.3 亿元，逐年稳步快速增长。在人员投入方面，受北京人口红线、减量发展等城市发展取向影响，从业人员的增加必然受限，2014 年为 47.8 万人，2019 年为 54.2 万人，增长有限，研发人员投入同样处于维持状态甚至有所减少。因此要提升北京文化及相关产业企业的利润及利润率，只能依靠北京的科技创新优势及相关产业链的配套完善等，以形成更强的群体竞争优势。这需要资本的重新布局及投资方向与结构的转变，并由此寻找出新的科技创新与突破点。

总体来说，与其他五省市进行对比，北京文化科技融合发展总体水平较高，但是在文化企业科技创新效能、文化企业创新人力资源投入、公共文化服务水平等方面还有较大的提升空间。今后，北京应进一步重视文化基础条件与人文环境建设，为文化高端制造业提供更宽松的发展空间，依托高新技术增强文化产业的创新能力和竞争力。

产 业 篇
Industry Report

B.3
北京文化产业科技创新
发展报告（2021～2022）

刘 兵　何雪萍　王竞然　苏乾飞　柴子墨　何乐　黄晴　陈昊*

摘　要： 本报告选择互联网信息服务、创作表演服务、数字内容服务、设
计服务等重点行业领域，对文化科技融合发展的特点和趋势进行
总结。通过分析可见，北京互联网信息服务发展领先全国，头部
企业引领作用增强，产业区域特色突出。创作表演服务领域的线
上演出异军突起，云演艺进入爆发期，在线演出品牌建设扎实推
进。数字内容服务领域的大数据标准体系建设扎实推进，数字内
容供给日益丰富，数字出版迈向新征程，数字阅读助推全民阅
读。设计服务面临良好发展机遇，科技设计资源丰富，产业发展

---

* 刘兵，文化科技创新服务联盟秘书长；何雪萍，文化科技创新服务联盟副秘书长；王竞然，
文化科技创新服务联盟产业研究部主任，研究方向为文化产业模式；苏乾飞，博士研究生，
文化科技创新服务联盟研究助理，研究方向为文化产业；柴子墨，文化科技创新服务联盟研
究助理，研究方向为通信工程；何乐，华邮数字文化技术研究院研究人员，研究方向为元宇
宙数字文旅场景应用；黄晴，中国科学院大学科技战略咨询研究院硕士生，研究方向为情报
分析方法与技术；陈昊，文化科技创新服务联盟研究助理，研究方向为大数据分析。

初具规模，高质量设计成果频现，辐射带动效应不断增强，国际化程度持续提升。

关键词： 文化科技融合　互联网信息服务　创作表演服务　数字内容服务　设计服务

在国家文化产业分类框架内，本报告选择互联网信息服务、创作表演服务、数字内容服务、设计服务等细分重点行业领域，对行业科技发展情况以及科技促进新业态发展等进行阐述。

一　互联网信息服务业

互联网信息服务业是随着互联网的发展及网络媒体的出现而形成的。从 1997 年到 2000 年，中国传统媒体网络版图迅速扩张。首先，人民日报社、中央电视台及新华社等中央级传媒机构开辟网络版块，之后以新浪、搜狐等为代表的地方新媒体取得"互联网新闻信息服务许可证"。至此，中国初步构建起从中央到地方、从官媒到在地媒体的网络媒体矩阵。中国互联网络信息中心（CNNIC）在京发布的第 47 次《中国互联网络发展状况统计报告》显示，截至 2020 年 12 月，我国网民规模达 9.89 亿，较 2020 年 3 月增长 8540 万，互联网普及率达 70.4%。新冠肺炎疫情防控进入常态化阶段以来，中国互联网产业在应对疫情造成的负面影响方面发挥了重要作用。

（一）相关政策法规

1. 国家层面

2020 年 4 月，国家发展改革委、中央网信办印发《关于推进"上云用数赋智"行动　培育新经济发展实施方案》，强调搭平台，构建多层联动的产业互联网平台，为中小微企业数字化转型赋能。鼓励互联网平台企业依托自身优势，为中小微企业提供最终用户智能数据分析服务。促进中小微企业数字化转型，鼓励平台企业创新"轻量应用""微服务"，对中小微企业开展低成本、低门槛、快部署服务，加快培育一批细分领域的瞪羚企业和隐形冠军。鼓励传统企业与互联网平台企业、行业性平台企业、金融机构等开展联合创新，共享技术、通用性资产、数据、人才、市场、渠道、设施、中台等资源，探索培育传统行业服务型经济。

2020 年 3 月，工信部颁布《关于推动 5G 加快发展的通知》，提出加快 5G 网络建设进度。基础电信企业要进一步优化设备采购、查勘设计、工程建设等工作流程，抢抓工期，最大限度消除新冠肺炎疫情的影响。加大基站站址资源支持力度。

2017 年 1 月，中共中央办公厅、国务院办公厅印发的《关于促进移动互联网健康有序发展的意见》，提出加快信息基础设施演进升级，全面提高第四代移动通信（4G）网络覆盖率，加快第五代移动通信（5G）技术研发。实现核心技术系统性突破，坚定不移实施创新驱动发展战略，在科研投入上集中力量办大事，加快移动芯片、移动操作系统、智能传感器、位置服务等核心技术突破和成果转化，推动核心软硬件、开发环境、外接设备等系列标准制定，加紧人工智能、虚拟现实、增强现实、微机电系统等新兴移动互联网关键技术布局，尽快实现部分前沿技术、颠覆性技术在全球率先取得突破。推动产业生态体系协同创新，推动信息技术、数字创意等战略性新兴产业融合发展，提高产品服务附加值，加速移动互联网产业向价值链高端迁移。繁荣发展网络文化，把握移动互联网传播规律，实施社会主义核心价值观、中华优秀文化网上传播等内容建设工程，培育积极健康、向上向善的网络文化。

2021 年 7 月，工信部印发《新型数据中心发展三年行动计划（2021—2023 年）》，提出用 3 年时间，基本形成布局合理、技术先进、绿色低碳、算力规模与数字经济增长相适应的新型数据中心发展格局。

2. 北京市层面

2020年6月，中共北京市委、北京市人民政府印发《关于加快培育壮大新业态新模式促进北京经济高质量发展的若干意见》，提出五点意见和要求。把握新基建机遇，进一步厚植数字经济发展根基。抓住算力、数据、普惠AI等数字经济关键生产要素，瞄准"建设、应用、安全、标准"四大主线谋划推进，力争到2022年底基本建成网络基础稳固、数据智能融合、产业生态完善、平台创新活跃、应用智慧丰富、安全可信可控的新型基础设施；拓展新场景应用，全力支持科技型企业创新发展。聚焦人工智能、5G、物联网、大数据、区块链、生命科学、新材料等领域，以应用为核心，通过试验空间、市场需求协同带动业态融合、促进上下游产业链融通发展，推动新经济从概念走向实践、转换为发展动能，促进科技型企业加快成长；挖掘新消费潜力，更好满足居民消费升级需求。顺应居民消费模式和消费习惯变化，深化消费领域供给侧结构性改革，加强消费产品和服务标准体系建设，完善促进消费的体制机制，切实增强消费对经济发展的基础性作用，更好满足人民群众多元化、品质化消费需求；实施新开放举措，不断提升开放型经济发展水平。发挥服务业扩大开放综合试点与自由贸易试验区政策叠加优势，搭建更高水平开放平台，着力构建具有北京特点的开放型经济新体制，以开放的主动赢得发展的主动，以高水平的开放赢得高质量的发展；提升新服务效能，着力营造国际一流营商环境。主动适应新动能加速成长的需要，研究制定优化营商环境政策4.0版，加快转变政府职能，更大力度破解体制机制障碍，构建企业全生命周期服务体系，精准帮扶企业特别是受疫情影响严重的中小微企业渡过难关，努力打造国际一流营商环境高地。

2021年1月，北京市经济和信息化局印发《北京市数据中心统筹发展实施方案（2021—2023年）（征求意见稿）》，提出"四个一批"：关闭一批功能落后数据中心、整合一批规模分散的数据中心、改造一批高耗低效数据中心、新建一批新型计算中心和人工智能算力中心及边缘计算中心。并给出这四类数据中心的具体衡量指标，例如年均电源使用效率（PUE）高于2.0的备份存储类数据中心逐步关闭，新建云数据中心PUE不高于1.3，等等。

2021 年 4 月，为探索推进"互联网+教育"新模式，北京市教育委员会印发《关于推进"互联网+基础教育"的工作方案》，提出积极推进"互联网+基础教育"落地应用，总体设计为"3+4+5"，即打造 3 个课堂，构建 4 种能力平台，形成 5 个工作机制。

（二）我国互联网信息服务业发展现状

据 2020 世界互联网大会·互联网发展论坛发布的《世界互联网发展报告 2020》，中国互联网发展领先其他国家，综合排名已跃居世界第二，仅次于美国。近年来，为鼓励互联网信息服务业，央地两级政府加强政策保障，积极完善外部环境。同时，信息传播技术和基础建设的进步也为行业发展夯实了基础。近年来，我国互联网网民数量和互联网渗透率保持快速增长态势，受众对新媒体信息传播服务的认知和接受程度也在逐渐提高，互联网已成为人们获取信息的重要渠道。

1. 市场规模持续增长

2021 年，中国互联网和相关服务业发展整体保持平稳，发展趋势向好。从细分指标来看，企业业务收入及营业利润仍高位增长。其中，互联网平台服务、数据业务及信息服务收入实现快速增加。在营业利润保持高位增长的情况下，须注意营业成本的快速提升。从具体数据来看，2021 年全年实现营业利润超过千亿元，直达 1320 亿元，同比增长 13.3%，增速较上年提升 0.1 个百分点。营业成本增速较上年提升 13.7 个百分点，达 16.1%。[①]

2. 重点领域市场加快拓展

信息服务领域营收实现快速增长。其中，音视频服务业务呈连年高位增长态势。从具体指标来看，2021 年信息服务营收较上年增长 5.5 个百分点，同比增长 17%，达 8254 亿元。值得注意的是，信息服务市场在保持高位增长的情况下，在全部互联网业务营收总额的占比同比下降 1.9 个百分点，降为 53.3%。在具体业务领域，音视频服务及新闻和内容服务类

---

① 资料来源：工业和信息化部。

企业保持快速增长，网络游戏业务增速放缓，搜索服务处于持续下跌状态。

互联网平台服务领域实现持续增长。其中，网络销售、生活服务等业务表现最为亮眼。2021 年，互联网平台服务全年同比增长 32.8%，达 5767 亿元。生活服务领域扭"降"为"升"，逆转上半年颓势。网络销售领域保持持续增长。互联网接入服务领域实现持续上升，2021 年互联网接入服务虽然增速较上年跌落 9.8 个百分点，但仍实现正向增长，实现收入 444.4 亿元。互联网数据服务发展势头较好，2021 年全年实现 258.3 亿元的收入成绩。①

3. 地区差异化发展态势显著

互联网领域发展以东部地区和西部地区为主要增长点，中部地区及东北地区表现乏善可陈。东部地区以及西部地区合计实现收入 14094.6 亿元，中部地区和东北地区合计实现收入 619 亿元，仅占东部地区和西部地区总和的 4.39%，且增速放缓。

以省市为观察单位，中国互联网业务整体保持增长态势。全国有 27 个省市相关业务实现正增长，较上年增加 6 个，其中海南、云南及宁夏等省区表现最为抢眼，增速超过 30%。从 2021 年累计收入来看，北京、广东、上海、浙江及江苏名列前五，分别实现增长 29.6%、9.3%、31.3%、13.0% 及 5.1%，合计营收 12233 亿元，全国占比达 83.1%。②

4. 移动互联网业务数量持续增长

近年来，随着中国移动通信行业的快速发展，电信业固定资产投资规模总体呈现增长态势，移动通信基础设施的大力投入为移动信息服务的发展奠定了牢固基础。2021 年，全国移动通信基站净增数量为 65 万个，总数达 996 万个。其中，拥有 590 万个 4G 基站，142.5 万个 5G 基站，全年净增基站主要为 5G 基站。③

---

① 资料来源：工业和信息化部。
② 资料来源：工业和信息化部。
③ 资料来源：工业和信息化部。

随着国民经济的发展，人民生活水平日益提高，加之中国手机生产技术水平的提升，移动电话成了人们接受移动信息服务的主要工具。根据工信部统计，中国移动电话用户持续增加，2021 年中国移动电话用户净增 4875 万户，总数达 16.43 亿户。[①] 移动终端渗透的逐渐深入和移动基站的持续增加，激发了更多信息需求，也创造了更多的移动信息服务的应用场景，移动信息服务行业受益于大环境的发展，实现了持续的增长。

（三）我国互联网信息服务业发展趋势

1. 短视频影响力持续增强

自 2013 年中国第一个移动短视频应用上线以来，中国短视频产业呈爆发式增长，2018 年首次超越网络视频，晋升为中国第四大互联网应用。疫情防控常态化时期，以快手、抖音为代表的"短视频"电商平台实现跨越式发展，"短视频"变现模式初步形成。QM 数据显示，2020 年短视频月活用户规模整体保持增长，同比增量达 4900 万，实现营收 8.72 亿元，但增速有所下滑，降至 6%，用户规模红利收窄（见图 1）。其中，快手、抖音变现最为亮眼。据快手招股意向书披露，2020 年前 11 个月，电商业务实现营收 3226 亿元，较 2018 年不足亿元的收入规模，增量巨大。据抖音官方数据披露，2020 年前 11 个月，电商业务增长 11 倍。随着市场红利殆尽、市场份额基本被划分完毕，快手与抖音两强相争的局面初步形成。

2. 搜索引擎市场规模平稳增长

搜索引擎是基于网络爬虫、检索排序、网页处理等相关数字处理技术，立足用户需求，依托推荐算法，按照特定策略从互联网海量信息中检索出匹配信息来反馈给用户的检索系统，为用户提供快速、高相关性的信息搜索服务。目前，我国搜索引擎市场规模已进入平稳增长阶段，市场竞争格局也较为稳定。从搜索引擎行业全端品牌总覆盖人群占比排名来看，2021 年，在

---

① 资料来源：工业和信息化部。

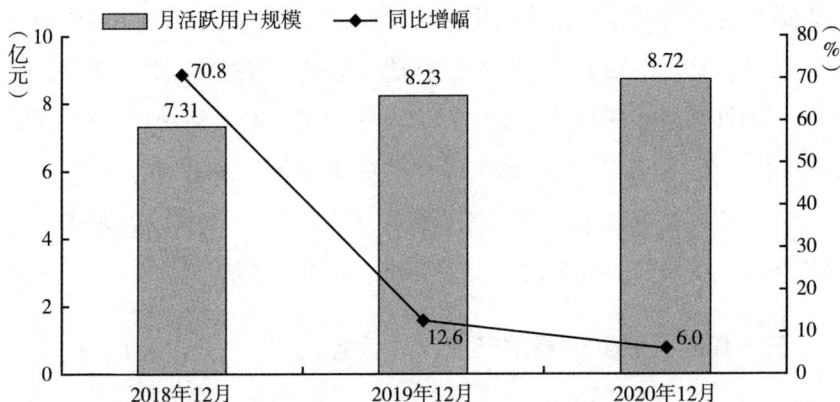

图1　2018 年 12 月至 2020 年 12 月短视频月活跃用户规模及同比增幅情况

资料来源：QM 数据研究院。

国内搜索引擎市场中：百度居榜首，市场份额为 85.48%；其次是必应和搜狗，全端市场份额分别达 4.44%、3.66%（见图 2）。[①] CNNIC 发布的第 49 次《中国互联网络发展状况统计报告》显示，截至 2021 年 12 月，中国搜索引擎用户规模已达 8.29 亿人，较 2020 年 12 月增长 5908 万人。2021 年，搜索引擎市场发展稳中有变，互联网搜索环境得到持续改善。从市场观察来看，一是搜索引擎企业二次上市寻求多项新增长。2021 年 3 月，百度完成港交所二次上市，将募集资金净额用于持续开展科技投资，包括进一步发展百度移动生态、智能驾驶等。二是微信搜索布局得到进一步巩固。[②]

3. 移动互联网催生数字消费新业态

如今，碎片化学习正逐渐成为广大消费群体获取信息的主要方式，而移动设备的小巧及多功能性使其成为"碎片化学习"的重要工具。消费端和供给端的双向而动，使得"移动化"成为信息传播的主流趋势。疫情下，人们的消费方式被重塑，网上零售、直播带货等新模式的热度

[①] 《最新！2021 年中国搜索引擎市场占有率排行榜》，"太原网站建设杰迅"百家号，2022 年 1 月 12 日，https：//baijiahao. baidu. com/s？id=1721741301707436555&wfr=spider&for=pc。

[②] 《2021 年年中国互联网搜索引擎用户分析：用户规模达 8.29 亿》，中商情报网，2022 年 3 月 17 日，https：//www. askci. com/news/chanye/20220317/1459541746221. shtml。

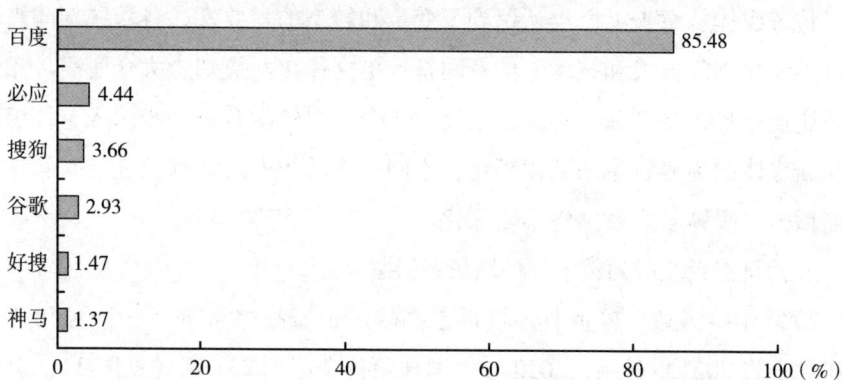

图 2 2021 年中国搜索引擎市场份额

资料来源：Stat Counter 市场调研机构。

越来越高。2020 年，我国手机网络购物用户规模达 7.81 亿。全国网上零售额达 11.76 万亿元，同比增长 10.9%，占社会消费品零售总额的比重接近 1/4。截至 2020 年 12 月，电商直播超 2400 万场，电商直播用户规模达 3.88 亿，较 2020 年 3 月增加了 1.23 亿。[①] 网络零售的蓬勃发展推动各地复工复产与经济复苏。不少地方领导干部参与直播带货，获得舆论与市场的积极反馈。不少地区制订直播发展计划，抢占直播经济这一新风口。

2020 年，基于移动互联网的"云上游""云看展"等旅游新业态、新模式迅速发展。全国超过 100 个城市的 500 多个景点"上云"，人们可利用手机参观游览，"云游故宫"等活动给游客带来了全新的体验。截至 2020 年 12 月，我国手机游戏用户达 5.16 亿，手机游戏市场销售规模达 2096.76 亿元，同比增长 20.71%。网络视频用户规模达 9.27 亿，短视频用户规模为 8.73 亿，较 2020 年 3 月增长 1 亿。[②] 各大短视频平台也积极发力布局直播带货模式，引领了新型消费方式。

---

① 资料来源：中国互联网络信息中心（CNNIC）。

② 《〈中国移动互联网发展报告（2021）〉正式发布》，人民网，2021 年 7 月 22 日，http：// finance. people. com. cn/GB/n1/2021/0722/c1004-32166880. html。

传统媒体从意识上已经认识到了变革和转型的重要性，各传统新闻媒体尝试多元化创新方式和技术，使新闻报道更立体化、更切合大众所需。相关各类企业立足机制创新，不断推动经营融合，媒体融合进一步深入，传统媒体与新媒体的边界将越来越模糊化，不同形式的媒介之间互换性与互联性将不断增强，媒体融合发展将不断深化。

4. 独角兽企业成为数字经济增长新引擎

2020 年中国独角兽企业数量再创高峰。长城战略咨询《中国独角兽企业研究报告 2021》显示，2020 年中国独角兽企业达 251 家（见图 3），总估值首次超过万亿美元，其中估值超过（含）100 亿美元的超级独角兽企业共12 家，包括字节跳动、快手、猿辅导、商汤科技等。2021 年第一季度，我国新增独角兽企业 23 家。2020 年，每个以"数字+"为特点的数字文娱、数字医疗、人工智能、新零售、电子商务、互联网教育等细分行业，均拥有 10 家以上独角兽企业，行业整体发展态势良好，发展速度较快（见图4）。从产业投资的角度来看，产业投资资金主要来自互联网平台企业，互联网企业借助投资渠道来完善平台生态圈。其中，腾讯、阿里巴巴、百度、京东、小米、美团和 58 同城为主要投资方，合计投资数量占比超过半数，达 54%，共 136 家。

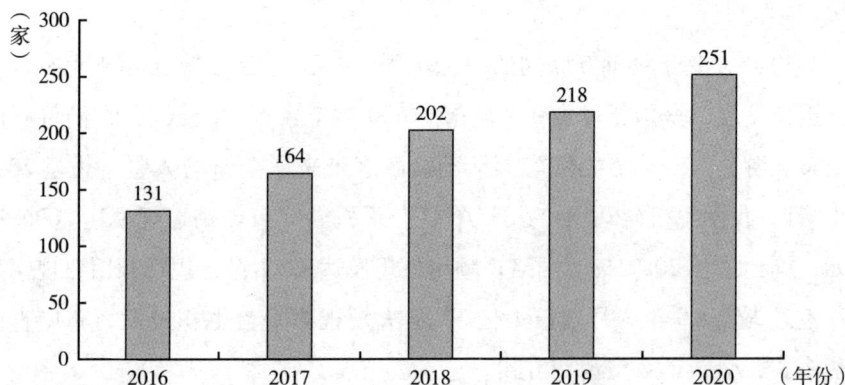

图 3　2016~2020 年我国独角兽企业数量

资料来源：长城战略咨询。

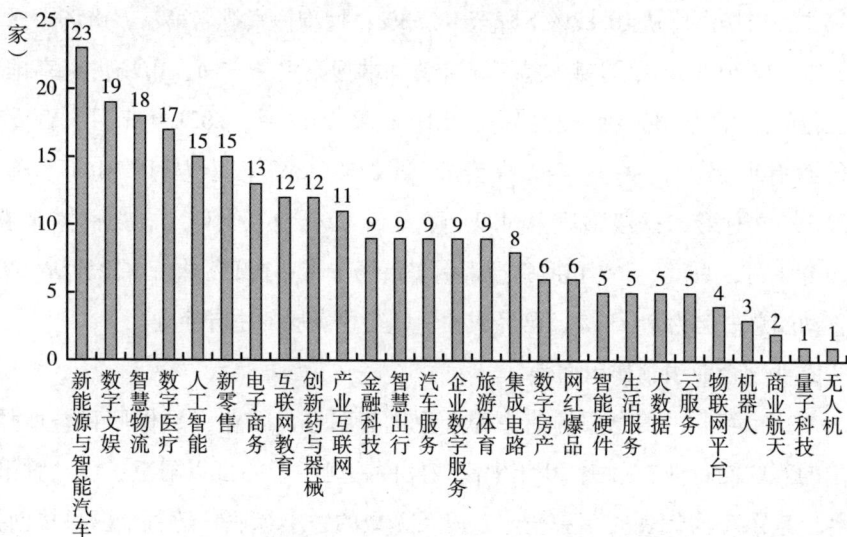

图 4 2020 年独角兽企业行业分布

资料来源：长城战略咨询。

（四）北京市互联网信息服务业发展现状

1. 行业发展全国领先

近年来，北京市互联网产业发展一片向好，网络信息内容生态治理成效显著，网络安全整体水平进一步提升。北京市在原有产业基础上，持续创新，搭建创新平台，助力全新商业模式领域企业发展，推动新业态、新模式发展，进一步激发经济活力。据《中国互联网发展报告 2020》排名，在综合能力方面，北京、广东及上海分列第一位、第二位、第三位。就具体细分领域，在创新能力及互联网应用指数等领域，北京市成效突出。

在互联网搜索服务方面，北京市拥有百度（海淀区）、360（朝阳区），搜狗（海淀区）三家龙头企业，在搜索引擎市场中占据主导地位，已经成为互联网搜索服务业发展领先城市。据"网速管家排行榜"数据，2021 年1 月，PC 端搜索引擎市场占有率排名前三的依旧是百度、360 搜索和搜狗。其中，百度占比为 81.28%，与 2020 年 12 月的 81.06%基本持平；360 搜索位居第二，市场占比从 10.88% 下降至 10.53%；搜狗搜索排名第三，市场占比为 5.09%，与 2020 年 12 月基本持平。在移动端搜索引擎方面，市场占有率排名前三位的是百度、360 搜索和搜狗。相比 2020 年 12 月，2021 年 1 月，百度市场份额有所提升，从 79.44% 提升至 85.08%；360 搜索从 10.21% 下降至 7.77%，位列第二；搜狗则从 4.9% 降至 3.47%，位列第三。从整体来看，2021 年 1 月，百度、360 和搜狗搜索引擎市场占有率在 PC 端总占比为 96.9%，在移动端总占比为 96.32%，已经成为引领行业发展的主导企业。

2. 头部企业引领作用增强

北京市互联网信息服务业头部企业优势明显，行业引领作用日益增强。中国的互联网行业在过去 20 年中高速发展，诞生了一批以阿里巴巴、腾讯、百度、京东等为代表的龙头企业，以及无数的中小企业。随着全国科技创新中心建设扎实推进，北京市科技创新引领性和吸引力逐渐显现，吸引了一大批互联网头部企业扎堆集聚。据中国互联网协会 2020 年 11 月推出的《中国互联网企业综合实力研究报告（2020）》，北京市有 38 家企业入选，位列榜首（见表 1）。其中，百度、美团、京东、360、小米、搜狐、新华网、搜房科技、车之家等企业连续 8 年名列互联网综合实力企业。头部企业实力明显提升，其凭借在资本、市场、媒体等方面的优势，对行业的影响力持续增强，以百度、美团、小米、搜狐、咪咕等为代表的互联网企业通过自孵化和战略投资等方式建构自有专属商业生态体系。同时，随着信息消费蓬勃发展，互联网头部企业的融合引领作用日益彰显，互联网信息服务加速向工业、农业、服务业融合渗透。如，阿里云与中策橡胶、中芯国际等传统工业加强合作，提升数据利用效益。

表 1　2020 年中国互联网企业名单（北京市部分）

排名	企业名称	主要业务与品牌
3	美团公司	美团、大众点评、美团外卖
4	百度公司	百度
5	京东集团	京东商城、京东物流
8	北京小桔科技有限公司	滴滴快车、青桔单车、礼橙专车、滴滴企业版

排名	企业名称	主要业务与品牌
9	北京字节跳动科技有限公司	抖音、今日头条、西瓜视频
10	腾讯音乐娱乐集团	QQ 音乐、酷狗音乐、酷我音乐、全民 K 歌
11	三六零安全科技股份有限公司	360 安全卫士、360 浏览器、360 手机卫士、360 手机助手
12	新浪公司	新浪网、微博
13	北京五八信息技术有限公司	58 同城、安居客、驾校一点通、58 同镇
15	小米集团	小米、MIUI 米柚、米家、Redmi
16	用友网络科技股份有限公司	YonBIP 用友商业创新平台
17	北京爱奇艺科技有限公司	爱奇艺、随刻、奇巴布、叭嗒
18	搜狐公司	搜狐媒体、搜狐视频、搜狗搜索、畅游游戏
22	北京车之家信息技术有限公司	汽车之家、二手车之家
25	央视国际网络有限公司	央视网、央视影音、中国互联网电视、CCTV 手机电视
26	北京猎豹移动科技有限公司	猎豹清理大师、钢琴块 2、我爱品模型、AI 智能服务机器人
33	人民网股份有限公司	中国共产党新闻网、人民网评、领导留言板、人民视频
34	咪咕文化科技有限公司	咪咕音乐、咪咕视频、咪咕阅读、咪咕快游
41	拉卡拉支付股份有限公司	拉卡拉支付、积分购
42	新华网股份有限公司	溯源中国、新华睿思数据云图分析平台、媒体创意工场、思客
45	北京六间房科技有限公司	花椒直播、六间房直播
47	贝壳找房(北京)科技有限公司	贝壳找房、被窝家装
52	北京网聘咨询有限公司	智联招聘
54	好未来教育科技集团	学而思网校、学而思培优、励步英语、小猴 AI 课
57	北京昆仑万维科技股份有限公司	GameArk、闲徕互娱、Opera
60	北京趣拿信息技术有限公司	去哪儿网、去哪儿旅行
62	竞技世界(北京)网络技术有限公司	JJ 比赛
64	北京蜜莱坞网络科技有限公司	映客直播、积目、对缘、不就
69	二六三网络通信股份有限公司	263 云通信、263 云视频、263 云直播、263 云邮箱
70	北京光环新网科技股份有限公司	光环新网、光环云
72	北京世纪互联宽带数据中心有限公司	世纪互联、蓝云

续表

排名	企业名称	主要业务与品牌
75	北京农信互联科技集团有限公司	猪联网、企联网、农信商城、农信金服
77	联动优势科技有限公司	联动数科、联动支付、联动信息、联动营销
82	探探科技(北京)有限公司	探探
83	多点生活(中国)网络科技有限公司	多点
90	北京搜房科技发展有限公司	房天下网、开发云、家居云、经纪云
92	北京五八到家信息技术集团有限公司	天鹅到家、快狗打车
100	易车公司	易车、汽车报价大全、易车伙伴、汽车产经网

资料来源：中国互联网协会。

3. 产业区域特色突出

北京市互联网信息服务企业高度集中在海淀区中关村、西二旗，以及朝阳区望京等地带，这三个区域同时也是互联网初创型企业密度最高的地方。随着互联网信息服务业产业布局不断优化，北京市互联网信息服务业区域特色突出，已经形成中关村、西二旗、望京“三足鼎立”，与其他区多点位协同发展的新格局。北京中关村是中国互联网历史上的一座“地标”——具备互联网文化底蕴深厚、邻近众多高校等优势，一直以来都是互联网创业公司的首选地，百度、新浪、腾讯、京东等大公司最早都是从这里起步。但在这些企业度过了初创期后，中关村办公空间有限、租金过高的问题暴露了出来。撤离的企业有些选择在同属中关村园区、但用地更富余的西二旗新建总部，还有一些企业去了租金更为便宜的望京或是政策支持力度更大的亦庄。作为国家级的互联网技术和研发产业基地，海淀区西二旗目前汇聚的几乎全部是知名互联网公司。百度、腾讯、滴滴、网易、新浪、快手等都将其北京总部设了这里。朝阳区望京则聚集了阿里、美团、携程等头部企业。此外，望京SOHO、绿地中心等大型写字楼为仍处于创业阶段的互联网企业提供了足够多的办公空间。

（五）北京市互联网信息服务业发展趋势

1. 产业高质量发展开启新局面

2020 年，北京市互联网信息服务业创新发展再上新台阶，在产业规模、产业贡献、发展质量及开放力度方面表现突出。产业规模达 13464.2 亿元，全国占比近四成；产业贡献进一步扩大，全年实现增加值 4783.9 亿元，GDP 贡献达 13.5%；产业质量进一步优化，人均营收接近150 万元；[①] 产业保持持续开放，自主创新能力不断增强，初步构建产业生态体系，并形成初步国际竞争力。"十四五"时期开启全面建设社会主义现代化国家的新征程，加快推动产业转型升级和经济高质量发展至关重要。北京市正以加快建设全球数字经济标杆城市为契机，着力推进互联网信息服务业高质量发展。

2. 新的产业增长极将不断涌现

经过多年发展，北京市互联网信息服务业实现线上、线下的有机融合发展，移动社交、电子商务、在线办公等多元线上模式不断涌现，市场规模的持续扩大进一步刺激产业的发展。北京市企业在大数据、人工智能、社交、短视频、电商购物、新闻资讯等领域形成新的增长极，字节跳动、小米、百度等知名互联网企业成功入选 2020 年多项市场排名榜单，且排名靠前（见表 2、表 3）。疫情下，"宅家"成为大多数消费者的选择，推动线上消费的快速发展。北京市统计局数据显示，2020 年第一季度，北京市网上零售表现活跃，总零售额为 807.4 亿元，增长 15.9%。2020 年，互联网平台服务领域聚焦科技创新、生产及生活的相关平台，发展速度不断加快。2021 年 7 月，中共北京市委办公厅、北京市人民政府办公厅印发《北京市关于加快建设全球数字经济标杆城市的实施方案》，提出培育壮大数字经济标杆企业，建设新商业服务、协同办公、数字化居住、知识生产等产业互联网平台，培育一批能够充分发挥数据价值的数字平台标杆企业。

---

① 资料来源：北京市经济和信息化局。

表2 2020年中国独角兽企业名单（北京市部分）

单位：亿美元

序号	企业名称	2020年估值	所属行业领域	成立时间
1	字节跳动	1800	数字文娱	2012年
2	滴滴出行（小桔科技）	580	智慧出行	2012年
3	快手	286	数字文娱	2011年
4	京东科技	200	金融科技	2015年
5	猿辅导	170	互联网教育	2012年
6	京东物流	134	智慧物流	2014年
7	商汤科技	120	人工智能	2014年
8	作业帮	96	互联网教育	2015年
9	车好多	90	汽车服务	2011年
10	自如	66	数字房产	2016年
11	VIPKID	45	互联网教育	2013年
12	地平线	45	人工智能	2015年
13	旷视科技	40	人工智能	2011年
14	比特大陆	40	金融科技	2013年
15	明略科技	36	大数据	2014年
16	美菜网	33	产业互联网	2014年
17	一下科技	30	数字文娱	2011年
18	阿里音乐	30	数字文娱	2016年
19	水滴公司	29	数字医疗	2016年
20	知乎	27	数字文娱	2012年
21	乐元素	24.6	数字文娱	2012年
22	多点Dmall	23.2	新零售	2015年
23	影普科技	22	人工智能	2013年
24	Boss直聘	21	企业数字服务	2013年
25	科信美德	20	创新药与器械	2014年
26	快看漫画	20	数字文娱	2014年
27	第四范式	20	人工智能	2015年
28	极智嘉	20	机器人	2015年
29	脉脉	20	生活服务	2013年
30	元气森林	20	网红爆品	2016年
31	京东工业品	20	产业互联网	2020年
32	马蜂窝	19	旅游体育	2011年
33	APUS	18.5	企业数字服务	2014年

续表

序号	企业名称	2020 年估值	所属行业领域	成立时间
34	百信银行	18.5	金融科技	2017 年
35	中创为量子	18.4	量子科技	2014 年
36	易久批	18	电子商务	2014 年
37	首汽约车	18	智慧出行	2015 年
38	氪空间	17.4	企业数字服务	2014 年
39	便利蜂	16	新零售	2016 年
40	一点资讯	16	数字文娱	2013 年
41	PingCAP	16	互联网教育	2016 年
42	火花思维	16	互联网教育	2016 年
43	思派健康	15.5	数字医疗	2014 年
44	口袋购物	15	新零售	2011 年
45	途家网	15	旅游体育	2011 年
46	春雨医生	15	数字医疗	2011 年
47	云知声	15	人工智能	2012 年
48	小猪短租	15	旅游体育	2012 年
49	达闼科技	15	机器人	2015 年
50	转转	15	电子商务	2017 年
51	零氪科技	15	数字医疗	2014 年
52	百望云	14.6	企业数字服务	2015 年
53	特斯联	14.5	物联网平台	2015 年
54	弈斯伟	14.3	集成电路	2019 年
55	国铁吉讯	13.6	智慧出行	2017 年
56	翼欧教育	13.3	互联网教育	2014 年
57	妙手医生	13	数字医疗	2015 年
58	Geo 集奥聚合	13	大数据	2012 年
59	腾云天下	13	大数据	2011 年
60	云鸟配送	12.5	智慧物流	2015 年
61	银河航天	12.4	商业航天	2019 年
62	闪送	12	智慧物流	2012 年
63	图森未来	12	新能源与智能汽车	—
64	十荟团	11.8	新零售	2018 年
65	太合音乐	10.8	数字文娱	2014 年
66	得到	10.8	数字文娱	2015 年
59	美术宝	10.5	互联网教育	2014 年

续表

序号	企业名称	2020 年估值	所属行业领域	成立时间
60	诺禾致源	10.3	创新药与器械	2011 年
61	酒仙网	10	电子商务	2010 年
62	慧科教育	10	互联网教育	2010 年
63	蜜芽报告	10	电子商务	2011 年
64	G7	10	智慧物流	2011 年
65	我买网	10	新零售	2012 年
66	青云 QingCloud	10	云服务	2012 年
67	出门问问	10	人工智能	2012 年
68	智米科技	10	智能硬件	2014 年
69	睿智科技	10	大数据	2014 年
70	小盒科技	10	互联网教育	2014 年
71	农信互联	10	产业互联网	2015 年
72	雪球财经	10	数字文娱	2010 年
73	本来生活	10	新零售	2012 年
74	Keep	10	旅游体育	2014 年

资料来源：长城战略咨询。

表 3　2020～2021 年新晋独角兽企业名单（北京市部分）

序号	企业名称	所属行业领域	成立时间	入选时间
1	泡泡玛特	新零售	2010 年	2020 年
2	粉笔教育	互联网教育	2015 年	2021 年
3	航天云网	物联网平台	2015 年	2021 年
4	驭势科技	新能源与智慧汽车	2016 年	2021 年
5	核桃编程	互联网教育	2017 年	2021 年
6	摩尔线程	人工智能	2020 年	2021 年

资料来源：长城战略咨询。

3. 在疫情防控常态化时期更好地发挥保障作用

如今，互联网信息服务产业外延不断拓展，以各类应用产品为载体，提供纷繁复杂的"线上"+"线下"服务，尤其在疫情防控常态化时期，其在推动生活、生产正常化基础上，将加快传统产业数字化转型。为减少疫情防控常态化时期人员流动和聚集，降低感染风险，北京市政府部门积极转变工作方式，大力推行"互联网+"政务服务，推行互联网全程办理政务服务。在教育方面，2020年2月北京市教育委员会印发《关于疫情防控期间以信息化支持教育教学工作的通知》，提出按照"政府统筹引导、学校科学实施、社会广泛参与"的总体思路，优化提升基础条件保障，整合汇聚各方优质数字资源，努力提高互联网服务水平，为各单位提供内容丰富、个性多样、稳定可靠的在线教育服务，全力保障"停课不停学"。在医疗方面，疫情下网络诊疗需求不断增加，互联网医疗迎来了新的发展契机。

二 创作表演服务业

艺术创作是繁荣发展演出市场的基础，在某种程度上也是促进市场经济的元素之一，演出市场能促进市场经济多元化、多角度、多方位繁荣发展。因此可以说，艺术创作是繁荣发展演出市场的重要因素。随着我国当前社会经济的高速发展，加之我国社会主要矛盾发生转变，国家加大了对艺术创作表演的支持力度，为其提供了良好的政策环境。近年来，我国创作表演市场快速发展，戏曲、歌舞、话剧、音乐等各类文艺演出及展览活动蓬勃发展。2019年，我国演出市场规模达538亿元，同比增长4.65%。受疫情影响，2020年演出市场规模虽短暂下行，但长期仍将呈现良好增长态势。

（一）相关政策法规

1.国家层面

2020年11月，文化和旅游部发布了《关于推动数字文化产业高质量发展的意见》，明确指出要培育云演艺业态，推动5G+4K/8K超高清在演艺产业中的应用，建设在线剧院、数字剧场，引领全球演艺产业发展变革方向。建设"互联网+演艺"平台，加强演艺机构与互联网平台合作，支持演艺机构举办线上活动，促进线上线下融合，打造舞台艺术演播知名品牌。推动文艺院团、演出经纪机构、演出经营场所数字化转型，促进戏曲、曲艺、民乐等传统艺术线上发展，鼓励文艺院团、文艺工作者、非物质文化遗产传承人在网络直播平台开展网络展演，让更多青年领略传统艺术之美。培养观众线上付费习惯，探索线上售票、会员制等线上消费模式。提高线上制作生产能力，培育一批符合互联网特点规律，适合线上观演、传播、消费的原生云演艺产品，惠及更多观众，拉长、丰富演艺产业链。

2021 年 5 月，文化和旅游部印发《"十四五"文化和旅游市场发展规划》，推动演出行业转型升级，丰富经营业态，拓展消费人群。鼓励传统文化经营场所进行设施改造提升，支持 5G 剧院建设，推动演出院线规模化、品牌化发展。加强对体验式演艺新业态新模式及综合性文化娱乐场所的引导、管理和服务，培育新型文化市场主体。推动线上线下融合发展，实现优势互补，拓展发展空间。推动网络直播、短视频等信息呈现方式与演出和艺术品、公共文化、非遗保护、旅游推广等领域相结合，丰富文化和旅游业态。

2. 北京市层面

2020 年 2 月，北京市文化改革和发展领导小组办公室印发《关于应对新冠肺炎疫情影响促进文化企业健康发展的若干措施》，进一步减轻疫情对首都文化企业生产经营的影响，促进企业健康可持续发展，制定系列工作措施。一是提前启动 2020 年度北京宣传文化引导基金（电影类、新闻出版类）项目申报工作，确保上半年资金拨付到位；增加特殊补贴申报，对 2020 年春节期间受疫情影响未能如期上映的京产影片给予一次性宣传发行补贴，对 2020 年春节前后处于集中创作期，受疫情影响而暂停的重点项目给予创作制作特殊补贴。二是鼓励北京地区数字出版企业及相关文化机构在疫情期间免费对公众开放优质内容资源及公益性线上演出、功能性小游戏等数字文化内容服务，推荐其中优秀项目申报宣传文化引导基金。三是加大对全面建成小康社会、庆祝建党 100 周年等主题作品的扶持力度。对优秀舞台剧、电影、电视剧、纪录片、出版物及网络视听作品等开设绿色通道，确保重点创作项目不停工、不流产、不降标。四是广泛征集反映抗疫事迹的舞台剧、电影、电视剧、纪录片、出版物及网络视听作品等，择优予以扶持。五是建立疫情期间舞台剧、电影、电视剧、纪录片、出版物以及网络视听等重点项目种子库，全流程指导把关，确保如期上市发行、上线播出。

2020年6月，为支持文化精品创作、助力全国文化中心建设，北京市海淀区委宣传部正式发布《关于开展海淀文化扶持项目征集工作的通知》，重点扶持在海淀区开展舞台艺术、影视、出版创作及交流活动的单位。支持聚焦海淀，思想性、艺术性、观赏性俱佳，围绕重要时间节点选题创作、积极践行社会主义核心价值观、具有良好经济效益和社会效益的文化精品，推动海淀从文化"高原"迈向文化"高峰"，助力海淀文化与科技融合。

（二）我国创作表演服务业发展现状

1. 演出市场规模持续扩大

演出产业近年来发展平稳，国内演出场次总体实现较快增长。2020年，我国艺术表演团体演出场次较上年跌落24.8个百分点，总计达223.19万场，演出总量暂时回落（见图5）。随着艺术演出团体数量和演出场馆的增多，以及居民艺术追求的提高，未来全国艺术表演团体演出场次将增长。

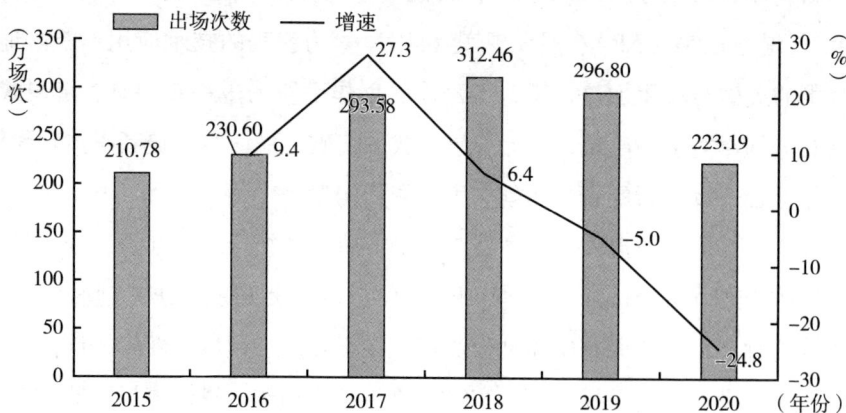

图5 2015~2020年中国艺术表演团体出场次数及增速

资料来源：国家统计局。

演出场次的增加，带来了观众人次的增长。2018~2019 年，艺术场馆内演出观众数量有明显的增长，2020 年艺术场馆演出观众数量达到 60646.7 千人次，同比下降 51.7%；场馆艺术演出观众人次为 40770.0 千人次，同比下降 39.9%（见图 6）。

图 6　2015~2020 年中国艺术表演场馆观众人次及艺术演出观众人次

资料来源：国家统计局。

2. 新媒体影像技术广泛应用

新媒体领域经过多年的技术沉淀，进入快速爆发期，以虚拟现实（VR）、增强现实（AR）、混合现实（MR）等为代表的技术应用不断落地。新技术的突破与应用加速，舞台多媒体的创作手段的进一步丰富，沉浸式、交互式等创作需求的出现，多元叙事方式的突破，进一步倒逼新媒体软硬件的整体融合，以及新的新媒体创作生态圈的构建。

聚焦新媒体创作流程，服务器与多种传感设备结合在一起，三维实时预览、立体投影（3D Mapping）、实时交互特效等多元功能需求加速软硬件及服务器的融合，突破原有媒体创作流程。在交互需求领域，新媒体创作方借助红外跟踪设备，辅助捕捉舞台实时景象与演员动作，搭建虚拟形象，丰富现实演艺效果，打造跨空间的立体视觉交互效果。聚焦创作手法，在室外，突破原有二维平面瓶颈，以建筑外立面等介质为载体，打造三维交互视觉体验。其中，高流明激光投影机相关领域技术的快速突破，进一步提升视觉呈现效果。在室内，进一步丰富投影介质，从传统的幕布进一步拓展到舞台纱幕、舞台其他承载面，带给观众更加立体、多维的视觉体验。

3.线上线下相结合转变传播方式

当前，随着娱乐形式更加多元，以剧场演出为主要传播方式的传统演出面临严峻考验。2020年突如其来的新冠肺炎疫情，让"线上经济"成为热词，而在文化产业领域，随着博物馆、美术馆、剧场等的暂时关闭，文化消费开始向线上平台突围，"线上看戏"成为文化消费及与用户见面的新方式。线上平台所能实现的绝不仅仅是文化产品从线下到线上的简单搬运，它提供了更多的可能性——直播、短视频等各种在线娱乐方式被高频使用。同时，这些在线娱乐平台的用户类型更是迅速"破圈"，从主流用户以"90后""00后"为主拓展到了全年龄阶段，越来越多的人已经不满足于只是在线上"当观众"，他们渴望更多的互动方式。毋庸置疑，一个全民在线娱乐的时代已揭开大幕。

比起传统的舞台演出或电视转播，网络直播有着独到优势。网络媒体传播基数非常大，受众广、传播快；此外还打破了时间、地点的限制，不拘泥于时间先后、人数和场地大小，能随时播放、回看，十分自由。再者，网络直播内容丰富度不断提升，演员的台前幕后都可以被链接到多平台上展示、互动。在戏曲领域，网络直播与传统戏曲结合，既能拓宽传统戏曲传承传播的渠道，又能丰富网络直播的内容、提升网络直播的内涵，更能有效扩大传统戏曲在现代社会尤其是年轻人中的影响力。2020年2月26日晚，"全民K歌"App携手上海京剧院打造的"全民线上演唱会上海京剧院专场"，在一个半小时之内，其直播间同时在线人数超过了15万，引发业界震动。6月12~14日，京黄汉楚各大湖北剧种纷纷云上登台，杨俊、刘子微、夏青玲、王荔等名家轮番亮相网络。湖北省戏曲艺术剧院黄梅戏《天仙配》在6大网络平台同步直播演出，在线观看人数达50323人；黄梅戏《女驸马》再次在网络平台演出，进入直播间人数达40087人。湖北省京剧院为广大网友带来了梅派名剧《凤还巢》直播演出，品名戏·赏民俗——"武汉，你好！"云上剧场戏曲专场全媒体直播，均取得不错的在线观看成绩。

4. 互联网思维助推营销方式创新

互联网传播正在影响演出行业的营销模式。当下演出市场中存在着"粉丝经济"、全方位观演互动、网络平台营销等代表性现象："85后""90后"，甚至"00后"这类成长、生活在网络时代的群体，逐渐成为当下文化消费市场主流，在思维等方面与父辈相比差异较大。互联网自身所具有的特点，为"粉丝经济"提供良好的载体。在观演领域，互联网时代，艺术的生产过程也是观演交流的过程，要实现"及时"甚至"即时"反馈。在营销领域，互联网借助数据优势，使得精准化服务成为现实。综上，互联网正加速演艺市场的"粉丝化"，带来全新的交互模式和营销模式。

传统演艺市场主体正逐步接受互联网的"洗礼"。在票务与观众管理方面，借助微信、微博等社交媒体，实现票务管理的数字化，并实现与消费群体的直接交流与沟通。在经营模式方面，部分曲艺社团依托"事业"属性，在"政府购买"兜底基础上，拓宽经营范围，以商业演出及各类培训教育"创收"。在合作模式方面，实现跨界合作，创造"共赢"发展模式。通过打通与旅行社的合作通路，构建"文化旅游"生态圈。在新媒体平台助力下，将演艺项目的台前幕后搬到"线上"，聚起一批志趣相投的戏迷和影迷，利用朋友圈传播，既可靠又有效。还有微博、QQ、著名博主，都可以成为新剧宣传的力量，迅速扩散演出信息，在最短的时间内把最多的观众聚到剧场。

（三）我国创作表演服务业发展趋势

随着居民文化娱乐支出转为刚性的趋势逐渐明显，人民群众对于演艺产业的需求水平将呈上升趋势，利好演艺产业发展。未来，在金融资本刺激和用户旺盛的精神娱乐消费升级需求的推动下，在"互联网+"、数字经济、新媒体技术赋能行业的背景下，中国演艺产业发展态势向好。

1. 演出行业持续平稳增长

我国演出市场连续多年保持稳步增长的发展态势，受疫情影响，2020年市场规模暂时下行。近年来国内经济稳定发展，得益于中国居民消费水平的提高和对精神消费的需求，演出市场快速发展，不断推陈出新，推动行业转型升级。热门文学、影视、游戏 IP 改编的舞台作品不断涌现，中国演艺市场规模连续多年稳步增长。2019 年演艺市场的经济规模预测将增长至538.00 亿元（见图 7）。2020 年受疫情影响，演艺市场经济规模出现下行状况，不过从长期来看，随着我国经济的快速发展，民众对文化娱乐的需求不断增加，演艺市场的经济规模将持续呈现增长趋势。未来随着艺术表演产业与互联网产业、信息技术产业、旅游产业、数字产业等逐渐融合发展，艺术表演的形式和内容将更加丰富，综合效益也将不断提升。

图 7　2013~2019 年全国演艺市场规模及同比增长情况

资料来源：中国演出行业协会、前瞻产业研究院。

2. 云演艺成为产业发展新热点

由于疫情进入常态化防控阶段，传统舞台演出在平衡限流与成本方面存在较大困难，线下演艺市场频繁受挫。在线下渠道受挫的情况下，消费者观影需求仍然保持高位，"云演艺"市场实现快速发展。面对市场需求与机遇，以中国移动咪咕公司为代表的众多演艺企业，依托逐渐成熟的 5G 技术，突破传统业态模式，打造"云演艺"新业态模式。咪咕音乐"5G+VR+AI 云演艺直播新业态城市未来场景实验室"被评为成都市首批城市未来场景实验室。5G 云演艺直播新业态实验室的场景创新，包括音乐+文创场景、云互动观演场景、全民直播场景和联合直播场景四大场景创新。

3. 技术融合打造产业新生态

除市场需求和政策驱动外，5G、云、超高清视频等技术的融合赋能，使演艺新业态不断涌现，促进虚拟与现实融合，提升人们感官体验，成为推动数字文化产业发展的一大关键因素。当前，中国的 5G 用户数已经稳居全球第一，包括 5G 终端、5G 模组在内的 5G 产业链也日趋丰富和完善。在 5G 无线覆盖和光纤固定覆盖的支撑下，最终用户可以得到更好的超清视频的体验。高新视频一方面指更高的规格，包括 4K、8K、VR，乃至 16K，另一方面指新场景新业态，包括自由视角、多视角、自由缩放、VR 沉浸体验等。高新视频两个层面的含义，已经从产业支撑层面上升到国家层面。此外，华为与广电、运营商、剧院、影视制作等合作伙伴开展的大量实践，借助 5G、云、AI 等赋能技术与超高清视频技术融合发展在演艺行业探索新场景、催生新业态，例如 AI 多轴自由视角加持下，湖南卫视节目《舞蹈风暴》热播。同时，精彩内容从线下走向线上，还需要利用 5G、AI、边缘计算（MEC）等技术赋能剧院等线下场馆，使之具备超高清内容常态化供应的能力，能够源源不断生产出年轻人喜欢的新场景视频。

4. 科技赋能文旅演艺场景创新

线下演艺企业想要走到线上取得成功，需要充分了解用户需求，进行数字化的针对性设计，突破在有限的技术、资源和渠道范围内"简单复制"的局面，通过产业各方的多边协同，共创演艺行业新内容、新场景、新渠道。新内容意味着全新的拍摄、观看和聆听方式，全新的视听享受。业界过去一段时间的创新实践，探索出了 AI Vlog、AI 2D 转 3D、VR 声场音乐等新内容，它们源于现场却又高于现场，可以给用户提供耳目一新的体验。新场景包括多视角、自由视角、自由缩放、AR/VR 等，它们是基于 5G、云、AI 和超高清视频技术与实体场景融合后形成的空间视频体验，相比单一的平面视频呈现能够提供更加自由、沉浸的新体验。新渠道指将上述新内容、新场景保质保量地传递到更多用户手中，变量主要来自运营商的双 G 网络（千兆 5G 和千兆光网），其大带宽、低时延、广连接的能力可以将高清视频分发到互联网全渠道，服务海量用户，多屏融合最大化释放新内容、新场景的价值。用户对优质内容和极致体验的追求永无止境，唯有全面实施新内容、新场景、新渠道的供给侧改革，才能满足用户高清化、沉浸式、个性化的消费升级的需求。

（四）北京市创作表演服务业发展现状

1. 线上演出进入快速发展期

2020 年，线上演出市场进入快速发展期，被称为线上演出元年。疫情发生以来，线下实体经济，尤其是人员高度密集、长时间集中的文娱行业，受挫严重。线下演出市场经受多轮的疫情反复，经营成本不断高企，但营业收入难以维持正向增长，甚至大量企业出现负增长。在如此严峻的市场环境下，线上演出市场无疑成为众多演艺企业的"救命稻草"。通过传统演艺资源的线上化：其一，通过演艺资源线上化，提升资源利用效率与管理效率，压缩运营成本；其二，维护客源，避免长时间停演，造成客源的流失；其三，丰富演艺企业自身经营业态，拓宽经营渠道。随着疫情进入常态化防控阶段，"线下"演艺场所已逐步恢复正常演出，但并未造成线上客源的大量流失。分析其原因：经过近两年的发展，"线上"演出市场已经初步培养起自身消费者群体；部分消费者出于对疫情的担忧，更愿意选择线上方式观演；线上演出有别于线下的"临场感"、"参与感"及"近距离接触演员"等特点，使得线上演出市场仍然保持快速发展。

2020 年作为线上演出（亦被称为"云演出"）元年，从春节开始，大量的"云演出"纷至沓来。北京市在 2020 年春节期间，推出"云春晚""云贺岁"等系列"云上"贺岁节目。北京市剧院在大年初一推出"戏韵动京城——第四届京津冀文艺院团新春线上展演"。优酷推出"舞台有界·艺术无边"文学艺术奖获奖剧目线上免费播映活动。国家大剧院也于春节期间推出"国家大剧院艺术云贺岁"系列活动:"春天在线"系列线上演出中,中央民族歌舞团舞蹈专场《舞彩家园》、"新春华尔兹"吕嘉与国家大剧院管弦乐团音乐会、中国歌剧舞剧院舞剧《李白》、"天涯共此时"北京民族乐团元宵节音乐会、"红妆国乐"中央民族乐团音乐会陆续登台;"艺术放映厅——线上舞台艺术影像展新春特别策划"中,音乐戏剧电影《美丽的蓝色多瑙河》、京剧电影《赤壁》、歌剧电影《卡门》、舞剧电影《天路》等接连"上映"。

2. 云演艺进入爆发期

"云"技术正在扩容文艺生态。在企业端,演艺市场从线下走向线上,一方面得益于各种数字化技术的应用突破,另一方面也带来演艺市场创作手法、创作工具的创新。在客户端,"云演艺"正逐步引导消费者审美观念的改变,推动"大众文化"与"小众文化"的双向互通。从整体来看,数字技术在演艺市场的深度创新与应用,进一步丰富现有消费群体音、视觉感知,拓宽原有的观演群体。"云演艺"带动线上市场快速发展,同时也实现线下市场的反哺。以"云端"短视频等形式引起消费者关注,引导其进入线下各类观演场所,刺激线下市场的复苏与发展。疫情发生以来,北京市文旅局有序推进全市文化和旅游行业防控疫情、复工复产、复市复游,引导市场主体积极发展"云旅游""云演出"等新业态,推动其充分利用线上渠道,创新推动首都文艺舞台"云"上繁荣。新编现代京剧《许云峰》举行"云首演",线上当场买票观众达 9000 人,累计观看 7 万余人次。由北京京剧院应景而作的抗疫作品《战疫情》《中国脊梁——致钟南山》等一经发布,短时间内点击量即突破千万级。此外,北京京剧院推出传统大戏赏析栏目,将《龙凤呈祥》《四郎探母》等 12 台传统经典剧目的演出录像搬至"云剧场"。随着疫情进入常态化防控阶段,线下演艺市场逐步恢复正常演出,北京市文旅局一方面继续鼓励各主体积极发展"云演艺"等新业态,另一方面通过政策和各类活动,合力助推线下市场的复苏与发展。

3. 在线演出品牌建设扎实推进

经过近两年的发展,线上演出由最初的应急举措,逐步演进为独立、专门的政策引导领域，北京市在线演出品牌建设工作扎实推进。各中央院团及市属院团，基于所拥有的高质量演艺资源，通过创新传统策划方式，打通各类平台，打造一系列的线上演出品牌。如北京人艺在 2021 年春节期间，借助"线上"渠道，推出多部传统经典作品。以 1979 年版《茶馆》为例，其由于是之、蓝天野、郑榕等主演，点击量在几天之内就超过 50 万人次。更令人惊喜的是，国家大剧院在线播出的音乐戏剧电影《美丽的蓝色多瑙河》、民族民间舞演出《舞彩家园》、"新春华尔兹"贺岁音乐会及京剧电影《赤壁》四部作品，累计在线点击量达 1.18 亿次，每一场的点击量都在两三千万次左右。

各类线上演出频繁"出圈"，主要得益于演艺企业的高质量品控。演艺院团在演艺内容选择、演艺项目策划、演艺项目预演、演艺项目录制及演艺项目播出时间安排等方面，进行多维、持续的高质量品控。如"新春华尔兹"贺岁音乐会，在项目构成上，包含国内外经典大剧；在项目解说上，由负责主持维也纳新年音乐会的央视主持人孙小梅及出席当年维也纳新年音乐会的著名作曲家郝维亚教授等负责，进一步助力阳春白雪飞入寻常百姓家。

（五）北京市创作表演服务业发展趋势

1. 线上演艺成为新的产业增长点

从疫情发生，到 2020 年线上演出初见雏形，再到疫情进入常态化防控阶段，"线上"演出市场规模实现几何级增长。如北京演艺集团，搭建"京演剧场"线上品牌，成功推出"线上演出季"，截至 2020 年，平台观演人数突破 2 亿人次。疫情下，线上演出市场需求持续高涨，传统演艺企业无论是出于自救、进行转型升级，还是拓展市场领域、创新业态的考虑，线上市场都是其不容忽视的领域。线上对于演艺市场的赋能，不仅是对外在呈现形式的革新，更是对传统演艺创作链条的革新，变革文艺创作的生产组织形式，赋能传统演艺全产业链条。从创作端，在策划阶段，创作者就要关注演艺项目呈现载体特点及新型网络传播模式的规律。在内容形态上，聚焦当前短视频趋势，以短小精练为标准。从消费端，在观演关系上，革新原有"镜框式"观演形式，增强观演群体互动性及受众的临场感与体验感。在媒介传播上，以当前年轻受众为主要目标群体，增强内容的网络属性。综上，线上带来的传统演艺行业的革新，不仅是手段的革新，还有新业态、新模式的拓展。

2. 传统演艺加速转型升级

线上演艺产业的快速发展，给传统演艺企业转型升级提供全新路径。随着演艺行业线上化的不断深入，一些问题逐渐显现：在体制机制方面，传统演艺企业线上转型升级支持机制尚不明晰；在资源统筹方面，新的网络化手段对于创作等领域资源的统筹调集能力提出更高要求；在营销运作方面，以新媒体为代表的媒体融合对项目营销提出全新挑战，当前阶段专业化水平与策略支持较弱；在线上、线下联动方面，如何实现线上流量转换为线下落座率，"引流"路径有待明确；在资金分红方面，如何利用线上盈利反哺线下内容创作人员等，模式尚不清晰。因而，面对日益高涨的"线上"演艺市场发展需求、产业发展面临的众多问题，北京市传统演艺市场主体适应时代发展要求，应用最新科技发展技术成果，推动传统演艺市场的转型升级，赋予优秀传统文化新的活力，已经成为北京市演艺行业发展的必然要求。

深入分析线上演艺市场，其现存问题的核心主要集中在表现形式和盈利模式两个方面。从表现形式来看，现阶段多数以"线上演艺"为标签的演艺项目，只是简单地将传统线下演艺项目搬到线上，转换播出渠道。如何将线上技术由工具转换为内容，进一步发挥线上演艺项目的互动性等优势，尚需演艺市场主体加大研发与投入力度。从盈利模式来看，变现形式的革新需要进一步加大研发力度，这就需要进一步增加资金投入，而这必然带来成本的增加。此外，"线上"演出对于产业链条的重新塑造，如销售平台的线上化等，都需要一定的资金支持，在受疫情影响，演艺市场普遍亏损的大环境下，相关市场主体出于短期盈亏平衡目的，缺乏进一步投入。线上演艺市场如何实现表现形式和盈利模式的突破，尚需进行探索。

解决线上演艺市场面临的核心问题，需要市场端与政策端共同发力，当前阶段政策端的支持更为重要。就市场端而言，演艺市场主体应积极发挥市场主体的积极能动性，加大创新力度，增加资源投入，深入探索线上线下融合的演艺市场发展新路径。就政策端而言，从战略层面来看，政府可立足于文化产品供给侧结构性改革，完善文化经济协同发展政策，为疫情防控常态化下的演艺市场发展指引方向，进而借助以网络为主体的新媒体，弘扬中华优秀传统文化，丰富文化新媒体宣传矩阵，助力演艺产业实现可持续发展。在专项层面，政府可聚焦"新消费"与"新业态"，紧扣企业发展困境，加大资金等优惠政策扶持力度，从救急举措向常态化扶持发展政策转变。如变革现有公益演出补贴分配比例，针对当前"线上演出"市场特征，将相关项目分级分类，进而明确认定办法与补贴标准，建立线上演出市场发展的常态化扶持机制。

3. 数字技术引领艺术创作新趋势

近年来，随着数字技术在文娱应用领域的不断突破与创新，艺术家的传统创作方式发生全新变革，创作方式的数字化及设计的人性化逐渐成为艺术家在进行创作时要集中思考的问题。数字化媒体艺术正逐渐成为艺术创作的新风尚。数字化所带来的视听交互方式的变革及人与作品沟通方式的创新，进一步丰富艺术家的创作思路。数字化技术在演艺市场的应用，突破传统的艺术创作模式，增加演艺舞台呈现内容厚度，增强演艺舞台交互体验效果，提升整体观演体验。以投影技术在演艺市场的应用为例，从传统的投影到全息投影，实现演艺表现方式从二维向三维，甚至四维的转变。全息投影技术的快速发展，突破虚拟与现实的边界，实现实体演员与虚拟人物的有效互动。借助全息投影技术，创作者"天马行空"般的创意有了落地的可能。从受众端来看，全息投影变革受众审美观，创造全新美学价值，提升观演感知力，虚实融合的舞台布景进一步丰富受众的体验感与临场感。

4. 数字舞美将成为未来舞台主流创作手段

数字技术的快速突破对舞美的发展产生积极深远的影响。数字化技术在舞美领域的应用，开辟舞台美术发展的全新路径，逐渐成为现代舞台表演最为重要的组成部分。随着数字舞美逐渐成为艺术家创作的重要工具，数字舞美的作用不断凸显，其将成为未来舞台表演的主流创作手段。当前，数字化技术在舞美领域的应用还处于初级阶段，需要各方主体持续加大投入与探索力度。审视舞台美术的发展历程，多元共存是其永恒的主题。因而，相关创作者应积极引进最新数字技术，借助数字影像、虚拟现实、交互体验等最新技术成果，创造性地与创意融合，突破传统演出舞台形式，丰富数字舞美指导下的演艺作品。

三　数字内容服务业

数字内容服务业高度融合数字化最新信息技术成果与文化创意内容，拥有鲜明的科技、文化属性，成为数字经济时代文化传播的主要载体和社交内核。数字内容服务业独立属性较弱，主要通过赋能传统产业，实现叠加效应，涉及出版、广播、电视、电影、音乐等众多文娱领域，贯穿文娱产业的研发、生产、运营等全环节。

（一）相关政策法规

1. 国家层面

2020年9月，中共中央办公厅、国务院办公厅印发《关于加快推进媒体深度融合发展的意见》，提出深刻认识全媒体时代推进这项工作的重要性紧迫性，坚持正能量是总要求、管得住是硬道理、用得好是真本事，坚持正确方向，坚持一体发展，坚持移动优先，坚持科学布局，坚持改革创新，推动传统媒体和新兴媒体在体制机制、政策措施、流程管理、人才技术等方面加快融合步伐，尽快建成一批具有强大影响力和竞争力的新型主流媒体，逐步构建网上网下一体、内宣外宣联动的主流舆论格局，建立以内容建设为根本、先进技术为支撑、创新管理为保障的全媒体传播体系。

2020年11月，文化和旅游部印发《关于推动数字文化产业高质量发展的意见》，提出加强内容建设，深刻把握数字文化内容属性，加强原创能力建设，创造更多既能满足人民文化需求、又能增强人民精神力量的数字文化产品。培育和塑造一批具有鲜明中国文化特色的原创 IP，加强 IP 开发和转化，充分运用动漫游戏、网络文学、网络音乐、网络表演、网络视频、数字艺术、创意设计等产业形态，推动中华优秀传统文化创造性转化、创新性发展，继承革命文化，发展社会主义先进文化，打造更多具有广泛影响力的数字文化品牌。强化文化对旅游的内容支撑、创意提升和价值挖掘作用，提升旅游的文化内涵。以优质数字文化产品引领青年文化消费，创作满足年轻用户多样化、个性化需求的产品与服务，增强青年民族自豪感和文化自信心。

2. 北京市层面

为加速中关村科学城建设，支持海淀区文化产业升级，2020 年 6 月海淀区委宣传部正式发布了《关于开展海淀文化扶持项目征集工作的通知》，启动了 2020 年数字文化产业、疫情应对、文化精品等扶持项目的征集工作。重点支持游戏园区平台建设、研发平台建设，推动游戏产业集聚、高质量发展；重点支持符合主流价值观、融入海淀元素的精品原创游戏研发，助力文化"走出去"；支持游戏及电竞教材编纂，促进游戏理论创新；支持电竞场馆建设，打造优质消费空间；支持品牌电竞赛事及数字文化产业活动，为海淀数字文化发展营造良好氛围。

2020 年 9 月，北京市经济和信息化局印发《北京市促进数字经济创新发展行动纲要（2020—2022 年）》，提出数字经济发展水平进一步提升，将北京打造成全国数字经济发展的先导区和示范区的目标。到 2022 年，数字经济增加值占地区 GDP 比重达 55%；基础设施建设及数字产业化能力不断夯实提升，建设完善的数字化产业链和数字化生态；一、二、三产业数字化转型持续深化，中小企业数字化赋能稳步推进，产业数字化水平显著提升；基本形成数据资源汇聚共享、数据流动安全有序、数据价值市场化配置的数据要素良性发展格局；突破制约数字经济发展的体制机制约束和政策瓶颈，建立数字贸易试验区，开展数据跨境流动安全管理试点，构建适应开放环境的数字经济和数字贸易政策体系。

2020 年 9 月，北京市商务局印发《北京市关于打造数字贸易试验区实施方案》，要求通过数字贸易试验区建设，加快试点示范和政策创新，真正实现北京在数字领域更深层次、更宽领域、更大力度的高水平开放，吸引数字领域高端产业落地，推动数字龙头企业和优秀人才不断汇集，将北京打造成具有全球影响力的数字经济和数字贸易先导区。

（二）我国数字内容服务业发展现状

1. 文化大数据体系建设稳步推进

截至 2020 年 11 月，已有 10 余个省份相继出台了推进国家文化大数据体系建设的方案或实施意见。11 月 19 日，国家文化大数据 8 个区域中心首次公开亮相并正式授牌成立，至此，国家文化大数据体系建设在全国稳步有序推进。

文化大数据体系建设包括供给端、生产端、需求端、云端及有线电视网络四个方面。供给端是文化大数据与其他大数据最大的不同。文化大数据体系供给端主要有三个库：一是中国文化遗产标本库；二是中华民族文化基因库；三是中华文化素材库。生产端包括三个方面的内容：一是数据采集和清洗，二是数据标注关联，三是数据解构和重构。这三项被统称为数字化文化生产线。需求端就是利用新技术、新装备，打造场景化、沉浸式、互动性的文化体验场景：一是文化体验园，规模比较大，主要是在旅游景区和旅游度假村；二是文化体验馆，主要面向中小学校和商场；三是文化体验厅，主要面向社区，包括城市社区和农村社区及新华书店等。云端主要是依托有线电视网络来架构，被称为国家文化专网。国家文化专网包括三个层次：一是省域中心，任务是整合省内生产、供给及需求节点，畅通数据确权、交易渠道；二是区域中心，目前已授牌 8 个，其中 6 个是行政大区类的区域中心，2 个是专业化中心，其任务是把省域中心连到一起，发挥承上启下的作用，上连接全国中心，下连接省域中心；三是在区域中心的基础上形成的全国中心——国家文化大数据体系的中枢。

2.数据资源开发利用加速推进

2020年8月，广西北部湾大数据交易所挂牌，截至当年年底，在短短5个月的时间里，超过120家企业注册，突破1500万元的交易规模。2020年12月，国家知识产权局办公室发布《知识产权基础数据利用指引》，推动提高知识产权信息公共服务能力和社会公众、创新创业主体知识产权数据利用水平。在中央政策的指引下，各地结合自身发展特点积极出台相应专项政策。贵州印发《贵州省政府数据共享开放条例》，深圳出台《深圳经济特区数据条例》，天津出台《天津市数据交易管理暂行办法》。在中央政策指引下，各地数据资源开发利用实现加速推进。

3.新业态新模式不断涌现

数字经济渗透到衣食住行娱各个领域，促使消费形式更加丰富多元，新兴业务市场不断拓展。2020年，我国数据中心业务同比增长22.2%，云计算业务同比增长85.8%，大数据业务同比增长35.2%，物联网业务同比增长17.7%，IPTV（网络电视）业务同比增长13.6%。[①] 疫情下，"无接触服务"加快推广，教育、医疗、体育、文娱及办公等领域的线上规模不断扩大。数字经济领域成为吸纳就业的重要渠道，各类新型职业不断涌现。仅2020年一年，人力资源和社会保障部就发布了智能制造工程技术人员、工业互联网工程技术人员、网约配送员、区块链工程技术人员、互联网营销师等25个新职业。

4.数字文旅服务创新发展

公共图书馆数字化网络化水平和数字服务能力大幅提升，国家数字图书馆实名注册用户超过1860万人。公共文化云建设蓬勃开展，国家公共文化云已对接49个地方各级公共文化机构数字化平台，发布数字资源12.9万条，个人注册用户达17.5万人，访问量达2.5亿人次。数字文化服务新业态蓬勃兴起。人民网开设"50场精美展览线上看"，文旅部开设"在线剧场"，2020年"全国舞台艺术优秀剧目网络展演"线上免费播出剧目22台，

---

① 资料来源：国家互联网信息办公室《数字中国发展报告（2020年）》。

参与互动人次突破 11.7 亿次。智慧文旅宣传模式加速创新。驻外文旅机构
以"云游中国"为主题开展"云演出"、在线教学、社交互动等 2300 余项
活动，海外浏览量达 8875 万次。智慧广电建设加速向纵深发展。高品质视
听内容供给能力大幅增强，全国已有高清频道 750 个、4K 超高清频道 6 个。
此外，以沉浸式、VR 等为代表的新业态不断涌现，创新链与产业链不断完
善。有线电视领域资源深入整合，IP 化、"云化"升级不断加速，"云、网、
端"资源实现持续整合协同。截至 2020 年 11 月，全国有线电视用户为 2.3
亿户，数字电视用户为 1.98 亿户，双向网络覆盖用户为 1.7 亿户。① 5G 在
广播电视领域进一步深化，成效逐渐显现，高清化、融合化正逐步成为卫星
直播业务的新趋势。

（三）我国数字内容服务业发展趋势

1. 新基建将加速传统产业的数字共生

当前，数字经济的新产业革命正在孕育，大数据、云计算、人工智能、
区块链等技术快速发展，对基础设施的建设提出了更高要求。2020 年 3 月，
习近平总书记在中共中央政治局常委会会议中指出，要加快 5G 网络、数据
中心等新型基础设施建设进度。国家发改委指出，新型基础设施是以新发展
理念为引领，以技术创新为驱动，以信息网络为基础，面向高质量发展需
要，提供数字转型、智能升级、融合创新等服务的基础设施体系，包括信息
基础设施、融合基础设施和创新基础设施三大类。过去，以铁公基（铁路、
公路、机场码头）为主要内容的传统基建对拉动 GDP 增长、创造就业和提
高国民收入起到了不可替代的作用。2020 年以来，国家发改委、交通运输
部、住建部等多个部门和北京、上海、江苏、广州、深圳、成都等地方政府
相继推出了新基建专项政策。

在数字内容交互方面，未来的交互将突破当前以二维屏幕触控为主的局
限，迈向多界面、全感官的人机自然交互。在实时音视频处理、音视频质量

---

① 资料来源：国家互联网信息办公室《数字中国发展报告（2020 年）》。

评估、沉浸式体验新媒体、智能对话、智慧媒体等技术和平台的支持下，人机交互将迎来全新的时代，人机交互逐渐呈现多元化、多界面、全感官和自然交互的特点趋势。同时，在网络、AI、物联网（IoT）等技术的支持下，组织与组织、流程与流程的交互也将迈上新台阶，信息流的畅达将大大提升弹性决策和弹性运营水平。以语音平台为例，智能语音的发展对智能家居的发展起到了奠基的作用，2020年我国智能家居的市场规模达2419亿元，同比增长20%，彰显着全新交互方式在新时代下的潜在可能。

2. 数字化协同供给将成为常态

无论是产业互联网还是消费互联网，实现数字化协同需要有更多的生产主体相互连接，时刻保持在线状态并不断产生数据。随着用户个性化需求的不断释放，企业需要具备更加灵活的供给能力，而仅靠一家企业无法满足众多用户的诸多个性化需求，因此只有通过数字化协作才能共同推动供给方式的变革。无论是疫情防控常态化时期医疗物资产线的快速切换，还是全球调配效率的快速提高，都是通过充分的数字化协作来完成。因此未来会有越来越多的企业意识到开放协作的价值，主动加入数字化协同供给。

中小企业是各种商业服务的最前端，未来消费者海量、长尾需求的满足，需要发动广大中小企业的力量才能得以实现。在疫情背景下，已有越来越多的中小企业关注数字化协同与数字化转型，数字化的无感者从2019年的39%下降为2020年的31%，数字化挑战者从2019年的9%增长到2020年的13%。[①] 未来能有效带动中小企业提升数字化程度，共同创新数字化服务的企业，将获得更广阔的发展空间和机会。

3. 数字文化消费向深度沉浸式体验演进

随着数字技术在文化消费领域的深入应用，以短视频为主的线上内容成为主流内容呈现手段。以增强现实、虚实融合等为典型特征的沉浸式文旅形式，作为"元宇宙"在文旅市场的典型应用，将带给消费者全新的感官体验，增强沉浸感与临场感。因而，沉浸式发展模式将成为未来数字文化消费

---

① 资料来源：IDC《亚太区中小企业数字化成熟度报告》。

体验的主流趋势。5G、AI、云计算和数据中心等"新基建"的发展,为沉浸式媒体提供强大的基础设施,5G 网络普及和云计算将推动终端设备的轻量化和移动化,缓解眩晕感;而基于深度学习算法的 AI 技术可以提升数据采集和处理效率。叠加疫情下消费者和企业端对于沉浸式体验认知的提升,为沉浸式媒体的应用普及带来了新的发展红利。

未来沉浸式内容消费将进一步向"到场"体验深化,主要体现在真实场景 6DOF 带来的更高观看自由度、8K/12K 等更高显示清晰度、声音交互/触觉反馈/动作捕捉/传感器等多感官体验和交互上。依赖数据采集处理、建模、压缩传输、渲染互动环节的技术产业化进程,更深度的沉浸式媒体能够带来听视觉的逼真性、交互的自然流畅感,推动沉浸式体验向虚实难辨的"到场感"升级。沉浸式媒体正在加速与线下文化相关行业融合,VR 文旅、VR 文博、VR 会展等都迎来升温发展,例如云上 VR 书店、5G+VR 景区慢直播、虚拟偶像全息演出等。腾讯多媒体实验室打造 VR360、点云等沉浸式媒体解决方案,已经在文旅、会展、文博等应用落地。未来随着线上线下文化消费融合,沉浸式媒体有望推动新兴文化业态和传统文化业态升级,释放科技文化融合潜力,掀起新一轮文化消费变革的大潮。

4. 消费新双极格局将逐渐显现

数字原生代指从出生起就身处智能终端与移动互联网环境中的人群,数字原生代的父母大多是第一代独生子女,因此数字原生代又被称为"独二代",他们具备与生俱来的数字原生能力,对科技类产品与服务的接受与应用能力极强,因此更容易接受前沿的技术与相关产品。消费心理学中有一个现象,即人们在少年时代形成的消费内容与偏好,将伴随其一生。因此,未来随着数字原生代逐步成长为消费主力,他们在拥有较为宽裕的可支配资金的同时,对科技类、娱乐类的产品与服务将持续表现出更多偏好,尤其在电竞、手办、二次元等内容与科技相结合的领域,数字原生代将成为消费的"一极"。

银发群体已经成为医疗健康类产品与服务的消费主力。随着中国劳动人口红利逐渐消退，未来中国 65 岁以上的中老年人占比会逐步增加，年轻一代养老负担也会更重，因此与医疗健康相关的产品与服务在银发群体内的消费占比会逐步提升。未来随着中国老龄化的持续加深，数字技术也将加快向医疗健康等领域渗透，具备科技色彩的医疗类、保健品类、家政服务类和旅游类产品会层出不穷，不断满足中老年群体的消费需求与意愿。未来银发经济有望成为消费增长的"另一极"。

（四）北京市数字内容服务业发展现状

1. 大数据标准体系建设扎实推进

北京市在大数据标准体系建设方面的一大亮点是，以目录链为核心，用标准重构数据制定体系。针对多年来未能从根本上解决的数据共享老大难问题，北京市已建立目录区块链系统，该系统可以成功、高效地链接所属 60 多个部门的职责及相关数据，为数据汇聚共享、优化营商环境提供支撑。北京市以数据开放为牵引，用标准共建数字生态体系。在数据开放方面，北京依托政务数据资源网，开放 68 个政府部门的 4500 余个数据集，同时建立金融数据专区，会聚 200 万市场主体的登记、纳税、社保等 200 多类高价值数据。北京市大数据标准体系规划了公共数据开放规范、开放数据专区规范、数据交易规范、多方安全计算技术应用规范等，为数字生态体系的构建和数字经济的跨越式发展提供标准保障。此外，北京市大数据标准体系以数据分级为基础，用标准强化数据安全管控。大数据标准体系规划了大数据安全体系规范、数据分级安全防护规范、数据溯源规范、数据安全审查规范等，用标准铸就安全"城墙"。按照大数据标准体系的规划，分为五年三个阶段推动标准建设：起步阶段重点推进政务数据分级、政务数据汇聚共享、政务信息资源目录体系等 9 项标准的制定修订工作；完善阶段重点推进政务数据开放、目录区块链、数据治理等 13 项标准的制定修订工作；巩固阶段重点推进数据开放专区、数据交易、数据脱敏等 13 项标准的制定修订工作。当前，北京市正着力构建国际一流、国内领先的北京大数据标准体系，力求研制出一批大数据基础性、关键性标准，将北京市大数据打造成全国的标杆。

2. 数字内容供给日益多元

疫情发生以来，"居家"时有发生。需求端，数字内容消费需求逐渐上扬；供给端，为满足日益上扬的市场需求，北京市出版界市场主体进一步丰富数字内容供给，提供多元数字内容产业与服务。2020年，北京市以新华书店、北京出版集团等为代表的76家出版界企事业单位发起"+我一个"行动计划，免费开放包括在线教育、网络文学等内容的多元数字内容产品或服务。北京出版集团作为北京出版界的中流砥柱，积极通过所属"京版云""育朵课堂""国韵承传"等平台，提供包括数字教材、在线课程、亲子游戏等的数字内容。网易旗下"有道精品课""有道乐读"等平台免费开放各类线上教育课程。此外，"中国大学MOOC""中国少儿数字学习馆""得到"等多个平台，也在一定时间段内免费向客户提供数字内容产品与服务。

3. 数字出版迈向新征程

随着数字出版产业的快速发展，题材规划导向问题逐渐引起各方重视。政府作为政策引领的总舵手应积极把控产业规划发展方向。北京市新闻出版广电局作为市域数字出版产业的主管单位，积极通过规范引导市域内相关企业规划数字出版题材，引导产业健康有序发展。2021年6月，在中宣部主办的第五届中国出版政府奖榜单中，北京市域企业的作品获奖颇丰，体现了其题材规划的积极有效性。中华书局、故宫出版社、人民教育电子音像出版社分别出版的《中华经典古籍库》《米芾书法全集》《造物的智慧——中国传统器具原理与设计》等电子音像制品及人民出版社、人大数媒科技（北京）有限公司分别推出的"党员小书包"App、"壹学者"学术生态系统等网络出版物荣登榜单。北京电子音像制品与网络出版物领域获奖数量在全国各省市排名中均名列前茅。在第六届音像电子和优秀出版物奖（由中国出版协会发布）榜单中，学习出版社、北京智明星通科技股份有限公司等在京出版社及公司推出的《百年潮·中国梦》《列王的纷争》等荣登榜单，全国占比达40%。

4. 数字阅读助推全民阅读

近年来，我国出台《全民阅读促进条例》等，全民阅读政策体系初步形成。北京作为政治文化中心，是中国重要的对外展示窗口，全民阅读立法工作不仅有利于构筑文化自信，还能增强对外宣传能力。因而，北京市新闻出版广电局不断加快立法工作，推动全民阅读进一步发展。在具体活动领域，北京市连年举办"书香中国·北京阅读季"系列活动。北京阅读季领导小组办公室发布的《2016-2017年度北京市全民阅读综合评估报告》显示，北京市居民综合阅读率为92.73%，高于全国平均水平12.69个百分点；纸质阅读率为81.02%，高于全国平均水平的58.80%；数字阅读率为83.98%，高于全国平均水平的68.20%。在居民人均纸书阅读量、日均阅读时长（尤其是数字阅读时长）等方面，北京市也远远高于全国平均水平。

（五）北京市数字内容服务业发展趋势

1. 数字内容产业生态圈将进入重塑期

数字内容产业经过近几年的快速发展，IP运营日渐成熟，初步形成完整的生态圈层，叠加技术创新的强大助力，数字内容产业跨领域融合不断深入，产业服务半径持续扩张，跨圈层交汇日益增多，数字内容产业生态圈层正逐步进入重塑期。数字技术创新与应用的不断加速，推动着产业生态重塑。其中，5G商用的加速，无论是技术端、产业端，还是消费端，都将迎来深刻变革。在产业端与消费端，新业态与新消费的涌现，也进一步倒逼数字内容生产企业的快速发展。数字内容领域相关企业依托自身产业优势，紧抓市场发展需求，入局相应产业领域，以打造产业竞争优势。在数字内容产业快速发展时期，电信运营商依托5G基础设施建设与运营优势，有望重回产业核心。

2. 数字内容供给模式"云端"化

近年来，以5G为代表的信息技术的快速发展，使得产业领域"云服务"能力不断提升，尤其随着教育、游戏等领域数字化进程加快，产品或服务的"云端"化，正成为数字内容产业供给模式的主流。在教育领域，疫情下，"居家"逐渐成为常态，线上教育成为刚性需求，市场需求的短时暴涨，加速在线教育的发展。在线教育逐渐向"智能化""场景化"快速发展，服务需求由"可用"向"易用""好用"转变。在游戏领域，"云游戏"作为以 5G 为代表的新一代信息技术的重要示范应用场景，无论是供给端还是需求端，都迎来快速发展。此外，随着 5G、云计算、人工智能等新一代信息技术的相互交叉融合，技术应用端的突破必将迎来全新的变革，进而加速数字内容产业的"云端"化、智能化。以人工协同、人机协同为例，在数字内容产业链条的生产和分发阶段，人工协同模式应用程度不断提升，融合机器算法与人类个体感官、经验积累、逻辑判断，增加数字内容的"含金量"。人机协同模式将由单向指令向双向沟通转变，使得人机交互更加智能、畅达。

3. 媒体融合快速深化

在技术端，以 5G 为代表的新一代信息技术实现持续的应用创新，进而助力产业端 5G 等的商业化进程，为媒体融合的深化提供坚实的基础设施。在产业端，短视频及视频直播产业领域的快速发展，为媒体融合深化提供广阔的市场容量。因而，新媒体平台与传统社交平台逐渐向短视频领域倾斜，媒体融合深化进程不断加速。主流媒体作为舆论宣传的主阵地，媒体融合有助于进一步提升其传播力、影响力。北京作为首都，作为全国政治文化中心，积极推动市级、区级媒体整合和结构化调整，未来北京市各级媒体将进入融合深化期，为全国其他省市媒体融合提供典型示范。2020 年 6 月 30 日，中央全面深化改革委员会通过了《关于加快推进媒体深度融合发展的指导意见》，中央层面通过战略和专项相结合，为媒体融合领域的改革发展明晰路径，引导全国媒体融合健康有序快速发展。北京市积极响应中央政策号召，必将在媒体融合领域做好"领头羊"，加强示范引领。

4. 数字内容产业逐渐成为思想宣传的重要阵地

随着数字内容产业规模、辐射半径的不断扩大，数字内容产业传播力与社会影响力不断增强，中央、国务院相关部门及地方政府逐渐意识到数字内容产业领域意识形态导向的重要性，纷纷以政策及市场监管为主要抓手，引导数字内容产业关注价值导向与内容质量。国家新闻出版署推出系列出版融合工程活动，如"数字出版精品遴选推荐计划"，通过奖项、榜单等正向引导数字内容生产企业树立正确、积极的价值导向，关注数字内容的健康、质量等指标。从市场反馈来看，随着疫情的不断反复，数字内容产业在保障基础消费需求基础上，通过宣扬正向、积极的价值导向，为凝聚各方群众、营造积极向上的抗疫氛围做出重要贡献。数字内容产业依托其快捷的信息生成路径、庞大的用户群体正日益成为价值引领、思想宣传、文化传承的重要阵地。

四　设计服务业

设计服务业作为战略性新兴产业之一，立足数字领域重大技术突破，以满足市场日益高涨的发展需求为目标，具有较强示范引领作用。其特征主要表现在依托高度密集的知识技术、消耗较少的物质资源、取得较高的综合效应方面，未来发展潜力巨大。据国家统计局《战略性新兴产业分类（2018）》，设计服务业主要涵盖数字设计服务，进一步细分为工程设计活动、规划设计管理、工业设计服务、专业设计服务等领域。

（一）相关政策法规

1. 国家层面

2020年6月，15部门联合印发《关于进一步促进服务型制造发展的指导意见》，聚焦工业设计服务。该文件提出，实施制造业设计能力提升专项行动，加强工业设计基础研究和关键共性技术研发，建立开放共享的数据资源库，夯实工业设计发展基础。创新设计理念，加强新技术、新工艺、新材料应用，支持面向制造业设计需求，搭建网络化的设计协同平台，开展众创、众包、众设等模式的应用推广，提升工业设计服务水平。推进设计成果转化应用，加大知识产权保护力度，完善工业设计人才职业发展通道，构建设计发展良好生态。

2021年11月，国务院促进中小企业发展工作领导小组办公室印发《提升中小企业竞争力若干措施》，推动工业设计赋能。推动发挥国家级工业设计中心、国家工业设计研究院等机构作用，为中小企业提供覆盖全生命周期的系统性工业设计服务，提升中小企业产品附加值。鼓励设计服务方式创新。推动开展工业设计云服务，鼓励工业设计服务机构与中小企业建立战略联盟，建立市场利益共享和风险共担机制，激发设计成果转化动力和活力。

2.北京市层面

2020年4月，北京市推进全国文化中心建设领导小组印发《北京市推进全国文化中心建设中长期规划（2019年—2035年）》。该规划提出，要建设满足群众高品质文化消费需求的创新创意中心，建设设计名城。第一，发挥北京文化底蕴深厚、设计资源丰富、市场潜力巨大等优势，建设顶级设计团队集聚、高端设计节展赛事汇聚、顶尖设计新品首发活动云集、世界知名时尚产品汇集的设计名城，迈入国际一流设计方阵。第二，吸引集聚设计产业要素，聚焦工业设计、视觉传达设计、建筑设计等优势领域，推动设计与人工智能、智能制造、新能源汽车、新材料、节能环保等高精尖产业深度融合。第三，壮大设计市场主体，做强做优做大龙头设计企业，支持设计企业向专、精、特、新方向发展，打造设计产业集群，促进设计产业集聚化、集约化、品牌化发展。第四，搭建设计创新平台，规划建设张家湾设计小镇、大山子时尚创意产业功能区等，发挥好中国设计交易市场作用，建立国际交流合作机制，推动国内设计机构与国际设计组织开展设计项目合作，实施原创设计引领工程、设计成果转化工程、"北京设计"品牌传播工程，不断提升生产、生活价值和品质。第五，加快城市创意设计发展，推进设计产业园区、设计楼宇等空间载体提质增效，高品质拓展设计产业新空间，吸引众多设计产业头部企业、设计大师汇聚，鼓励和扶持自主设计的服装、服饰、配饰，以及珠宝、化妆品、家居、数字电子产品等高端时尚产业发展。第六，培育时尚设计、时尚消费、时尚休闲、时尚会展、时尚商圈等新业态，延长时尚产业链，构建时尚产业生态圈，运用时尚设计创意激活老字号品牌，开发具有中华优秀传统文化和北京元素的原创设计。第七，充分发挥设计在城市空间规划、历史文化街区更新再生、城市存量空间再造、新型城镇化和美丽乡村建设等领域的特殊作用，赋能城市创新，打造人居体验好、文化氛围浓、创新载体优、时尚理念新的城市环境。第八，办好"联合国教科文组织创意城市北京峰会""中国设计红星奖①""北京国际设计周""北京时装周"等国际品牌活动，引领国际设计发展，不断提升北京作为设计名城的国际影响力。

2020年7月，中共北京市委宣传部、北京市文化和旅游局、北京市财政局联合印发了《北京市非物质文化遗产传承发展工程实施方案》，提出坚持创造性转化、创新性发展，不断赋予优秀传统文化新的时代内涵和现代表达形式，创新非遗保护传承理念，引入现代创意设计，加快推进"互联网+非遗"行动，赋予非遗资源时代价值，构建非遗保护传承的"北京样本"。

2021年11月，《北京市"十四五"时期国际科技创新中心建设规划》推进设计之都建设。推动设计融入研发前端，鼓励科技型、制造类企业建立设计创新中心。鼓励社会团体、产业联盟、高校院所和企业积极参与设计领域国际标准、国家标准、行业标准、团体标准的制定。将张家湾设计小镇打造成北京设计之都重要平台。推进国际创意与可持续发展中心建设。组织策划"联合国教科文组织创意城市北京峰会""北京国际设计周"等品牌活动。加强设计人才队伍建设，支持设计领军人才，培育青年设计人才。

2021年11月，《北京市"十四五"时期现代服务业发展规划》推动制造服务业链条化发展。以提升制造创新能力为导向，延展科技创新服务链，提升商务咨询专业化、数字化水平，加快工业设计创新发展，推动产业链与创新链深度融合，提高制造业产业基础高级化水平。

2021年11月，北京市文物局印发《北京市"十四五"时期文物博物馆事业发展规划》，拓宽馆藏文物向文创产品、服务设计开发转化的路径，加

---

① 2006年，在北京市科学技术委员会的支持下，中国工业设计协会、北京工业设计促进中心、国务院发展研究中心《新经济导刊》杂志社共同发起设立中国设计红星奖，旨在宣传设计的价值、传播设计的价值、评价设计的水平、引导设计的发展；同时面向全球征集产品并引入国际专家参与评审，让世界认识到中国设计产品的品质和价值。

强博物馆馆藏资源版权保护与指导，稳妥推进体制机制创新，支持博物馆通过知识产权授权、入股等形式与各方力量共同开展文创产品开发工作。通过加强与文创设计机构、高等院校等的合作，设立文创产品开发专家库，发挥专家在文创产品开发中的把关作用。用好市场机制，支持市级文化文物单位文创开发平台建设，完善北京文博衍生品创新孵化中心平台资源集聚和公共服务功能，提高全市文博文创产品开发水平。提升北京文博创意设计大赛品牌影响力，调动社会各方利用馆藏资源开发文创产品的积极性。

（二）我国设计服务业发展现状

1.市场需求剧烈变化

随着科学技术的快速突破及居民生活水平的不断提高，设计服务业市场逐渐由卖方市场向买方市场转变。消费端对于设计的需求不再仅限于对最新科技的感知，而是要求实现技术与生活方式、生活理念的深度融合。这就要求设计师及时更新设计理念，在掌握最新技术的基础上，深入了解产品受众的生活需求，确保设计提供的产品应是技术与生活方式、生活理念的完美融合。

心理需求满足度逐渐成为设计服务业重要的设计理念。随着信息技术的快速发展，受众一方面可以享受到信息便捷化的益处，另一方面也必须面对信息过载带来的诸多问题。信息的大爆炸，进一步加剧个体的孤独感、失落感，加之沉重的生活压力，使得消费者对设计的心理需求满足感提出更高的要求。设计师在产品或服务设计过程中，在满足基础功能需求的同时，还需关注消费者心理诉求，强化产品或服务的情感诉求功能，产品或服务只有引起消费者情感共鸣，才可被视为成功。

2.设计理念面临重塑

随着新一代信息技术的快速发展，人工智能发展水平不断提升，人类智能向人工智能的转变，使得传统的零和博弈向动态非零和博弈转变。传统的设计理念无法满足时代与市场的发展需求，创新设计的思维方法需要被重新塑造。奥地利经济学家熊彼特于20世纪上半叶，提出经济学角度的"创新"。创新的设计思维经历"互联网+""工业4.0""第六次工业革命""创新设计3.0"等发展阶段，逐渐从牛顿思维的实体导向转变为信息思维的虚体化、量子思维的意识化。随着大数据、人工智能、虚实融合等新一代信息技术的深入发展，传统生产力呈现指数级发展，创新设计理念迭代需求不断增加。但受限于传统生产关系，新兴生产力难以在创新思维方面实现实质性突破，进而造成创新设计与人工智能的融合在设计理念领域面临较大挑战。

3. 数字设计与新兴技术深度融合

在信息技术快速发展的时代，设计服务必然无法独立于新兴技术而存在，数字设计最显著的特点就是对于新兴技术的应用。以智能语音助手为例，2019年，随着人工智能与物联网技术的融合发展，智能语音助手成为市场热门。智能语音助手通过深度学习，塑造全新的操作模式，仅通过语音指令就可实现多项传统须物理按键进行的操作，带来更加便捷的"智慧"生活。因而，新兴技术的不断涌现赋予设计服务全新的生命力。借助新兴技术，不只语音，人脸、手势等都可以成为设计师可以利用的交互媒介。当下，传统以物理图形为主导的交互界面设计将逐渐被淘汰，更加智能的、以新兴技术的应用为基础、以自然行为为主要交互媒介的交互设计成为大势所趋。综上，随着设计服务与新兴技术融合的不断深化，设计服务行业在内容输出及用户体验方面的设计半径将快速扩大，人机交互将更加智能和便捷，设计服务业也将随着新兴技术的快速发展不断迭代升级。

4. 重点领域应用优势突出

数字设计作为设计服务业最为重要的产业领域，通过在影视、动漫等领域的应用，形成远超传统设计模式的突出优势。以手机游戏《王者荣耀》中英雄人物"李白"的"星云"皮肤为例，其以数字设计为手段，并与《国家宝藏》节目合作，设计素材完全取自于真实历史素材。如服饰细节取自李白《上阳台帖》中的服饰描述，并根据其他历史佐证资料进行修正，在设计素材还原史实基础上，借助数字化手段，设计人物的肤色、服饰、造型及相关动作。通过数字设计与传统元素的结合，并以以年轻受众为主的手机游戏为载体，有效弘扬中华传统文化。传统的影视、动漫等领域通过数字化手段进行的设计，与当前部分影视或动漫作品严重脱离史实、过度夸张的人物设计相比，优劣自分，数字设计的优势表现突出。

5. 辐射带动作用显著

数字设计得益于 5G 基础设施的不断完善和商用加速、4K 高清视频技术及虚拟沉浸式体验技术的应用加速，应用范围不断扩大，应用场景不断丰富，辐射带动作用日益显著。以淘宝"Buy＋"服务为例，该服务最早于 2016 年向消费者提供虚拟现实购物体验。相关服务在推出的前几年受限于网络数据传输速率、视频清晰度等硬件，发展一度停滞。但随着中国以 5G 为代表的新一代信息传输技术的快速突破与商用进程的提速，低成本运营、零延迟数据传输成为可能，消费者借助虚拟购物体验服务，可以实现更加真实的购物感知。新一代信息技术的快速突破与商用，将推动构建起覆盖面更加广泛的虚实相生的"云端"购物生态圈，以数字设计为基底的设计服务业将带动更广泛的产业协同发展。

（三）我国设计服务业发展趋势

1. 艺术、设计与科技深度融合

2021 年 4 月，习近平总书记在清华大学美术学院考察时指出："美术、艺术、科学、技术相辅相成、相互促进、相得益彰。要发挥美术在服务经济社会发展中的重要作用，把更多美术元素、艺术元素应用到城乡规划建设中，增强城乡审美韵味、文化品位，把美术成果更好服务于人民群众的高品质生活需求。"

科技成果的快速应用，既是对市场的适应，也是对相关领域发展模式的革新。换句话说，专注于"人"的艺术设计需要科技的支撑，而科技的发展也在引领着艺术设计的变革，使艺术、设计与科技更加融合，从而形成艺术、设计、科技三者你中有我、我中有你的局面。如今，艺术为科技与设计的表现形式提供了大众化的方向指引，设计使艺术与科技能够合理有效地从意识转变为存在，而科技则是艺术与设计的锦上之花，是艺术设计能在人类文明中持续存在的保障。当前，艺术与设计的界限越来越模糊，逐渐呈现"没有设计感的艺术是不够深度的艺术，没有艺术感的设计是不够档次的设计"的发展趋势。

交互设计对科技的依赖则更为明显，在"人联网"向"物联网"转变的时代，交互设计面对的不仅是实现人与物质的互动，还要创造物质与物质的关联，而这一结果的实现只靠交互是远远不够的。服装设计也在靠拢科技的路上越走越远：从3D打印服装材料，到利用材料中的物理和化学反应使其产生不同的展示效果；从将人体力学应用到作品，使服装作品展现新的廓形结构，到利用喷涂技术现场进行服装彩绘；甚至如今耐克新推出的运动鞋可以自动系鞋带，其鞋底颜色还可通过手机进行调节。这些都无不体现着科技对服装设计的影响。

2. 设计产业融入城市创新战略

随着设计与科技融合的深化，数字创意产业实现与城市更新改造的有机结合。以在地城市文脉为基底，借助数字创意产业，依托数字设计手段，打造文化主题鲜明的新型城市。进而借助数字媒介，构建虚实相生的城市文化新型沉浸体验生态。成都和深圳在数字创意产业与城市更新改造方面发展较快。成都市引进数字创意领军企业腾讯，推出"数字文创城市共生计划"，构筑"数字文创城市"建设模式，打造城市更新改造新典范。近年来，深圳数字文创产业快速发展，汇聚了一批优秀的数字文创产业，吸纳了众多数字文创专业人才，被业界誉为中国第一个"设计之都"。通过分析企查查企业注册信息可得，截至2020年上半年，中国已有2.27万家VR相关企业。其中，广东排名第一，全国占比达25%，共5771家，而深圳作为广东省数字文创产业的桥头堡，汇聚了大部分的相关企业。

3. 数字文化新业态不断涌现

随着4K超高清视频技术、5G商用进程的提速，数字设计、沉浸式体验将迎来快速发展期。过去，受制于数字呈现技术、数据传输速率，相关产业发展较为缓慢，但技术突破与商用加速，使得以增强现实、虚拟现实为主导的新技术应用范围不断扩大，应用场景不断丰富，诸多新模式、新业态层出不穷。虚拟购物、虚拟导航、云办公、云游戏及智慧博物馆等应用场景不断增多，数字设计需求不断上扬，市场规模快速发展，将助力数字设计产业不断创新。

数字设计正在改变文化遗产的传播方式。博物馆与数字技术的结合，为文化遗产的展示和传承提供全新路径。以"云服务"为主要特征的新一代信息存储媒介，使得博物馆展品信息不再局限于博物馆这一特定场景，而是通过网络、虚拟现实等技术，构筑虚实相生的展品展示途径，打破传统展品的信息孤岛，丰富信息沟通渠道。以故宫数字产品《故宫名画记》为例，其收录了363幅国宝级古画，借助"云端"技术，访客无须亲临博物馆便可欣赏超高清画作，并可实时接收相关解读信息，体验名画数字之旅。全新的"云端"内容获取方式，赋予访客更多的选择，访客可以根据自身兴趣爱好，选择相应的作品，摆脱博物馆布展计划的限制。借助数字设计，"智慧化""移动化"将成为未来博物馆项目策划的主要特征。

在教育领域，数字设计也大有可为。在融合方向方面，以线上教育带动线下教育为主要宗旨；在解决教育不均衡问题方面，线上教育将有助于缓解线下教育不均衡问题，有助于提升我国整体的教育水平。以"美的历程·当代"App为例，该App作为一款典型的线上教育产品，其针对枯燥的文史内容，借助数字设计，通过语音、动画及游戏等方式，打造更加生动的互动方式，激发目标人群，尤其是青少年学习的积极性。该款App借助线上优势，会聚相关领域权威专家与名师，设置专门版块，为学习者答疑解惑。数字设计使得碎片化学习更为便捷，成为未来与在线教育融合发展的重要目标。

4. 人工智能使得交互设计成为新趋势

随着人工智能的快速发展，传统单向的指令输入发展为双向沟通的交互设计，人的"主动性"进一步提升。"主动性"的大幅提升主要得益于人工智能技术的快速发展，其中主要在于机器感知系统技术与大数据深度学习技术的创新与突破。以无人驾驶为例，人工智能将深刻变革传统交通产业。在政策领域，中共中央、国务院印发了《交通强国建设纲要》，提出"由依靠传统要素驱动向更加注重创新驱动转变"，"加强智能网联汽车（智能汽车、自动驾驶、车路协同）研发"，"推动大数据、互联网、人工智能、区块链、超级计算等新技术与交通行业深度融合"。人工智能在无人驾驶领域扮演着不可或缺的角色。而在人工智能开发中，数字设计作为人机交互的重要工具，在提升交互体验方面作用非凡，越来越多的企业开始重视数字设计在该领域的应用。

（四）北京市设计服务业发展现状

1. 迎来发展机遇期

设计服务业作为战略新兴产业，高知识聚集、高附加值及零能耗零污染等优势，使得其成为北京加快供给侧改革、培育新动能、加快创新发展的重要抓手。当前阶段，北京市面临的发展任务较为沉重——"设计之都"建设、非首都功能疏解和产业转型升级，正在大力发展人工智能、智能装备等"高精尖"产业。设计服务业自身的产业优势与北京市产业发展需求高度契合，设计服务业将迎来发展机遇期。此外，技术领域的创新与突破，也将有力支撑和保障设计服务业的快速发展，助力创意理念的实物化、实用化。

2. 科技设计资源丰富

北京作为我国最早发展设计产业的区域，于1995年由北京市科委牵头成立我国第一家设计促进机构，即北京工业设计促进中心。经过多年的发展，北京在设计院校建设、设计人才培育、设计机构引进等方面成效显著，汇聚了丰富的科技设计资源。在设计院校与专业建设方面，截至2020年，北京市拥有82所专项设计院校；综合类院校中有28所开设相关专业。汇聚中央美术学院、北京理工大学等一批享誉国内外的著名高校。在设计人才培育方面，培育了小米的刘德、洛可可的贾伟、清华大学美术学院的柳冠中及联想的姚映佳等众多设计领域领军人才。在机构引进方面，引进奥迪亚洲研发设计中心、上海木马等国内外名企。在设计创新中心工作建设方面，截至2020年，联想及小米等234家企业获得"市级设计创新中心"认定称号。

3. 产业发展不断向好

北京市设计产业发展逐年向好，世界影响力不断提升。在产业规模方面，2020 年，北京市设计产业收入较 2019 年提升 40%，达 28000 亿元。设计产业收入增速自 2011 年起始终保持两位数，年均增速超过 11%，人均创造收入超过百万元，设计产业逐渐成为北京经济新的增长点。在企业层面，北汽、联想等制造业企业特设设计研发部门，且相关企业连年加大设计研发与投入力度。在产业集聚区间建设方面，北京市设计产业主要分布在西城、朝阳及海淀等区，在顺义、亦庄有零星分布。北京市经过多年发展，初步建立起北京 DRC 工业设计创意产业基地、768 创意园、751 时尚设计聚集区等产业集聚区。在国际影响力方面，据世界银行发布的《全球营商环境报告 2020》，中国最新排名较 2018 年上升 15 个位次，名列第 31 位。且北京作为评选样本城市，得分较 2018 年、2019 年连续上升，达 78.2 分，再次超过部分欧盟发达国家成员。

4. 技术应用成果逐渐涌现

截至 2020 年，北京市聚焦数字设计前沿领域，在虚拟现实、仿真测试、3D 打印及绿色建筑等领域建立了 200 多家重点实验室和工程技术中心，通过技术创新与突破，深化数字设计与人工智能及大数据等领域的融合，在协同设计技术、云设计技术及柔性设计技术领域实现较大突破，建设了一批新材料应用等共性技术服务平台。随着技术创新与应用，技术应用成果逐渐涌现。如共享经济领域的摩拜单车集成服务设计与工业设计，工程设计领域大兴新机场陆侧交通设计（北京市市政工程设计研究总院承担）、鸟巢和冬奥会延庆赛区设计（中国建筑设计研究院承担），品牌设计领域的 G20、世园会及"一带一路"高峰论坛整体品牌形象设计（东道品牌创意集团和北京工美集团承担）等形形色色的各类设计服务业应用成果。

5. 产业示范带动效应成效显著

北京市设计服务业经过近几年的快速发展，产业示范带动效应成效显著。在产业规模方面，截至 2020 年，北京市签订设计产业相关技术合同近 5000 份，达成超 450 亿元成交额，在京外项目带动方面，设计类技术合同中输出京外的技术合同占比超过70%；在服务中小企业方面，北京市通过积极建设各类技术公共服务平台，已服务中小企业近3000家；在区域协同方面，北京市首先聚焦"京津冀"协同，开展2700余项合作、超11000余项对口支援和区域合作项目。在国内其他区域带动方面，北京市依托民族地区设计创意产业服务联盟等行业自律组织，整合北京设计资源，支援黔、滇、藏等少数民族区域，带动落后地区产业发展。在国际区域带动方面，北京市已服务370项共建"一带一路"项目，项目所在国包括俄罗斯、马来西亚等50多个国家。

6. 国际参与程度不断提升

北京市设计服务业一方面不断增强国内影响力，另一方面持续提升国际参与程度。北京通过举办设计服务领域的专项活动及其他相关综合活动，不断提高国际参与度，增强北京设计服务业的国际影响力。"中国设计红星奖"作为北京，乃至全国、全球最为重要的设计类专项赛事，经过十几年的发展，参赛规模不断扩大，国际化程度不断提升。此外，北京市还通过"北京市国际设计周""北京文博会""联合国教科文组织创意城市北京峰会"等国内外展会与论坛，吸引全球设计机构与设计人才的注意力，扩大北京设计服务国际影响力。经过多年的发展，北京集聚众多国内外知名的设计机构，其中包括索尼和奥迪等。北京成功吸纳全球首个联合国教科文组织国际创意与可持续发展中心，推动北京设计服务业的国际影响力持续提升。

（五）北京市设计服务业发展趋势

1. "大设计"将成为发展主流

随着数字技术的突破与创新，设计服务概念内涵和外延不断变革，"大设计"逐渐成为全球发展主流，得到业界普遍认同。在内涵方面，设计领域内部各细分领域，如工业设计、工程设计、平面设计及环境设计等领域边界逐渐模糊，协同创新程度不断提升；在外延方面，跨界融合程度不断加深。近年来，随着"文化+""科技+"领域的快速发展，设计与相关领域的跨界融合程度不断加深。"大设计"的出现，一方面是由于用户群体需求日渐多样化，另一方面则是因为供给端大规模定制化设计服务的出现。供给端与需求端的快速发展，推动设计服务业逐渐走向系统化与多元化。北京市设计服务业的"大设计"表现更为明显。与深圳、上海等地主要依托制造业不同，北京市设计服务业主要服务于"高精尖"产业，如通信设备、医疗器械等。北京市发布的《北京"高精尖"产业活动类别（试行）》中，共有43个行业与设计服务业产生交叉，占全部行业小类的30%以上。"大设计"覆盖人工智能、新材料及新能源智能汽车等领域。北京市充分发挥自身技术研发优势，借助设计服务业，大力推动科技成果转化，在节能环保、新材料、集成电路等领域成果突出。

2. 逐渐形成鲜明的产业特色

北京市设计服务业经过多年的发展，在工程设计、平面设计、工业设计等领域形成鲜明的产业特色。在工程设计领域，北京在相关设计人才及可服务企业方面拥有天然优势，作为我国教育资源的集中承载地，北京聚集了丰富的各层次建筑设计人才。在企业端，建筑领域的众多央企、国企及事业单位市场覆盖全国，市场容量广阔。在平面设计领域，北京市通过高校设计专业建设，培育并储备了大量的相关设计领域人才。在市场端，北京作为众多国内外知名企业总部所在地，品牌宣传活动频繁且宣传层次较高，平面设计的数量和质量都常年保持在高位需求。在工业设计领域，北京通过非首都功能疏解，将中低端工业不断外迁，聚集力量发展"高精尖"产业。北京市出台《中共北京市委、北京市人民政府关于加快科技创新构建高精尖经济结构系列文件的通知》，聚焦发展新一代信息技术、智能装备、人工智能等高端产业。相关领域的快速发展将为工业设计提供广阔的市场容量。

3. 文化属性日渐凸显

北京市城市发展远景目标要求设计服务业增强文化属性。北京2035年发展目标即成为彰显文化自信与多元包容魅力的世界文化名城。北京市作为全国文化中心，经过多年的积淀，形成了长城、故宫等众多文化地标，蕴含着丰富的历史文化资源。历史文化资源的传承对设计服务业提出较高的要求，具体到创意产品的设计，其需要在保证功能需求基础上，增强设计的文化属性，强化设计的情感需求表达。为满足这一需求，市场端各主体借助设计，不断增强产品文化属性，推出了众多文化内涵较强的文创产品。北京故宫博物院作为北京最重要的文化地标，近年来不断加大文创产品的设计力度，推出了近万种形色各异的"皇家文化"文创产品，如故宫口红和日历、"故宫火锅""冰窖餐厅"及结合 IP 打造的"朕的江山""故宫猫"等网红 IP。通过创意设计，北京故宫撬动营收超过 10 亿元。此外，景泰蓝赏瓶、国宴陶瓷餐具（北京工美集团有限责任公司、北京华江文化集团联合打造），通过服务于亚太经合组织会议、"一带一路"高峰论坛等国际大型会议，进一步提升中国传统文化的国际影响力。

4.国际影响力稳步提升

经过近年来设计服务业的快速发展，北京通过积极举办各类国内外赛事活动，鼓励本土企业增强海外服务能力，其设计服务业产业国际影响力不断提升。在赛事组织方面，以打造"中国设计"为宗旨的"北京设计周""中国设计红星奖"等赛事活动，经过多年的大力发展，已初步成为国际影响力较强的国际赛事活动。同时，北京积极承办 400 多场国家设计专项论坛与赛事活动，如"联合国教科文组织创意城市北京峰会""国际体验设计大会"等，从国际视角提升"中国设计"的影响力。在本土企业"走出去"方面，北京市多年来积极鼓励本土企业"走出去"，增强海外服务能力。洛可可和元隆雅图等公司先后服务于三星、西门子等跨国公司。北京市在推动在地企业拓展海外业务的同时，鼓励本土企业在海外建厂，充分利用海外资源壮大自身发展。

案 例 篇

Case Report

B.4
北京文化科技融合发展案例研究

刘兵　何雪萍　杨洋　何乐　黄晴　陈昊*

摘　要： 本报告在互联网信息服务、创作表演服务、数字内容服务、设计
服务等重点文化科技融合领域，选择北京地区的 25 个代表性案
例，阐释科技对文化产业的支撑作用。在互联网信息服务领域，
一批互联网和软件企业，通过应用以大数据、人工智能等为代表
的最新数字技术成果，不断创新服务模式，推动新冠肺炎疫情防
控常态化下的复工复产。在创作表演服务领域，人工智能、虚拟
现实、5G+8K 等技术已被广泛应用于艺术作品的创作和呈现，
京剧、民乐、诗词、国风舞蹈等传统文化被重新唤活。在数字内
容服务领域，数字出版、数字音乐已成为文化消费主流，在数字
技术的加持下，VR 书店、全场景沉浸音乐体验、云演艺等新业

---

* 刘兵，文化科技创新服务联盟秘书长；何雪萍，文化科技创新服务联盟副秘书长；杨洋，北
京文投华彩文化咨询有限公司总经理；何乐，华邮数字文化技术研究院研究人员，研究方向
为元宇宙数字文旅场景应用；黄晴，中国科学院大学科技战略咨询研究院硕士生，研究方向
为情报分析方法与技术；陈昊，文化科技创新服务联盟研究助理，研究方向为大数据分析。

态不断涌现，增强了人民群众的文化获得感和幸福感。在设计服务领域，物联网、数字孪生等前沿技术得到广泛应用，实现了设计的数字化、智能化转型升级。

关键词： 互联网信息服务　创作表演服务　数字内容服务　设计服务　北京

一　互联网信息服务

（一）数字技术推动复工复产

典型案例 1：京东智联云

1. 案例概况

京东智联云作为京东集团对外提供"云服务"的主要平台，在"云主机""云数据库"及数字化供应链解决方案等"云产品""云服务"方面积累了丰富的经验和优势。2020 年，新冠肺炎疫情给社会正常运行和人民生产生活带来严重影响。而基于新一代信息技术的"云服务""云产品"大放异彩，为疫情防控和后续的复工复产做出了重要贡献。自 2020 年 4 月起，人民网联合信通院针对数字化应用场景在助力复工复产期间所做的创新，从全国范围内遴选出一批优秀的，涉及 5G、互联网、大数据、人工智能、区块链等新一代信息技术助力复工复产的案例。京东智联云凭借"京东无接触智能温感筛查系统"助力企业复工复产，成功入选"企业创新服务案例"，成为通过科学技术有效防控疫情和促进经济复苏的优秀实践代表。

2020 年底，京东智联云发布全新升级的云计算服务等级协议 SLA，最高可用性保证达 99.995%。这意味着京东智联云作为云计算服务商，在服务可用性水平方面已跻身世界一流云计算厂商行列。京东智联云本次 SLA 升级范围广、数据标准优化程度显著，包含多款基础的计算、存储和网络云产品。同时，京东智联云应用负载均衡和网络负载均衡产品 SLA 同步获得提升。配合高可用组合负载均衡产品，企业用户可以在京东智联云提供的云服务上，以高可用方式部署应用，保障业务连续性不受单个云主机实例故障影响，根据业务负载情况自动伸缩，优化均衡调度机制，增强企业多元工作负载下的容灾能力。

2. 经验解读

疫情防控时期，针对国家快速体温筛查的紧迫需求，京东智联云定向开发"京东无接触智能温感筛查系统"，该系统在春节后首个返工日之前就完成了首套实地部署，帮助企事业单位进行智能高效疫情防控工作，随后陆续在北京、天津、宿迁、济南部署，在包括疫情比较严重的武汉、温州等在内的 20 多个城市落地应用，帮助全国各地的工作人员增强全面智能防疫工作能力。

在国家新冠肺炎疫情阻击战的重大考验面前，"京东无接触智能温感筛查系统"产品坚持以公共服务为使命，秉承"测温准确性"原则，将准确测温作为第一需求，采用京东 AI 研究院先进的人脸识别、口罩识别、温度识别等 AI 算法，实现非接触式高精度体温检测。既能解决传统检测人力手持体温计的效率低下、排队拥挤等问题，又能快速定位发热人员，减少疫情扩散的风险，为城市搭起疫情防控"安全屏障"，保障社会安全秩序。

此外，京东智联云借助数字技术还发布了应急资源信息发布与匹配平台、智能疫情助理、云视频会议服务、线上课堂与编程课程、应急公共服务平台、智豆数据上报管理系统、基于 AI 的防疫物资识别分配系统等多款"拳头产品"，在全国紧急找寻了超过 6.6 亿件抗击新冠肺炎疫情的物资，并将其交付给政府或医疗机构，为数十万的学生提供了上网课的技术平台，保证其"居家不停课"，为 3000 多个企业免费提供了云视频会议服务，保证企业复工复产。京东智联云通过各类科技手段帮助用户抗击疫情。

3. 启示借鉴

第一，第一时间布局科技战略，贡献科技力量。技术是助力社会经济的力量，也是守护美好生活的桥梁。在疫情发生时，京东智联云通过融合"ABCDE"技术，在发掘与整合企业自身产品技术与能力建设，释放京东全产业、全链条社会价值的同时，凝聚全产业上下游的合作伙伴、政府、企业客户、百姓共同构建数字化、智能化技术平台，一同发挥技术更广泛的社会价值，成为科技抗疫主力军。

第二，在数字经济快速发展的大背景下，数智化成为撬动内需的核心动力。站在新一轮科技革命和产业变革加速演进的风口，作为京东的技术基石，京东智联云将在提升服务可用性的同时，持续为客户提供负载均衡、弹性伸缩等高可用产品，搭建高可用服务的最佳实践，为客户打造端到端的价值闭环，为产业数智化转型注入不竭动力。

典型案例 2：数字认证

1. 案例概况

北京数字认证股份有限公司（以下简称"北京数字认证公司"）是国内领先的网络信任与数字安全服务提供商，是首批获得电子认证服务许可资质的大型国有控股企业。该公司成立于 2001 年 2 月，2016 年在深交所上市。新冠肺炎疫情让整个社会陷入困顿。疫情防控常态化时期，如何顺利复工复产成为企业共同面对的问题。为落实"服务不见面""出入不接触""办公全在线"等国家号召，在疫情防控工作最吃紧的关键阶段，北京数字认证公司火速响应，及时推出公益服务"防疫说明电子签署系统"，帮助企事业单位实现复工证明、解除医学观察告知书等证明文件的在线电子签署。

经过 20 多年的发展，北京数字认证公司以密码技术为核心，形成了网络信任服务、数字资产保护、网络安全服务的业务格局，应用覆盖政务、医疗、金融、教育、交通、电信等多个行业，为近千万企业用户和数亿个人用户提供网络安全服务。公司经过多年的发展，高度重视核心关键技术的研发和投入，确保核心能力的安全可控，是国内首家推出支持国密算法的 CA 认证系统相关服务与产品的企业单位。截至目前，已拥有数字证书认证、身份访问及管理、电子签名与电子签章、电子合同、电子档案、数据加密等系列产品和服务体系，构筑起"产品+服务"的综合解决方案。

2. 经验解读

为了实现更准确更及时的疫情信息传递，疫情期间，北京数字认证公司积极响应中国疾控中心业务需求，开发搭建"电子认证云服务平台"，为疫情信息跨地区准确传递提供有力保障。该平台通过异地协同东北、华北等全国不同区域的远程响应，服务于全国疫情信息传递工作，确保信息传递的准确性与及时性。此外，北京数字认证公司为保障疫情信息的及时性，在业务服务时间上，提供"7×24小时"服务。在业务组织上，推出分级联动、异地协同业务模式。在硬件服务上，北京数字认证公司参与国家卫健委、北京市卫健委等机构的网络硬件设备的驻场服务，确保硬件的安全运行。

提供远程在线业务办理服务。北京数字认证公司为企业用户提供免费的电子合同服务，在充分保障合法合规的基础上，全流程闭环交付的电子合同服务能够及时、快速实现企业对于各种文件、合同、协议等资料的远程在线签署，缩短业务办理周期，降低企业管理和存储成本。此外，北京数字认证公司积极驰援武汉火神山、郑州岐伯山等"小汤山"模式医院的信息化建设，满足医院在特殊时期的在线诊疗签署需求，减少纸质流转，为奋战在疫情一线的医护人员筑起安全防护高墙。

搭建互联网咨询平台。北京数字认证公司深入了解疫情防控基层业务需求，先后参与40多家遍及全国的各类医院的互联网发热门诊咨询平台建设工作，并为70余家医疗机构提供相应软件服务。北京数字认证公司积极承担社会责任，不断增强自身社会责任意识，先后无偿为北京本地多家医疗机构建设互联网发热门诊咨询平台和提供"预约分诊防控码"业务，受到社会各界的一致好评。

3. 启示借鉴

第一，智慧战"疫"，彰显使命担当。北京数字认证公司依托国资背景，勇担社会责任。在疫情面前，充分发挥自身"数智"优势，在软硬件方面助力全国医疗机构抗疫，为恢复社会生产生活提供技术保障。逆行迎战、风雨坚守，无论是提供现有产品与服务以驰援抗疫一线，还是通过拓展线上服务、开发公益服务平台等保障有序复工复产，疫情面前，北京数字认证公司时刻谨记作为国有企业的责任，用实际行动彰显使命担当。

第二，创新"互联网+医疗"服务模式，促进医疗模式转型升级。面对疫情，北京数字认证公司充分发挥自身研发与运营优势，结合疫情特点，根据不同医疗机构业务需求，开发并建设互联网发热门诊咨询平台、防疫健康码筛查业务平台。截至 2021 年 10 月，已经为遍及全国的 70 余家医疗机构成功提供相关互联网诊疗系统开发与建设业务。

典型案例3：金山办公

1. 案例概况

北京金山办公软件股份有限公司（以下简称"金山办公"）作为办公软件 WPS 的开发商，在办公软件产品及相关服务领域实力雄厚。其开发和运营了被广泛应用于众多主流操作平台的多款产品，并提供基于公司产品及相关文档的增值服务，在办公业务基础上，还承接互联网广告服务。2020 年，疫情下，协作办公的需求旺盛，金山文档及其相关协作产品用户数快速增长，创下了 2.38 亿月活的成绩。之后，金山文档及其相关协作产品，如表单、日历、待办等，深受用户喜爱与认可。随着疫情进入常态化防控阶段，金山办公软件仍然是超六成客户的首选，用户的协作习惯也被大量地激发。2020 年 12 月 1 日，金山办公宣布全新公司产品战略"协作"。面向个人，推出"WPS 办公服务生态联盟"；面向政企客户，推出"WPS 协同办公生态联盟"。

随着社会和技术的发展，云协作办公已逐渐成为云时代的办公新趋势，金山办公持续关注创新，并抓住新兴技术趋势，在原有四大产品战略"多屏、云、内容和 AI"基础上，将协作加入公司的产品战略，并将此技术能力赋予公司所有产品。着力提升个人客户云化程度，主动调整广告策略，减少使用中对用户的打扰，提升跨端协作体验。同时，专注多人在线文档协作的场景开发，独有的云端一体化的服务带给用户较为流畅的协同办公体验，促使单一编辑文档用户向协作用户转化，增强了用户黏性。

2. 经验解读

满足用户一站式办公服务需求。对于中小型企业及组织，金山办公通过

WPS 单一品牌，打包提供本地、在线文档编辑，多人协作及企业后台管理等系列产品，满足用户需求。疫情防控时期，公司免费发放 400 多万个云账号，助力政府、企业、学校、医院等机构复工复产。随着云办公场景不断深化，金山办公为满足中小微企业用户对远程协作办公及企业文档数据资产的管理需求，向其提供了更具场景化的服务。截至 2021 年 10 月，平台中小微活跃企业涉及电商、制造、教育等多个领域，数量超过 20 万家，且不乏相关领域优质企业。在政企客户领域，"WPS+"成为遍及全国 27 个省份 107 家政企单位远程办公的首选产品。

紧扼协作办公发展机遇。金山办公在 2018 年准确预测协作办公发展趋势，打造"多屏、云、AI 和内容"四大产品体系。疫情下，云端需求不断增加，金山办公抓住市场机遇，推动 WPS 成功完成从文档工具到云办公服务的转型。2020 年疫情下，金山办公发现新机遇，宣布将原有产品核心战略更新为"多屏、云、内容、AI、协作"。金山办公首席执行官章庆元认为，"协作战略将成为金山办公在传统政企头部市场之外，撬动千万级中小微企业办公市场的关键。金山办公将把三分之一的研发力量投入到协作战略"。为有效应对市场需求与企业发展战略，金山办公立足基础协作功能，推出"金山表单、金山会议、金山日历、金山待办和 FlexPaper"等系列协作产品。金山办公在积极推动企业内部赋能的同时，积极维系外部合作，为实现互利共赢而努力。

帮助教育领域各类客户打造线上协作业务模式。在学校端：为武汉中小学构建"在线课堂"平台与服务；2020 年 9 月，公司与清华大学正式签约，帮助清华大学打造智慧校园办公新生态；随着 2020 年 11 月 WPS Office 被列入全国计算机等级考试的二级考试科目，WPS 实现对全国计算机等级考试的全覆盖。在政府端，金山办公与联合国教科文组织高等教育创新中心开展战略合作，使得其子产品成功接入全球教育资源平台。

3.启示借鉴

第一，提供更高效的协作办公方式。金山文档不断提升专业的文档协作能力和体验，为大量的企业提供强大的企业办公文档协作，在电商、教育等领域沉淀了比较多的应用场景和用户使用口碑。随着使用的深入，金山文档不断获得用户的认可。作为金山办公"协作"战略的核心产品，金山文档将为用户提供更好更高效的协作办公方式。

第二，搭建超级工作平台。金山办公在基础协作功能基础上，进一步丰富协作产品体系，相继推出金山海报、OFD 等场景化产品。在服务层面，引入万得智能数据，丰富办公服务内容。在产品与服务不断丰富的基础上，针对多人协作、团队协作等场景化需求，兼容各类主流办公软件，为各类客户提供 130 多项办公产品与服务，初步构筑起"超级工作平台"。

第三，开启移动办公时代。5G 等新一代信息技术的快速发展与商用化加速，为移动办公提供了初步的技术保障，金山办公依托技术发展大环境，满足移动办公市场需求，大力拓展移动办公市场，构筑移动办公云服务体系。在产业实践层面，除了支持数亿用户线上远程办公外，WPS 更助力众多学校、政府单位和中小企业在线复工复产。随着服务市场规模的不断扩大、产品或服务的不断成熟，金山办公以国际市场为目标，立志建立覆盖全球商务创作与协同办公用户的产品体系，提供更佳的用户体验，将自身打造成移动办公领域的民族企业标杆。

（二）数字平台搭建产业服务新框架

典型案例 4：北京数字文化馆

1. 案例概况

北京数字文化馆作为全国数字文化馆建设试点单位，截至 2021 年 2 月 1 日，正式上线两周年。两年里，北京数字文化馆开展了各类群众文化活动，包括各类演出、直播、展览、讲座培训、摄影大赛、全民艺术普及微视频等，内容涵盖了广场舞蹈、歌唱、器乐书法、美术、摄影、戏曲等，让广大市民群众便捷地参与各项市民文化节活动，享受各类优质文化资源。①

---

① 汤诗瑶：《北京数字文化馆上线运营"互联网＋"助力公共文化服务》，人民网，2019 年 2 月 1 日，http://culture.people.com.cn/n1/2019/0201/c1013-30605990.html。

北京数字文化馆建设坚持以人民为中心，弘扬社会主义核心价值观，传承中华优秀传统文化，荟萃民族文化精华，在开放、共享、联动的公共数字文化空间里，创造首都公共文化事业的美好未来。

2. 经验解读

北京数字文化馆根据电脑、手机等不同终端需求，开发了 PC、H5、App 及微信公众号四大用户接入端口，并根据用户需求与自身优势，提供线上课程、在线展厅等九大功能服务。北京数字文化馆不仅对接了国家公共文化云，还延伸服务至全市各区文化馆数字平台，真正做到了对接基层和百姓，旨在为市民提供全开放、不打烊、高品质的公共数字文化服务。北京数字文化馆平台累计数字资源量达 3.55TB，其中全民艺术普及专题数字资源超过 3TB，共 5 万多种，并在多个平台进行展示推送，浏览量已突破 1.2 亿次。"北京数字文化馆"App 中包含音乐、美术、文学、国学、戏剧、传统文化、历史、非遗 8 类共计 400 余集免费课程，用户仅需在首页菜单栏里选择"在线学习空间"，就可以在慕课标签下找到在线课堂资源。

3. 启示借鉴

第一，打通公共文化服务"最后一公里"。北京数字文化馆通过有效整合馆藏文化资源、拓宽公共服务半径、提升自身品牌影响力，为首都公共文化服务领域又增加了一条"高速公路"。北京市数字文化馆借助官网、App 及微信公众号等传统与新媒体平台，及时发布文化咨询信息，满足各类用户的信息索取需求。北京数字文化馆是一款聚焦公共文化领域的互联网平台，形成了"信息与资源汇聚、管理与服务融合、在场与在线联动、线上与线下互通"的数字化服务模式。

第二，强化公共文化服务供需对接，盘活存量资源。北京数字文化馆借助资源优势，充分利用传统与新媒体平台，扩大公共文化服务范围，提升公共文化资源数字化水平；提高公共文化服务机构数字化管理水平，优化管理手段。实现资讯发布、活动组织、数据分析等核心服务功能模块的建立，实现前端数据与后台数据的通信和交互，支持多服务渠道的接入与共享。

典型案例 5：百度飞桨

1. 案例概况

飞桨（PaddlePaddle）作为中国首个拥有完全自主知识产权的产业级深度学习平台，依托百度多年的技术研发与产业资源，一经问世，便受到市场热捧。据 IDC 发布的《2021 年上半年深度学习框架平台市场份额报告》，百度凭借飞桨平台，吸纳 370 万余名开发者，用户群以企事业单位为主，服务数量达 14 万家。这些优势，使得百度在中国相应市场份额位列第一。飞桨助力开发者快速实现 AI 想法，高效上线 AI 业务，帮助越来越多的行业完成 AI 赋能，实现产业智能化升级。2020 年，飞桨入选中国国际服务贸易交易会"科技创新服务示范案例"，产业发展水平与国际影响力不断提升。

2. 经验解读

立足产业实践，服务产业发展。飞桨的问世得益于百度在深度学习领域多年的持续投入与对相关业务的摸索。百度通过自身的产业实践，不断验证深度学习技术成果，推动飞桨产品平台不断完善与成熟。正是基于多年的产业实践，当前飞桨平台能够提供全功能、全方位的规模级产业应用。面对新基建的快速发展，飞桨必将携手各类合作伙伴，为中国"智能经济"添砖加瓦。

打造自主人工智能产业生态。深度学习平台作为人工智能的核心基础平台，对于人工智能的发展至关重要。飞桨的问世，减弱了国内人工智能开发者对于国外深度学习平台的过度依赖，进一步提高了人工智能领域的自主性，提高了人工智能核心知识产权的安全性。飞桨经过多年的技术沉淀与产业实践，在开发、训练、预测及部署等深度学习模型的关键环节不断取得技术突破，不断缩小与国际领先深度学习平台的差距。

3. 启示借鉴

第一，赋能行业智能化。飞桨依托自身深度学习领域优势，赋能多个行业，推动行业智能化发展。在消费电子产业，手机厂商 OPPO 深度应用飞桨平台，通过构建大规模分布式推荐系统，服务全球 3.5 亿月活用户；在工业安全产业,电力企业借助飞桨系统,研发输电线路通道隐患目标图像与视频智能监测系统,构建其输电线路的自动化识别与预警体系,一方面提高了工作效率,另一方面明显改善了操作人员的安全保障。

第二,搭建了展示中国前沿技术成果的平台。近年来,随着中国积极推动"中国制造"向"中国智造"升级,中国创新环境不断改善,创新能力不断提升,市场创新需求持续高涨。百度飞桨依托自身优势,持续助力国内企业转型升级与创新提升。百度飞桨成为中国新基建的重要组成部分,未来将持续推动"中国智造"走得更远、更好。

(三)"大数据+云服务"助力产业高质量发展

典型案例6:伏羲云

1. 案例概况

伏羲云文化大数据服务平台是依托财政部批准的国资项目演化而来的,经过多年的发展,吸纳了众多国内知名文化领域机构,构筑起庞大的中华文化资源库。截至2021年6月11日,"伏羲云"App在文献与专利库方面已整合数据库368个、文献资源总量6.5亿篇、中文学位论文3580万篇;中文专利1916万篇、中文学位论文580万篇;中文图书全文310万种、中文图书题590万种、中文期刊16862万篇。伏羲云文化大数据服务平台中的"地名库",从25史和30部地理专著中提取出全部的地名,每个地名下均注有文献出处及不同年代的变更情况。其目前已经制作了800万字,并配合高精度坐标开发"中国历史地图"。

随着互联网和数字技术的普及,大数据与文化产业的融合不断加深,逐渐构筑起新型文化生产和流通模式。伏羲云文化大数据云服务平台响应国家大数据战略号召,牵头国内多家文化领军企业,借助大数据相关技术成果,立足丰富的中国文化资源,推动文化资源数字化。在供给端,服务于公共文化机构、高校院所及各类文化生产企业,满足其对文化资源数字化的需求。在消费端,为各类用户群体提供文化数字资源"云服务"。引导中华文化的数字化素材加工、采集、汇聚、管理、重构呈现、分发、创新、交易、共享和应用，激活中国文化产业供给侧大数据，激发中华民族的文化创造力。

2. 经验解读

伏羲云文化大数据服务平台基于云计算技术、人工智能技术、虚拟现实三维仿真技术、数字与网络技术等搭建，形成了统一的云服务平台。其拥有国际先进的平行台扫描技术，可以对古代字画、美术典藏品、大幅面地图、壁纸、陶瓷、瓷砖实现高精度扫描成像，具有精度高、速度快、扫描篇幅大的特点。此外，其还拥有"地-空360系统"，可以在街巷、院落、室内拍摄全景，在空中通过旋翼类无人机的悬停并绕自身竖轴旋转飞行，拍摄并拼接空中全景视点，再将空中、地面的视角连接成整体，达到宏观与微观视角组合的目的。再者，伏羲云文化大数据服务平台可以基于智能电视的使用场景，充分发挥智能语音交互的便捷性，使得人与智能电视的互动更加方便与多样，同时衍生出更加丰富的智能应用。

伏羲云文化大数据服务平台能够提供前沿的数字化服务。首先，伏羲云文化大数据服务平台能够提供资源与数据应用管理，实现标识内容、国际标准关联标识符（ISLI）标识源、ISLI关联目标，对生产、发布、运营和消费数据分仓存储、统一管理。其次，伏羲云文化大数据服务平台拥有经验丰富的数字化采集团队，直接管辖的摄影师团队致力于专业全景数据采集多年，人数维持在400人左右，其中70%的摄影师有3年以上区域化数据采集拍摄经验。再次，伏羲云在线下赋予传统的展示空间科技元素，增强互动体验，针对不同的合作对象，成立专项的项目管理与实施团队，根据实际情况，规划合理的项目方案，整合图、文、音、视频，三维形成线上虚拟展馆，通过小程序、PC、H5进行传播推广。平台作为技术支持，提供数据生产、自主技术服务，优点在于性能稳定、实现综合管理、支持数据实时查看等。最后，伏羲云文化大数据服务平台提供了丰富多样、实用先进的云服务应用，包括云转码、云语音、视频服务、文化常识标引等。

3. 启示借鉴

第一，数据资源构成数字经济时代的核心资源。随着中国以5G为代表的新型基础设施建设的不断完善与成熟，文化资源的数字化、数据化将越来越便利。文化数据将构成数字经济时代中国最核心的文化资源。因而，在打通"新基建"、为文化资源数据化铺平道路的同时，要加大力度推动文化资源的数据化，在推进数据共享的基础上，进一步提升文化数据资源的活力。

第二，文化大数据体系建设的基础条件已经成熟。在政策端，《文化产业促进法（草案送审稿）》和《国务院关于文化产业发展工作情况的报告》明确提出，推动文化资源数字化，分类采集梳理文化遗产数据，标注中华民族文化基因，建设文化大数据服务体系，将中华文化元素和标识融入内容创作生产、创意设计及城乡规划建设、生态文明建设、制造强国、网络强国和数字中国建设。[①] 在资源端，近年来，国家大力推动文化资源数字化进程，建设了众多文化资源数据库。

第三，借助信息技术创新让文物"活"起来。多位文博界的代表委员指出，国家文物和文化遗产的数字化建设，是新时代国家战略转型中新型资源建设的重要组成部门和基础支撑，建议将文物数字化列入"数字新基建"体系，通过市场要素助力活化文物资源，激发其更大的社会和经济效益。

典型案例7：久其软件

1. 案例概况

管理软件业务是北京久其软件股份有限公司（以下简称"久其软件"）的立足之本，久其软件不断提升技术和业务方面的综合竞争力，并持续聚焦政企信息化领域。其可提供"咨询+实施+技术+平台+运维+云服务"的大数据解决方案，拥有较为完善的行业化产品与解决方案体系，先后服务于财政、交通、教育、政法、建筑、通信、能源等行业，在行业内具有良好的品牌知名度，品牌价值逐步提升。[②]

---

① 《中华人民共和国文化产业促进法（草案送审稿）》，中国人大网，2019 年 12 月 23 日，http://www.npc.gov.cn/npc/c30834/201912/e9c9d9677e444915af5a945a11cdf728.shtml。

② 《久其软件：赋能管理文明数字转型，一站解决营销传播闭环》，"金融界"百家号，2021 年 4 月 20 日，https://baijiahao.baidu.com/s? id=1697556149249323955&wfr=spider&for=pc。

2020 年，久其软件进一步推动数字传播业务由数字营销向智慧营销战略转型，通过创新型整合营销模式，深入布局数字营销、社会化营销、内容营销及大数据服务等领域，为客户提供全球化全渠道的一站式整合数字传播服务。

2. 经验解读

新一轮技术革命加速了信息技术与经济社会各领域各行业的创新发展，并带动数字技术强势崛起，我国软件和信息技术服务业企业的不断创新为推进"数字中国"建设进程奠定了良好基础。久其软件依托多年的技术积累与产业实践，搭建女娲平台（业务开发集成平台），构建了完整的产品与服务体系，服务于全产业链政企客户。

2012 年 2 月，久其软件正式发布云计算战略，并发布《久其软件云计算战略白皮书》。久其云立足公有云与私用云产业需求，推出 SaaS 和 PaaS 等产品和服务。

2012 年 10 月，海南久其云计算科技有限公司正式宣告成立。2013 年，久其软件整合内部报表与商业智能资源，推出面向综合应用的久其唯数大数据解决方案及系列产品与服务。2014 年，久其软件为拓展大数据数字传播业务，收购相关领域领军企业北京亿起联科技有限公司。同年，久其软件通过收购成立久其智通公司，专注于大数据分析应用领域，布局以 Hadoop 为核心的大数据技术平台。2015 年底，久其软件全资收购华夏电通股份有限公司，布局公检法司领域的视频一体化业务。2016 年初，久其软件收购瑞意恒动，布局社会化营销业务版块。自此，以久其云计算、久其唯数、久其亿起联、久其智通、华夏电通为代表的久其大数据生态体系基本成型，并形成了一套"咨询+实施+技术+平台+运维+云服务"的大数据整体解决方案。

如今，久其已经积累了丰富的大数据技术成果，建立了成熟的大数据研发体系，形成从大数据采集到分析再到应用的全环节产品和服务体系。在此基础上，其搭建全国首个大数据应用支撑平台——Darwin（达尔文平台），成功推出统一多源异构数据提取整合平台和综合大数据应用平台，并在多个部委级项目中应用推广。

公司重构大数据建模平台，完成了与华为、南大、神州等多个国产数据库、云平台厂商的适配改造，全面适应信创环境；设计全新的信息资源管理平台体系架构，形成基于信息资源管理平台 V2.0 的大数据治理解决方案，并已通过华为鲲鹏计划认证；开展基于内存计算引擎应用场景、全面上云方案框架的研究，为业务发展赋能。

3. 启示借鉴

第一，持续聚焦数据业务。从 2012 年开始，策略性的迎合以云计算、大数据、物联网和移动互联网为核心的新兴信息技术趋势，采取"内生+外延"相结合的方式，在保证传统业务快速增长的前提下，积极打造"久其+"生态体系。2016 年，明确将公司的远景确立为"国内领先的、聚焦 B2B2C 的大数据综合信息服务提供商"。凭借上市公司的融资优势，通过资本运作，积极打造以久其为核心的大数据生态体系。依托大数据技术，久其软件通过 Facebook、Twitter、Google、TikTok 等平台，为品牌企业提供了一站式、定制化的海外营销解决方案，并通过有效的营销传播闭环助力品牌提升自身价值，持续服务于众多国内外一线品牌客户，涵盖快消、旅游、3C、政企、互联网、媒体、汽车、医药、电商、游戏等各个不同领域。

第二，推动大数据产品的持续升级。久其软件依托成熟的研发平台，进一步优化流程管理，改善数据统计，提升数据分析的智能化水平，在服务第三方产品落地的基础上，不断提升自身技术研发能力，助力自身大数据产品的持续升级。

第三，积极参与构建社会化生态体系。久其软件已经成为中国大数据产业生态联盟的核心成员和副理事长单位，更依托联盟牵头成立财经大数据专业委员会；成为中关村大数据产业联盟的核心成员和副理事长单位，牵头成立民生大数据专业委员会；与首席数据官联盟合作成立政务专委会；抱团取暖，在国家大数据发展战略的指引下，与合作伙伴一起了解客户大数据应用诉求，掌握大数据相关技术发展趋势，构建全面的大数据技术与应用解决方案，树立业内领先的大数据应用标杆。

二 创作表演服务

（一）数字技术推动传统戏剧创新发展

典型案例8：遇见颜料

1.案例概况

2021年10月8日晚，由中共北京市委宣传部主办，东城区委宣传部、西城区委宣传部、北京演艺集团承办的"会馆有戏"系列演出之"遇见颜料"在青云胡同中的颜料会馆登台。演出由北京歌剧舞剧院、北京民族乐团、中国杂技团共同呈现，借助民乐、京剧、舞蹈及杂技等多种演出形式，被划分为"缤纷之夜""千古晋风""花好月圆""杨柳新枝""小巷情深"等章节，再现"山西会馆、颜料会馆、丝竹会馆"特色。

"民乐+"的理念让山西味道与古乐结合，民乐融汇杂技、三弦混搭萨克斯、原创民乐合奏，展现国潮国韵国风，老曲新奏，正应了主持人李菁的那句"新形式融合千年古曲，听当年的曲是当下的幸福"。颜料会馆位于东城区崇文门外芦草园，由山西省颜料、桐油商人建于明代，在历史上就是一处集祭祀与观戏功能于一体的会聚之所。如今的颜料会馆经过多次修缮，再现晋商风采，成为在京仅存的晋商会馆。会馆外的古三里河街巷被彩色灯光装点，暗合了颜料的多彩。演出前，在院内现场展示了琵琶、阮、二胡等传统乐器的制作技艺，有节奏的打磨声俨然是技艺传承的回响。

演出以楼上楼下同时奏响乐器的方式，在有着400多年历史的颜料会馆奏响了"环绕立体声"，而观众人手一鼓与台上互动敲击，更营造了沉浸式氛围。杂技柔术舞袖，民乐弦琴笛阮，现场以锣定场、以鼓代掌，节目编排既有北京特色，又不失山西风韵。绛州鼓乐《牛斗虎》、民歌与笛子《开花调》、京剧与民乐《贵妃醉酒》、民乐与舞蹈《春江花月夜》、杂技与民乐《新十面埋伏》、三弦与萨克斯《夏日皇宫》、杂技与民乐《落玉盘》及器乐曲《青云胡同》《新赛马》《超级玛丽》等，彰显了时尚元素与历史积淀的结合，展现了对历史和当下的思考。

2. 经验解读

"民乐+"理念融合多样艺术门类，让会馆散发国乐炫色。躬逢盛世，在颜料会馆创作一台既能引发观众对历史文化之思，又能表现时代文化之美的演出作品，是对会馆最好的致敬，也是丰富文物时代内涵的生动实践。多样艺术门类的融合演绎给观众带来一场具有北京特色、山西风韵的精彩演出，本次演出共演绎了绛州鼓乐《牛斗虎》等十个节目。

演出入场环节通过民乐曲和戏剧表演《胡同回声》，营造了一个轻松谐趣的沉浸空间，轻松欢快的氛围从颜料会馆"蔓延"到室外空间，引领嘉宾进入观演状态，观众们在丝竹声里步入颜料会馆。演出以绛州鼓乐脉动的鼓点为开场，与会馆文化相呼应，把观众带到千里之外的太行山侧。京剧和民乐伴奏《贵妃醉酒》又将观众拉入特色鲜明的京味文化中，京腔京韵诉说着古都北京的历史名城魅力。杂技、古彩戏法、三弦、萨克斯等精彩演绎的节目则是传统艺术经典的再度创新，展现了多元融合的艺术发展趋势，时尚元素与历史积淀的结合，展现出对历史和当下的思考，突出对传统文化的创造性转化与创新性发展，彰显会馆文化的勃勃生机。

3. 启示借鉴

第一，通过沉浸融合的方式打造独特的演出体验。与湖广会馆京味京韵的主题不同，颜料会馆演出紧抓鲜明的会馆本体文化，充分展示颜料会馆蕴含的地方特色。以"民乐+"为主题，加以多样的艺术门类融合嫁接，串联起颜料会馆与现代的演出审美，让观众既感受"旧"的深厚韵味，又体验"新"的现代创作。为充分利用会馆小而精、小而美的空间，北京演艺集团充分调动集团旗下创作骨干，在短短半个月的时间里，基于颜料会馆特有的演出空间和文化展开创作。此次颜料会馆创作中，就以"民乐进会馆"为主题进行策划。加之在演出中融合具有浓厚山西风韵的乐器唱法、锣鼓唢呐和山歌等，以及西方乐器、杂技艺术，抒情婉约中带着激情高亢，让观众久久回味，沉浸其中。颜料体现着人们对色彩的想象，通过在三里河边进行行进式的装点，让会馆与周边建筑和居民相结合，有助于未来文旅进一步结合，形成可持续发展的驻场演艺新空间。

第二，多措并举打造"大戏看北京，好戏在会馆"的文化新名片。文艺院团演出进会馆旧址是北京市践行习近平新时代中国特色社会主义思想而推出的文化惠民新品牌，将有力推动北京文化创新建设。北京专门出台了《关于推动文艺院团演出进会馆旧址的工作方案》，为北京文化创新发展提供政策保障。在此基础上，东城区和西城区积极响应各方号召，在加强会馆遗址保护基础上，积极引导文艺院团演出进驻会馆遗址。

典型案例9：梅兰芳孪生数字人

1. 案例概况

随着虚拟现实、3D显示、人工智能等新技术的发展，以数字化技术实现的具有高逼真外貌、语音和交互行为的三维"孪生数字人"已经逐渐走进人们的生活。2021年10月28日，梅兰芳数字人惊艳亮相"数字梅兰芳"大师复现项目启动仪式。26岁模样的梅兰芳先生在大屏幕上现身："距离我上一次登台已经过去了60多年，没想到我们又重逢了，要感谢科技的进步，期待我们今后的见面会有更多的形式。"

"梅兰芳孪生数字人"由"北京高校卓越青年科学家计划"资助，依托中央戏剧学院和北京理工大学开展，由腾讯公司给予充分的技术支撑，得到了中科院自动化研究所、中央美术学院、北京外国语大学等单位和梅兰芳先生家人及弟子的大力支持。该项目旨在通过高逼真实时数字人技术，将戏剧资源进行数字化、数据化、素材化处理，对京剧大师梅兰芳先生进行复现，形成在外貌、形体、语音、表演等各方面都接近真人的"梅兰芳数字孪生人"，探索传承中华文明精神与京剧国粹文化的创新传播业态，并以此为典范构建"中国人物"数字资产库。[①]

---

① 《"数字梅兰芳"大师复现项目在京启动》，中国日报网，2021年10月29日，https://bj.chinadaily.com.cn/a/202110/29/WS617ba832a3107be4979f5879.html。

图 1

资料来源:《艺术｜数字人技术助力国粹传承——"数字梅兰芳"大师复现项目在京启动》,"文旅中国"百家号,2021 年 10 月 29 日,https://baijiahao.baidu.com/s?id=17149338909287222194&wfr=spider&for=pc。

2.经验解读

"梅兰芳数字人"以 26 岁的梅兰芳先生本人为原型,融合 3D 影视级 CG 仿真技术、人工智能多模态交互技术及 3D 引擎的实时交互实时渲染的跨领域技术,最大限度地再现梅兰芳先生。通过语音识别、语义理解、语音合成、情感识别、嘴型生成的 AI 技术赋予其对话交流能力,通过对个性化领域场景构建知识图谱、语料库、深度学习场景,赋予其智能问答、自由对话、情感交流的虚拟数字人智慧能力。①

3.启示借鉴

第一,用"生动鲜活"的中国人物打造文化图腾。"每一种文明都延续着一个国家和民族的精神血脉,既需要薪火相传、代代守护,更需要与时俱进、勇于创新。"对于中华文明而言,最能够代表中华文化核心价值观的永远是伟大的中国人民。而"大师复现"的意义,是通过现代科技赋予历史

---

① 《"梅兰芳数字人"签约落地北京 751 D·PARK 活的 3D 博物馆》,腾讯网,2022 年 1 月 19 日,https://new.qq.com/omn/20220119/20220119A033CB00.html。

中的伟大人物以活力与生机，让这些"鲜活"的中国人物成为跨越时空、超越国度、富有永恒魅力、具有当代价值的中华文化精神图腾。

第二，潜心研发关键技术，打造高保真的数字角色。"数字梅兰芳"项目的核心目标，是通过基于视觉测量的孪生数字人方案，以数字人制作技术为核心，打造高保真的数字角色。在项目研发过程中，团队先后攻克了高逼真表情光场采集系统、皮肤纹理写实渲染等关键技术，并通过对梅兰芳先生大量的历史照片进行高精度三维重建，初步完成了梅兰芳先生人物、皮肤、表情、便装服饰、戏服盔头、动作等高精度数字资产的研发制作。

第三，共创文化科技融合典范工程。作为一项由高校发起、产学研协同创新的公益项目，"数字梅兰芳"在发起过程中得到了社会各界的鼎力支持，各参与高校、科研机构与企业共同怀着弘扬中华文化精髓的崇高使命感为项目做出了无私奉献。在启动仪式上，中央美术学院雕塑系主任张伟教授向项目团队赠送了专为项目研究制作的梅兰芳先生1：1头部铜像；梅兰芳先生外孙范梅强先生特意作诗一首赠予项目团队；在启动仪式的最后，现场嘉宾还在3米长的项目主题长卷上分别钤印，以"头角峥嵘""妙合天成"等富有中华特色的"闲章"表达了对项目的美好祝愿。①

（二）人工智能赋能智慧化音乐创作表演

典型案例10：AI乐队

1. 案例概况

2021年9月27日，小冰团队与做梦唱片共同开展的全球首次人工智能与人类乐队跨界共创的音乐实验——做梦计划第一季"潜入虚拟世界"，在北京发布首批音乐作品。在这场沉浸式音乐创作实验中，小冰框架内的10位人工智能音乐人，为11支人类乐队提供了人工智能词曲创作动机辅助，并承担起部分演唱及封面视觉设计的全套工作。《潜入虚拟世界》专辑作品

---

① 《数字人技术助力国粹传承"数字梅兰芳"大师复现项目在京启动》，中国青年网，2021年11月2日，https：//e. gmw. cn/2021-11/02/content_ 35280184. html。

陆续在各大音乐平台上架。

本次音乐实验由新兴独立音乐厂牌做梦唱片联合小冰团队共同开启，香料乐队、旁白、雨锟等 11 支来自世界各地的人类乐队，与小冰、何畅等小冰框架内的 10 位人工智能音乐人，共同进行了为期半年的词曲创作、歌曲演绎、视觉创作等多维交流，11 支风格各异的音乐实验单曲作品诞生。在乐队需要更多灵感加成时，AI 则根据音乐内容再度创作，为乐队提供更多创作动机。此外，小冰还发挥视觉创作能力，在单曲的灵感激发下，创作了多幅独一无二的画作，其作品已被用于单曲封面制作。

2. 经验解读

小冰是一套完整的、面向交互全程的人工智能交互主体基础框架，又叫小冰框架（Avatar Framework），该框架由对话引擎、交互感官、内容触发及内容生成等功能版块构成，可提供跨平台的解决方案。自发布以来，小冰框架始终处在人工智能技术创新的最前沿，技术成果涉及自然语言处理、人工智能内容生成等多维领域。

该框架孵化的第一个交互主体——少女小冰，是诗人、歌手、主持人、画家和设计师，也是拥有亿万粉丝的人气美少女。与其他人工智能不同，小冰赋予人工智能"情商"，而非机械化的任务指标。因而其能创造与相应人类创造者同等质量水准的作品。2020 年 6 月，小冰从上海音乐学院毕业，荣获"上海音乐学院音乐工程系 2020 届荣誉毕业生"称号。2020 年 8 月，上海大剧院授予小冰"荣誉音乐制作人"称号。随后，小冰发挥音乐创作能力，为"2020 世界人工智能大会云端峰会"的主题曲《智联家园》作曲并献唱。

在人工智能技术的加持下，大量快速生成的旋律可以帮助人类更好地进行创作。在人类音乐家提供相应的"灵感素材"——包括音乐类型、情景气氛描述和视觉图片——的基础上，小冰可以补充、完善已有的素材直至完成一首完整的歌曲，而一个音乐原型可以在小冰框架内生成 30 首以上的demo。

该框架是全球范围内同类型中最成熟和最大的该类框架。在中国小冰及日本凛菜（Rinna）的基础上，小冰框架还服务于中国及日本百余个第三方品牌的交互主体，交互总量约占全球人工智能交互总量的 60%。2021 年 9 月 22 日，小冰框架作为全球承载交互量最大的完备人工智能框架之一，迎来了第九代升级。同时，小冰团队发布了全球首个 AI 社交平台"小冰岛"。在该平台中，人类用户可以创造各种人工智能个体，并形成一个共同生活的社交网络。

3. 启示借鉴

第一，不破不立，技术创新方可突破瓶颈。小冰公司董事长沈向洋曾说："交互是人类社会发展的重要驱动力。每天都在发生的数以千亿次计的交互，随移动互联网的迅速发展，已进入明显瓶颈，表现为'流量红利消失'等。而现有的两种交互形式：人人交互与人机交互，可通过人工智能技术加以融合，从而在实现人人交互信任纽带和高转化率的同时，保有人机交互的高并发率特点。上述融合依赖于小冰框架或其他类似的完整人工智能框架体系，可以在各种复杂的场景中实现高度拟人的交互。随着对现有交互瓶颈的不断突破，新形式的人工智能交互将无处不在，对人类社会及商业行为产生深远影响。"

第二，高瞻远瞩，积蓄力量方能稳住根基。自 2014 年起，主攻人工智能的小冰团队走过了惊险又幸运的 8 年。无论是打造聊天机器人、让人工智能学创造，还是推出可创造任何 AI beings 的工具包，均围绕小冰背后的情感计算框架而展开。小冰商业化版图不断扩展，截至 2019 年 8 月，仅小冰独立品牌就服务于 6.6 亿全球在线用户，超 9 亿内容观众，第三方智能设备 4.5 亿台，商业化落地金融、地产、纺织等 10 个行业。但是，小冰团队依然声称对商业化"很克制"，并坚持这一领域不宜过早和过度商业化——"人工智能还在刀耕火种的阶段，积累商业订单远不如积累数据和动能更迫切"，小冰团队总负责人李笛表示。越在产业发展早期，越应该清醒，什么该做，什么不该做，并时刻未雨绸缪。小冰团队的战略打法和商业化取舍对眼下人工智能正在经历的这股"淘金热"的所有参与者，或许有一定参考价值。

典型案例 11：世界音乐人工智能大会

1. 案例概况

2021 年 10 月 22~24 日，由中央音乐学院与中国人工智能学会联合主办的世界音乐人工智能大会在北京召开，会聚全球音乐人工智能顶尖专家、学者、相关领域具有影响力的领军人物及音乐产业相关企业代表等，共同探究未来音乐世界，推动音乐人工智能"产、学、研、用"的发展。会议以服务北京、服务国家战略这条主线为议题，进行了精彩的汇报演说。[①] 物理学家、诺贝尔物理学奖获得者李政道为大会题词祝贺："科学与艺术的交融，艺术与科学的盛会，祝世界音乐人工智能大会圆满成功！"中国科学技术协会主席万钢在贺信中表示，衷心希望中央音乐学院和中国人工智能学会加强合作，将世界音乐人工智能大会打造成科技界和文艺界交流合作的平台，培养更多德才兼备、德艺双馨的青年科学家与艺术家；推动智能技术和音乐艺术的普及传播，提高社会大众的科学文化素质与鉴赏能力，架设起世界各国文化交流和文明互鉴的桥梁，促进中外智能技术和经典音乐艺术的交融。[②]

大会开幕式暨交响音乐会于 2021 年 10 月 22 日晚在中央音乐学院歌剧音乐厅奏响。大会由"音乐创作与人工智能技术""多元视角下的音乐人工智能""音乐人工智能博士论坛""音乐人工智能产学研""音乐与脑科学论坛""人与音乐人工智能"六个论坛及"世界音乐人工智能大会圆桌讨论"和"全球音乐科技提案展示"组成。参会代表以各个论坛为平台，充分学习、交流当前音乐人工智能发展的现状和趋势，深入解读人工智能赋予音乐的新形式、新内涵、新问题，共同探讨未来音乐的发展方向。

---

① 蒲波：《世界音乐人工智能大会在北京举行——科学与艺术的交融，艺术与科学的盛会》，中国文艺网，2021 年 11 月 1 日，http：//www.cflac.org.cn/xw/bwyc/202111/t20211101_564437.html。

② 蒲波：《世界音乐人工智能大会在北京举行——科学与艺术的交融，艺术与科学的盛会》，中国文艺网，2021 年 11 月 1 日，http：//www.cflac.org.cn/xw/bwyc/202111/t20211101_564437.html。

图 2

资料来源：应妮《世界音乐人工智能大会在京开幕　产学研共探未来音乐世界》，中国新闻网，2021 年 10 月 24 日，https：//www. chinanews. com. cn/gn/2021/10－24/9593703. shtml。

2. 经验解读

中央音乐学院在发展音乐人工智能方面早有布局，早在 2019 年该校就成立了音乐人工智能与音乐信息科技系，相关学科曾获评北京市高精尖学科。中央音乐学院积极依托专业设置，引进国内外人工智能领域专家，在技术成果与人才培育方面成效显著，学科建设在全国具有引领、示范意义。在具体领域，聚焦人工智能作曲、表演与交互、音乐教育等领域，成绩突出，在音乐人工智能领域起到了模范作用。2021 年 6 月，中国人工智能学会正式成立了艺术与人工智能专委会，这标志着我国艺术与人工智能交叉学科进入了理论共建、学术共鸣、资源共享、产业共融的崭新发展阶段。

在"互联网+云计算""大数据"等时代语境中，音乐产学研发展面临新形势，如何提高相关产业的品质内涵、激活相关产业的内生动力是各业界持续关注的热点议题。为此，在本届大会中，专门设置了"音乐人工智能产学研"论坛，由复旦大学计算机科学技术学院教授李伟主持。小冰公司首席运营官、人工智能创造力实验室负责人徐元春，微软亚洲研究院主管研究员谭旭，中央音乐学院音乐人工智能与音乐信息科技系研究员卢迪，就目前 AI 技术能够解决传统音乐行业的问题，围绕"AI 音乐的创作标准与测评方法""基于深度学习的流行音乐创作""AI 虚拟歌手在未来的潜在发展"等议题进行探讨。① 通过深入的交流和探讨，碰撞出思维的火花，共同促进本领域的发展。

3. 启示借鉴

第一，重视学科交叉，用新技术为音乐注入新活力。习近平总书记在 2021 年 4 月 19 日考察清华大学时提出："重大的原始创新成果往往萌发于深厚的基础研究，产生于学科交叉领域。"电子技术及计算机的出现，促进了计算机音乐的蓬勃发展。人工智能与音乐、理工、文艺方兴未艾，历史悠久，聚焦人类智慧实现，注重人类精神探索，二者交叉融合将会产生颠覆性的原创成果，为音乐的进步注入新的动力，赋予人工智能发展新的视角，为人类更好地认识自身和跨文化的情感表达提供一把"金钥匙"。

第二，搭建交流平台，助力文化艺术传播与发展。世界音乐人工智能大会作为科技与艺术的交流平台，推动了人工智能技术和音乐艺术的普及传播，为艺术界成果转化融通到文化应用和社会文化服务各个层面提供了技术支持与平台支持，同时为逐步建立我们国家的文化大数据打下坚实基础。② 在未来的音乐艺术创新活动中，应注重搭建艺术文化交流平台，汇聚和整合相关优势资源，促进技术和艺术的融合与创新。

（三）虚拟技术催生舞台表演新变革

典型案例 12：来电之夜

1. 案例概况

2020 年疫情下，隔离在家的消费者正以前所未有的速度接受虚拟的沉

---

① 王晓璐：《未来音乐新风向：人工智能赋能音乐发展——世界音乐人工智能大会述评》，《人民音乐》2022 年第 1 期。
② 王晓璐：《未来音乐新风向：人工智能赋能音乐发展——世界音乐人工智能大会述评》，《人民音乐》2022 年第 1 期。

浸式体验，这也为加速虚拟现实的普及提供了一个独特的机会。虚拟技术对于娱乐行业的价值正在逐步凸显，沉浸感、交互性等旨在打开未来娱乐体验的新技术特性，给用户带来革命性的体验。

2021 年 10 月 23 日，由中国移动咪咕主办、咪咕音乐承办的原创音乐盛典 REAL ME·动感地带 2021 来电之夜在成都启幕。当晚，AJ 赖煜哲、柏松、陈红鲤、邓典、高嘉朗、刘凤瑶、ONER、宋乐谦、VOGUE5、叶炫清（以上按姓名字母排序）十组音乐人轮番登场，内地说唱女歌手 VaVa 毛衍七实力助阵，与通过咪咕音乐、咪咕视频、咪咕爱唱、咪视通、移动云 VR、微博等平台观看本次来电之夜的"云观众"共同感受真乐魅力。

依托先进的 5G+4K、XR 等技术，本届来电之夜舞美极具科技感，打破了现实与虚拟的边界，构筑了更丰富的演唱会体验层次，为传统演艺模式带来了颠覆式突破与创新。

2. 经验解读

为更好呈现虚拟演唱会，银河威尔科技（GVR）从四个方面对其进行技术优化。一是场景虚实融合。在本次虚拟演唱会场景搭建方面，银河威尔科技（GVR）采用了虚幻引擎 UE4 虚拟制片技术。将真人影像合成到全虚拟场景中，并实现切换，就像在虚拟场景中重现了这场音乐会，再通过虚拟摄影机重新拍摄成影片。二是渲染技术对接。虚拟演唱会的场景通过三维软件进行设计和搭建，但是传统三维软件渲染时间过长，无法按时完成场景渲染任务，这就需要和虚幻引擎 UE4 进行对接，需要进行模型优化、材质重建、灯光、动画、特效等一系列修改。三是搭建数据缓冲池。在传统 MR 场景拍摄过程中，现实中的摄影机和虚幻引擎中的虚拟摄影机及实拍画面的匹配和同步一直是难题，本次虚拟演唱会面临大范围的摄影机追踪匹配和同步，因此搭建了数据缓冲池，让摄影机的运动数据和实拍画面缓冲匹配，达到完美同步。四是嵌入 MR 特效。为了实现超越现场的体验，在场景中设计了一些超现实的内容，比如围绕在演员周围的 MR 蝴蝶、巨型的烟花、传送门等特效。

在纯虚拟环境中设计和搭建特效，并在虚幻引擎的 secquence 中进行音乐卡点，通过拾取音乐中的波形来进行扰动匹配，实现随着音乐的变化而起伏摆动的效果。此外，每一处灯光变化、背景屏幕变化，每一处烟花、烟雾、MR 蝴蝶的特效触发，也都需要大量优化和无数次的调试。

除了璀璨的星光阵容和真挚的音乐表达之外，本届来电之夜还在黑科技的加持下，打造了国内首个全 MR 虚拟舞台表演，以丰富的沉浸感与交互体验，为乐迷带来"超越现场"的观演体验。在本届来电之夜由虚拟制作技术全程打造的三维舞台上，当 VaVa 唱起代表作《我的新衣》时，牡丹花在她的身后盛开，穿着传统京剧服装的花旦于台上若隐若现，为这首中国风说唱歌曲延伸了更丰满的歌曲意境，也让 VaVa 的舞台表演更显张力十足。在歌曲的高潮部分，来电之夜的舞台上更是燃放起了"虚拟烟花"，为广大线上观演的观众带来更为沉浸的 Live 实感。

而在 VOGUE5 乐队登台表演时，乐队成员们仿佛踩在相互独立的小星球上，随着《燃烧吧余生》歌曲的旋律，摄像机以超近距离依次从他们身边掠过，将他们演出时的热血激情悉数记录，让这一切成真的则是本届来电之夜采用的实时追踪技术。在本届来电之夜上，对所有音乐人的表演，都通过实时摄影机路径进行数据追踪，以全面升级的 VR/AR/MR 技术打造更酷炫的舞台效果，邀请乐迷穿梭在虚拟与现实之间。

通过这种虚拟空间高度融合表演的形式，来电之夜成功为歌曲的演绎打造了更丰富的意境展示，为万千乐迷延续了舞台感动瞬间。作为 2020 咪咕盛典系列的原创音乐盛典，来电之夜携手动感地带打造全新的 MR 虚拟舞台制作、丰富的音乐特权，将吸引更多年轻人关注华语优秀原创/新锐音乐人的成长，从而使得华语乐坛有源源不断的原创新锐力量。

3. 启示借鉴

虚拟技术开创全新沉浸式体验。新冠肺炎疫情下，线下演出/音乐会不断被延期和取消，对于演出行业来说，疫情带来的冲击是难以估量的。也正是在这一背景下，线上演出行业迅速扩张，通过虚拟技术打造虚拟演出/音乐会逐渐受到市场追捧。当线上演出与虚拟技术相结合，前所未有的视觉效果就弥补了观众无法亲临现场的遗憾，可以预见使用虚拟技术进行演出节目制作、电商营销、企业宣传必将成为一种趋势，虚拟世界也逐渐渗入我们的日常娱乐生活。

虚拟技术助推线上演出业态升级。虚拟技术借助三维模型制作和实时渲染，可以提供超现实的体验；同时也免去了排队、长途跋涉的烦恼，可以使观众更加无障碍、自由地近距离观看偶像的表演。2020年是5G商用元年，MR作为下一代移动智能平台及5G赋能下重要的应用场景，深入智能制造、教育、游戏、体育竞技、军事等领域，尤其是体育竞技和游戏赛事直播，能够吸引多人参与，加速MR技术的商业落地。MR的内涵不断向外延伸，刷新大众对视觉影像的理解。未来所有基于现场艺术的场景，包括演出、赛事、大型活动及其他定制化场景，都可以通过虚拟技术跨越时空的限制，使观众体验更美好的虚拟现实。

虚拟技术未来将赋能千行百业。由于虚拟技术可以通过计算机软硬件组建各种虚拟现实来模拟真实环境，所以虚拟技术不仅可以助力线上演出，而且完全能为教学、军工、医学、展会、文旅等千行百业服务，并在校园安全演习、汽修模拟、消防训练、动物解剖等不同的行业场景发挥着重要作用。未来，虚拟技术将具有越来越广阔的应用前景，在与人们生活息息相关的领域更好地发挥作用，促进社会发展。

典型案例13：北京电视台春晚"苏小妹"

1. 案例概况

2022年2月1日，蓝色光标旗下首个数字虚拟人"苏小妹"亮相北京春晚，借助数字孪生技术，虚实相生，与青年歌手刘宇，为观众上演一场科技与音乐的盛宴。舞蹈之美、武术之魂，被舞者们演绎得淋漓尽致，带给观众绚烂震撼、如诗如幻的独特体验。

在刘宇与虚拟人"苏小妹"跨次元古风舞台登上微博热搜排行榜的同时，抖音账号"真的是苏小妹"的关注人数一夜增加10万多。据介绍，跨次元实境舞台秀《星河入梦》改编自青年舞者刘宇的作品，故事从"银汉迢迢暗度"开始，两人在元宇宙中相遇。苏小妹手持佩剑，伴花雨而来，

图3

资料来源：《北京台春晚与蓝标共创科技国风舞台：苏小妹以舞贺岁，打造沉浸式视听盛宴》，中商网，2022年2月3日，https://i.ifeng.com/c/8DFWHlNASZ4。

舞姿曼妙蹁跹；INTO1刘宇手持折扇，白衣翩翩，尽显温润如玉少年风范。

虚拟人舞台的筹备经过专业的舞蹈老师及舞者的指导，最终呈现精巧流畅、帧帧唯美的沉浸式体验效果。苏小妹的剑舞融合了中国古典舞身韵和武术。传说中的"苏小妹"，是聪慧女子的象征。在中华文明的历史长河中，"苏小妹"存在于口口相传的民间故事里，早已成为传统文化的符号人物。节目组希望2022年虎年首次登上北京春晚舞台的"苏小妹"，是第一个在元宇宙里苏醒的虚拟古代人物，是一个不断学习中华文化的元宇宙国风少女。整个节目最大的亮点是虚拟人"苏小妹"和真人刘宇的交互设计，不仅是二次元和三次元的碰撞破壁，也是科技感和国风的融合破壁。

2. 经验解读

从古代传说中寻找设计灵感，挖掘创意原型。节目导演郭妍在接受《北京青年报》采访时透露，数字虚拟人物"苏小妹"是以传说中苏东坡的妹妹为创意原型。其设计团队蓝色光标将古代传说人物原型与现代科技相结合，实现元宇宙战略的标志性落地，开启蓝色光标虚拟IP业务的全新布局。未来，随着虚拟技术的发展，虚拟资产（包括虚拟人、虚拟物品、虚拟环境）将是元宇宙世界里必不可少的要素资产。

精心制作，精诚合作，用心打磨舞台表演的每一个细节。在《星河入梦》录制过程中，为提升虚实相生的舞台效果，导演组在镜头捕捉及舞台呈现方面要求严格。为进一步配合虚拟人物的完美形象，对于实体演员的要求非常严苛。除了彩排 3 小时外，空镜录制等花了 4 个小时，最终录制也花了 4 个小时。整个节目仅动用舞台的录制时间就长达 11 个小时，是 2022 年北京台春晚拍摄时间最长的一个节目。虽然技术原理并不复杂，但难点在于虚拟人的制作需要很多步骤，包括 3D 建模、动作捕捉、声光渲染等诸多方面，互相之间的配合也很考验制作者的功力，而且每一步都需要强大的资金支持。

3. 启示借鉴

第一，积极拓展虚拟技术的应用范围，推动舞台表演的创新发展。虚拟技术在舞台表演中的应用是对传统电视节目制作技术的突破和变革，不仅实现了外在灯光、舞美等全面化的创新，还在内在节目策划和包装制作等方面实现了立体化突破，极大地提升了舞台表演的视觉效果和演出质量，从而满足了广大观众的心理需求，提升了节目的商业和文化价值。

第二，严守科技伦理，积极传递正能量。随着虚拟技术在我国各个领域应用范围的不断拓展，滥用和错用技术等情况经常发生。因此，虚拟技术在应用的过程中应追求真实性和合法性等原则，向社会公众传递社会正能量。①

第三，重视人才培养，培养满足技术、舞台等多方面需要的综合性人才。为了进一步丰富虚拟舞台的制作过程，还应当培养综合型人才，使其运用所学的专业知识和技术挖掘更多未被挖掘的虚拟技术，积极地将技术应用于舞台表演的制作。②

---

① 罗亦丹：《黑科技！北京台春晚"苏小妹"炫舞技　虚拟人登台会成"日常"吗》，"贝壳财经"百家号，2022 年 2 月 3 日，https：//baijiahao.baidu.com/s？id＝1723669656206135430&wfr＝spider&for＝pc。

② 潘维涵：《虚拟技术在电视节目制作中的应用》，《中国传媒科技》2019 年第 2 期。

三　数字内容服务

（一）融媒体赋能数字出版

典型案例 14：云上 VR 书店

1. 案例概况

云上 VR 书店由中国移动提供技术支持，将线下游览书店、选书购书体验搬到云端，让用户足不出户就能按照自己设计的路线"漫游"书店，为"5G+"新阅读时代吹响了 VR 全景阅读的号角。VR 书店模式打破传统实体书店的物理限制，实现多维度全场景还原，未来云上 VR 书店将在现有感官刺激的基础上，进一步实现产品内容与产品体验的双维提升，推动"云上书店"更加智能。

2. 经验解读

一是场景实景化。借助中国移动 5G 领域的技术突破，云上 VR 书店的图书采购由平面多级菜单向场景化转变，增强图书采购的临场感、体验感。

二是 VR 导购选书，一键购书。云上 VR 书店，以 VR 视角构建导购角色，消费者可以在"云端"场景化感受晓风书屋及钟书阁等网红书店，自由设定前行路线，根据自身兴趣，随时翻阅相关书籍，并可一键下单。用 90 秒的时间就可以玩转一间线下书店。在阅读领域，5G 新消费"浸"在眼前。

三是 5G 富媒体导读，全场景沉浸体验。云上 VR 书店基于 5G 富媒体，融合二维图文、三维景象及音视觉感知，打造全场景、全时空的沉浸式购书与阅读体验。以《原则》为例，其作为一本管理学专业书籍，本身较为枯燥，但通过 5G 富媒体赋能，融合三维音像等元素，书籍的可读性可得到进一步提升。

3. 启示借鉴

第一，拓展阅读场景，助力全民阅读。随着信息技术的快速发展，阅读不再局限于纸质书籍，云上 VR 书店基于中国移动的技术支持，赋能咪咕中信书店资源，借助"5G 富媒书"，将传统二维阅读场景升级为音、视、触等多感官参与的多维阅读体验。图书资源的数字化、智能化一方面是出版产业转型升级的必然路径，另一方面也是数字时代全民阅读的需求所在。

第二，挖掘技术优势，优化阅读体验。云上 VR 书店借助以 VR 为主的虚拟现实技术，赋能传统科教读物，使得二维的文字内容瞬间跃然纸上，与读者实现有效的实时交互，赋予阅读全新的趣味性、新奇性体验。虚拟现实技术使得"行万里路"与"读万卷书"可同步实现，将传统阅读的自我联想转化为专家学者的现身说法。未来，不论是线上电子书店，还是线下实体书店，都应充分开发和应用最新数字技术，重塑出版产业链条，在原有内容资源基础上，进一步提升服务体验，提升阅读与购买体验的场景化、智能化。

典型案例 15：龙源数字书刊亭

1. 案例概况

为响应习近平总书记建设"数字中国"的号召，配合各地智慧城市、书香城市的建设，2020 年 12 月 31 日，龙源数字传媒集团推出"数字书刊亭"项目。龙源数字书刊亭是一款具备杂志展示与阅读功能的大型触摸屏产品，集结了文化服务、便民服务、线上与线下的多重服务内容与形式，从生活化及实用性的角度出发，致力为用户带来更方便的日常服务。数字书刊亭聚焦阅读便捷化、全民化，主要布局在居民区及办公楼周边。

除传统报刊亭、信息亭的阅览功能以外，数字书刊亭还聚合了丰富的日常生活服务，如共享充电宝、电动车充电桩、照片打印、NFC 读卡器、人脸识别关联 CRM 会员系统、语音导游系统、太阳能顶棚、实体书店支持业务等，在很大程度上满足了广大群众多方面生活需求，创新了公共文化服务的供给方式，显著地提升了城市的文化品位，提高了居民的生活质量，增强了人民群众的幸福感、获得感。数字书刊亭作为传统书报亭的转型升级，将会成为每一个城市显著的文化坐标，勾勒出每一个城市的文化生态。①

---

① 《首台带充电桩的数字报刊亭亮相文博会》，"新华网"百家号，2018 年 5 月 12 日，https：//baijiahao.baidu.com/s？id＝1600218693514039890&wfr＝spider&for＝pc。

2. 经验解读

数字书刊亭以全民阅读为出发点，旨在推动数字文化城市的建设。在信息传播方面，龙源借助新一代信息技术，赋能文化生产服务的全产业链条，实现产业链的数字化升级。除了替代信息产品传播的功能以外，数字书刊亭还兼顾美观，比如外观酷、有科技感。据中国书刊发行业协会副会长、龙源数字传媒集团董事长汤潮介绍，数字书刊亭有 4 大特色。

一是集合了以《人民日报》《读者》为代表的上千种名刊大刊、主流报纸、必读图书、系列知识库、优秀音视频课程等，远远超过传统报刊亭的功能。用户既能在屏前浏览阅读，又可以通过下载"数字北京"客户端随时阅读。

二是数字书刊亭可以根据不同的场景配置不同的内容模块和服务功能，包括电视、广播融媒体服务、城市文化名片、普法教育、科普教育、文明教育，并整合政务服务、生活服务、旅游服务等，和手机服务形成一体化的无缝服务。

三是数字书刊亭可作为 5G 基站节点，实现硬件、软件、内容一体化建设。将智能硬件新一代触摸屏、人脸识别、安防等人工智能、主流媒体和优质内容等完美地结合到一起，成为城市的文化地标，具有独创的先进性和适用性。

四是数字书刊亭建成后，通过部分的付费阅读、电商、公益广告等增值服务可以获得部分收入，经测算可以支撑其后续版权费和运营服务费用，无须政府持续投入。

数字书刊亭种类丰富，有科普驿站、普法驿站、文明驿站三种。科普驿站传播科普知识；普法驿站含有普法视频、法制专题、基层普法等内容；文明驿站则积极传播正能量，助力精神文明建设。此外，根据城市中不同区域和行业，龙源还推出了公交站、银行医院等人群密集场所的数字书刊亭，所提供的产品和服务也各不一样。医院数字书刊亭包含医生和科室的生动介绍、医学科普和信息发布；公交数字书刊亭涉及周边生活信息查询、市政服务信息发布等内容和服务；银行数字书刊亭则有丰富的金融类书刊、银行金融产品发布信息等。

3. 启示借鉴

随着现代科技的多元、快速发展，智慧媒体应运而生，数字出版产业也不断进步和发展。未来，我国数字出版应重点关注以下几个方面。

第一，坚持一体化发展方向，促进传统出版与数字出版深度融合。近年来，媒体融合成绩斐然，但问题仍然比较突出。部分传统出版企业固守己见，仍采用传统的出版思路、路径等来应对数字出版领域问题，这就导致战略层和战术层的双重障碍。在战略层，对于数字出版的影响不够重视；在战术层，无法转换思维，对数字出版的认识不够深入。进而造成管理理念的错位、技术研发的缓慢及成果应用的拖沓。未来，传统出版应转变产业发展思维，在战略层面树立一体化发展理念，进而细化相应体制机制，为传统与数字的融合构筑良好的产业环境。

第二，坚持"内容为王"，打造新时代数字出版精品。数字时代，信息呈指数级增长，信息过载问题普遍存在，因而，出版业界应紧抓读者"及时""精练""短小"的需求，对内容进行严格把关，坚持"内容为王"，持续扩大优质内容供给。未来，应坚持精益求精，构建品类丰富的数字出版精品体系，着力推出一批具有重大文化传承价值、在"阳春白雪"与"下里巴人"之间取得平衡的数字出版精品。

第三，坚持创新整合，打造全新数字出版生态圈。经过多年发展，中国数字出版产业已初具规模，当前进入全面提质增效的关键期。其关注点是整合现有创新，实现产业系统性升级，打造具有中国特色的数字出版全新生态圈。在知识产权保护层面，聚焦当前网络文学等线上领域知识产权存在盲区的问题，加大整治力度，从源头保护创作者权益，激励其进行数字创作；在产业循环领域，在筑牢国内市场的基础上，增强数字出版企业"出海"意愿与能力，借助国际资源，实现产业升级。

（二）技术助推数字音乐深入发展

典型案例 16：中关村数字音乐

1. 案例概况

为打造创新引领、数字转型、对外开放的数字经济创新"海淀范本"，树立海淀区数字文化品牌，由中共北京市海淀区委宣传部主办、翠微股份承办的数字文化中关村 2021，围绕"文生数起智创未来"主题，研讨、展览、活动、赛事四大版块融合推介、洽谈、交易等功能，落地 20 多项重点活动。①
2021 年 12 月 29 日，由中共北京市海淀区委宣传部指导、实创股份主办的"线上中关村数字音乐声音发布会"聚势启幕。作为数字文化中关村 2021 品牌活动之一，这场发布会旨在深化落实文化产业数字化战略，推动文化和科技融合发展，扩大优质数字文化产品供给，促进科技青年创新文化新圈层建设。

发布会邀请了吃饭种田乐队、中关村青年、优秀青年民乐演奏家现场热情表演，嗨唱《西二旗》《平行世界》《我要去中关村》，古典民族乐器演奏《赛马》、锡笛串烧，用音乐燃动青春，高调表白海淀。其中，海淀原创城市之歌《我要去中关村》由人工智能 AI 编曲，中国人民大学学生作词，并在"燃动冬奥 in 海淀"中关村数字音乐夜首发，歌词里承载着海淀的风土人情、科技创新、文化底蕴。

此外，发布会还为大家带来了一场超震撼的黑科技新玩法和虚拟视觉 Show。发布会在中科大洋虚拟演播室线上举办，一个简单的绿布房间，3D/AR 三维动态视景、4k/8k 的超高清视界，打破时空限制，经过专业、定制化的虚拟效果包装设计后，一场酷炫前卫的线上发布会呈现在大家面前。在海淀，有很多的科技企业参与数字音乐赋能，比如百度有人工智能、抖音有音乐短视频等。通过数字技术，音乐品质和视听效果得到了丰富的提升，让观众感受到强烈的技术力量。②

2. 经验解读

北京市海淀区作为全国知名高校和科研院所的集中所在地，会聚了大量数字文化专业人才与产业先驱，是国家科技创新最前沿和优质文化资源汇聚地，长期致力探索文化科技融合"新模式"，发掘文化科技融合"新动力"。

---

① 陈芳：《数字文化中关村 2021 活动即将重磅开启》，中国文明网，2022 年 12 月 1 日，http：//bj. wenming. cn/hd/yw/202109/t20210916_ 6177201. shtml。
② 《"乐"燃海淀！线上中关村数字音乐声音发布会聚势启幕》，中华网，2022 年 3 月 25 日，https：//m. life. china. com/2022-03/25/content_ 112216. html。

近年来，海淀区多措并举加快产业布局，通过出台系列政策引领产业发展方向，推动相关企业快速发展。文化产业经过数字化赋能，正步入高质量发展的快车道。2020年，区内数字文化产业收入为5931.3亿元；2021年1~6月，区内数字文化产业收入合计3491.2亿元，同比增长38.7%，占北京市比重超过3/4，占全国比重接近1/5。海淀区数字文化产业呈现数字创新、驱动文化增长的鲜明特点。

海淀区将通过数字文化中关村2021标杆活动的打造，不断吸纳数字文化产业的先锋力量，从协同创新、融合发展、优化升级三个维度，持续推动数字技术与文化产业的同频共振，让数字文化产业成果加快涌现，促进文化产业高质量发展。同时，通过丰富多彩的数字音乐、数字展览、数字体验等活动，不断推动艺术创作出精品，推动数字文化全民共享，以高质量文化供给增强人民群众的文化获得感、幸福感。

3. 启示借鉴

随着人类进步与科技发展，音乐发展与技术进步越来越交汇融合。无论是黑胶唱片到卡带、CD、数字专辑的传播方式、载体的演变，还是电子合成器、电脑软件让音乐制作门槛越来越低，都证明了音乐不仅是人类内心情感的表达方式，更是人类最新科技的呈现。毋庸置疑，在数字经济时代，科技对音乐的重要性只会越来越明显，如同一位独立音乐人表示的那样："科技高速发展，对音乐生产、存在、传播、欣赏、商业几大模式都有重要改变。"当下，数字音乐产业发展是必然趋势。

政策扶持是数字音乐产业发展的重要驱动力。自2015年国家新闻出版广电总局发布《关于大力推进我国音乐产业发展的若干意见》后，《国家"十三五"时期文化发展改革规划纲要》也明确将"音乐产业发展"列入"重大文化产业工程"。北京市海淀区十分重视音乐产业发展，发布多项扶持政策，协同高校、企业等推动海淀区数字文化产业快速发展。

当前疫情防控常态化背景下，中国音乐产业将进一步向线上转型，并迎来新一轮高质量发展，"音乐+"业态融合升级势在必行，中国数字音乐产业发展成为建设音乐城市的重要支撑。① 从长期发展角度来看，中国数字音乐产业的核心关键仍是加快构建数字音乐产业健康发展的政策环境，大力投入研发新技术，形成面向未来的竞争力。为此，要抓好数字音乐与科技融合发展的风口，注重在"云演艺"等优势领域形成专利优势，扩大并形成颇具影响力的数字音乐产业集群和数字创意产业集聚高地。②

经典案例 17：咪咕音乐 7.0 版本全场景沉浸式音乐体验

1. 案例概况

咪咕音乐是中国移动面向移动互联网领域设立的，负责音乐领域产品、运营、服务一体化的专业新媒体公司。咪咕音乐打造了数字版权、视频彩铃、O2O 演艺、智能硬件、场景音乐、艺人经纪等业务模式，已成长为跨界融合通信网、互联网及广电网的龙头企业。2020 年 8 月，咪咕音乐 7.0 版本正式上线，在视觉设计、音乐内容运营和独家 5G+沉浸式体验等方面进行了全方位的升级，为用户带来年轻、个性、专业、独家的音乐服务。在 7.0 版本更新中，咪咕音乐针对当今年轻用户的审美需求和潮流风格，进行了更加简洁清爽、更具层次感的界面设计。留白空间的增加让界面更干净，空间感也更强。在整体颜值提升的同时，顺应长屏化趋势，将主导航栏下移、页面改为半屏弹窗样式，方便用户操作。基于咪咕 AI 大数据支撑，"千人千面"的个性化音乐推荐更能满足用户个性化需求，乐迷可以轻松调至"懒人模式"来听喜欢的歌，更轻松、更智能。

咪咕音乐依托自身 5G、AI 技术优势，多维度开展音乐业务。在产业侧，咪咕音乐建立"5G+视频彩铃产业联盟"，并牵头制定中国首个 5G 音乐标准；在业务侧，咪咕音乐为用户提供至臻音质、臻 3D、极光音效等音乐服务，升级视频彩铃功能，进一步升级云演艺业务体验。作为国内最大的

---

① 《中关村数字音乐高峰论坛圆满落幕》，网易科技，2022 年 3 月 25 日，https：//www.163.com/tech/article/H3A63EUO00099BK0.html。
② 洪晓文：《广州抓好数字文化"风口"推动文化产业高质量发展》，《21 世纪经济报道》2022 年 3 月 21 日，第 12 版。

全场景 Live 演艺平台，咪咕音乐不仅拥有咪咕盛典系列、音乐现场系列、原创扶持系列等五大演艺系列厂牌，更基于今年疫情下用户对于线上演艺直播的需求，推出了云上 Live Show、咪咕星主播等纯线上节目，以 5G+4K+VR 等领先技术打造的全场景"云陪伴"，让温暖疗愈的音乐声深入人心。基于移动体系，咪咕音乐充分发挥通信网、互联网、广电网等技术体系优势，为咪咕音乐全面布局发展 IoT 智能终端音乐服务提供条件。目前，依托物联网 IoT 的快速发展，咪咕音乐构建并逐步完善大屏、小屏、智能硬件一体化的全场景音乐服务体系。

2. 经验解读

一是满足用户听、唱、看的个性化需求。作为国内正版音乐首发平台，咪咕音乐已汇聚了正版曲库 1000 多万首，在咪咕音乐首发的新歌就占了98% 以上。基于如此庞大的正版曲库，未来咪咕音乐将以更智能的推荐满足用户对音乐的个性化需求。首先，从听着手，发现用户内心所爱。咪咕音乐正在为个体用户"画像"，为每一首歌建立风格、内容、场景等标签，通过用户每一次的收听行为，不断具象用户的喜好等特点，让用户在听到"私人电台""每日推荐""搜索推荐"时会发出一声惊叹。同时，还将用户的收听行为从个体化数据扩展到社交群体数据，让用户在听歌时也能找到能产生共鸣的知音。其次，从唱着手，让每个人都能轻松变歌手。通过声纹识别系统，识别用户唱歌时的嗓音特点，将用户声音与歌曲类型的声纹匹配，让用户找到更适合自己唱的歌曲。最后，从看着手，让用户不错过每一场自己喜欢的演出。基于用户在线音乐的喜好，结合用户消费能力、地域特点等进行大数据分析，个性化地推荐给用户其喜欢的、附近的线下音乐演出；如果不能现场观看，用户通过"直播预约—直播观看—在线互动"即可观看在线演唱会。

二是用智能硬件适配更多的场景。音乐是多场景、多空间的体验，通过音乐与智能硬件的结合，扩展音乐的场景存在。为此，咪咕音乐推出了多款前沿的智能硬件。比如音乐耳机，它集成了传感体系、智能语音交互和智能推荐算法等 AI 解决方案。用户通过语音控制耳机操作，检测身体状况及运动数据，可自由选择音乐、电台、听书等不同内容频道。而"咪咕音箱"能听懂用户想听什么歌，甚至可以跟用户对话，根据用户的需求实现其他的应用。"咪咕麦克风"则能够美化用户的歌声，模拟喜爱歌手的演唱，让用户的声音更完美，唱的歌更动听。

三是开启自动化精准运营。咪咕音乐正在打造一套人工智能的自动化运营体系，以此开启咪咕音乐的自动化精准运营。基于这个体系，咪咕音乐将通过多场景、多空间满足用户日趋个性化的音乐需求。同时还将不断提升语音识别、情感计算等能力，以此丰富并完善用户的行为数据，让人工智能从理解用户、发现喜好扩展到以音乐实现与外部更多的连接。通过人工智能辅助分析，增强产品对用户的敏感性，提升用户满意度，进而拓展文化消费半径。疫情期间，咪咕音乐举办 100 多场云上 Live Show，以 4K、8K、VR 等演艺直播服务，进一步升级云音乐娱乐体验。针对疫情期间智能电视音乐服务用户活跃度大幅提升的情况，咪咕音乐推出的"咪咕爱唱"作为抢占客厅经济的重要一环，主打家庭 K 歌娱乐场景，基于物联网等技术竞争优势在大屏音乐领域快速发展。

3. 启示借鉴

云 Live、家庭音乐等新业态契合疫情防控要求，人们对于在线音乐新业态的认知度和接受度也不断提升，音乐行业迎来前所未有的发展红利。同时，数字经济是中国宏观经济发展的重要组成部分，在政策导向及科技助推等因素的影响下，在线音乐行业将顺应时代潮流，深入发展数字化。未来，随着技术应用成熟度不断提升，在线音乐市场规模有望继续扩大，在线音乐平台趋向整合产业链上下游资源，构建数字化信息库，实现"线上+线下"数字化管理运营。

第一，加强在线音乐版权保护，推动产业运营模式转变。当前，我国在线音乐行业仍面临音乐版权保护的难题。信息技术、区块链等加速发展，基于不可逆性、去中心化等技术特点，这些新技术手段为解决行业内部数字音乐版权评估及保护等难题提供了新方法，为在线音乐行业持续正版化提供了有力的技术支撑。同时，社会要通过宣传教育不断增强用户正版化音乐意识，从技术端、用户端共同推动在线音乐行业持续正版化，为付费模式奠定基础。在产业运营领域，在线音乐平台应以音乐服务为基础，在社交、演艺等领域，进一步拓宽业务半径，进一步强化业务平台的交互性、多元化，提升用户体验。进而，以高质量的系列产品培养用户付费习惯，扩大用户付费规模，加快产业运营模式的转换。

第二，不断进行技术优化升级，开启沉浸式音乐新时代。5G 的到来，将为音乐用户的视频化、沉浸式、交互式体验带来颠覆性的改变，人们对于音乐体验有着更高的需求。当前在线音乐行业基于听歌、K 歌等产品服务，丰富线上音乐场景，并逐步向线下渗透。科技在延伸音乐场景中起着重要作用，国内泛音乐服务平台要在科技力量的助推下，以 5G+新"声"级体验，为音乐行业注入更多活力，进一步满足 5G 时代用户听、看、唱、秀、玩等全场景沉浸式音乐需求，为用户打造身临其境般的音乐互动体验，并持续拓展音乐场景，让音乐无处不在。

（三）线上线下相结合助推云演艺发展

典型案例 18："相约北京"国际艺术节

1. 案例概况

2021 年 1 月 7 日至 2 月 4 日，第 21 届"相约北京"国际艺术节在北京举行，以"云"的形式演绎百年经典。第 21 届"相约北京"国际艺术节由文化和旅游部、国家广播电视总局、北京市人民政府、北京 2022 冬奥会和冬残奥会组织委员会主办，中国对外文化集团有限公司和北京市文化和旅游局联合承办。

疫情下，中国的演艺行业受到了巨大打击。据行业不完全统计，因疫情取消或延期的各类演出达数十万场。线下演艺受到冲击，线上演艺乘势而起，"云剧场""云演出"等在线演艺成为演出行业竞相绽放的新舞台。2020 年无疑是云上演播井喷的一年，在 5G 赋能、视觉技术升级的加持下，内容丰富、形式多样、题材多元的海量在线演艺内容赋予广大观众更多元的选择，也让演艺行业逐渐回暖。

第 21 届艺术节以"激情冰雪　云上文艺　经典百年"为主题，采用线上线下相结合的方式，为观众奉献 24 个国家的 42 台演出。其中，线上演出占比达 73.81%，共 31 场。在演出之外，还设置了艺术展览、冬奥系列主题活动及各类论坛和演出推介会。

2. 经验解读

推出多国精品演出，呈现多元特色文化。第 21 届艺术节举办期间，在确保版权合法性的基础上，线上部分精彩纷呈。在国际版块，汇聚墨西哥民族舞蹈、乌克兰芭蕾舞、德国歌剧及法国、以色列和韩国的现代舞等风格各异的文化表演；在国内版块，江苏的《记忆深处》、广州的《马可·波罗》等演出一经上映，广受好评。线下部分也颇受好评，北京人民艺术剧院、中国儿童艺术剧院上演多部经典剧作。

以文会友，打造北京冬奥全球共享交流平台。在冬奥系列主题活动版块，举办倒计时一周年活动、"冬梦之约"线上音乐会、"相约 2022"冰雪文化节等不同的庆祝与纪念活动。全方位发挥文化、体育、科技的力量，营造全社会支持冬奥、参与冬奥、共享冬奥的浓厚氛围，不断提升北京冬奥会的国际影响力。

不忘来时路，砥砺新征程。1 月 26~28 日，艺术节在北京音乐厅连续推出《我们是共产主义接班人》（北京爱乐合唱团）、《华韵新声——唱支心歌给党听》（中央民族乐团）和《在灿烂的阳光下》（中国音协合唱联盟爱乐男声）共计三场音乐会。艺术节期间，李可染画院还推出"传承经典，无尽江山——'为祖国河山立传'李可染画院青年画院山水画创作展"。第 21 届"相约北京"艺术节用歌声、用画作，向党致敬，重温党的光辉历程，歌颂党的伟大成就，让"相约北京"焕发新时代的红色光芒。

3. 启示借鉴

打破演艺时空边界，创新全新产品和业态。"云演艺"近年来在技术推动、流量加持、经验积累及表现形式日渐多元化的背景下，取得长足发展。在技术推动领域，积极应用 4K 甚至 8K 超高清视频技术、各类虚实相生技术及沉浸式光影技术等，进一步提高"云演艺"的科技含量；在内容赋能领域，"云演艺"仍坚持"内容为王"，在确保内容质量的基础上，借助技术赋能，丰富演艺的表现形式。

坚守初心，创作人民群众喜闻乐见的精品演艺内容。疫情下，线下文化产业遭受巨大损失，但以"云演艺"为代表的线上文化产业发展加速，有利于推动传统线下文化产业的转型升级。无论在怎样的现实背景下，演艺产品始终要从内容出发，借鉴"相约北京"国际艺术节的有益经验，汇聚来自世界各地的多元文化作品，借助现代云技术，将中外舞台艺术精品传播给人民群众，让人民更便捷、更经济地享受文化盛宴。此外，要精心制作演艺作品，采取人民喜闻乐见的方式，让优秀的传统文化作品焕发新时代的红色光芒。

典型案例 19：华为 & 中国歌剧舞剧院《舞上春》

1. 案例概况

2021 年 4 月 17～18 日，中国歌剧舞剧院舞剧团业务技能展演《舞上春》在北京天桥艺术中心大剧场完成首演，获好评不断。《舞上春》实现了剧院的三个"第一次"：第一次将"课"与"演"结合；第一次实现"诗乐舞"三位一体；第一次现场回望中国古典舞的继承与创新。2021 年 5 月 22 日，《舞上春》在华为视频互联网独家首播，用户可以通过自由视角和全面沉浸的高清 VR 视觉画面感受中国古典舞之美。[①]

《舞上春》以当代手法演绎传统文化，其线上演播通过"艺术+技术"的有机融合，为全国乃至全世界用户提供网上观演的三个"新体验"。第一，该项演出借助"云演艺"模式，提升观演便捷度，且为观众提供自由视角及 4K 多视角的不同观演选择。第二，通过多角度镜头对不同演职人员的跟踪拍摄，让观众看到艺术演员的日常工作与训练过程。第三，借助技术赋能，增强镜头语言的视觉冲击力，一方面为观众全方位展示中国古典舞的魅力，让海内外观众体验中华优秀传统文化的时代风韵，加深国外观众对中华文化的认知

---

① 赵玥：《〈舞上春〉上线云端，带你沉浸式走近中国顶尖舞者的台前幕后》，"人民资讯"百家号，2021 年 5 月 24 日，https：//baijiahao. baidu. com/s？id = 1700624031721031658&wfr = spider&for = pc。

和理解，另一方面向相关受众展示中国歌剧舞剧院舞剧团的训练方法和标准，也为国际同行了解中国民族舞古典舞的训练体系打开了一扇窗。

图4

资料来源：中国歌剧舞剧院。

2. 经验解读

中国歌剧舞剧院是中国规模最大、艺术门类最多、历史最悠久的国家级艺术剧院，具备深厚的 IP 剧目、专业技术及人才梯队优势，近年来推出了《孔子》《恰同学少年》《赵氏孤儿》《昭君出塞》《李白》《英雄儿女》《到那时》等一系列深受国内外观众喜爱的舞剧。《舞上春》项目由华为提供技术支持，中国歌舞剧院与华为成功将内容与技术完美融合，打通云演艺的全链条，从演播平台开发、产品运营、人才培养等方面，为"云演艺"产业发展提供典型示范。

《舞上春》云演播能够呈现惊艳效果和极致体验，除了顶级舞者对优秀 IP 的精彩演绎外，还有自由视角、多视角、8K、VR 等高新视频技术对用户云端体验的极致雕琢。为了实现本次《舞上春》云演播的自由视角播出，合作团队在现场部署了"小身材，大能量"的高新视频生产系统 Media Cube，用以驱动上百台环形架设的 4K 超高清摄像机群，急速对焦，精准捕捉舞者的动作细节,并对上百路 4K 超高清视频流进行实时媒体处理,打造时空凝结、动态流转等自由视角特色效果,为观众全方位呈现舞者表演的每一个精彩瞬间。① 当前,我国云演艺产业方兴未艾,成为线下演出的延展和补充,为受疫情影响的演艺产业发展带来"柳暗花明又一村"的新局面。②

3. 启示借鉴

疫情下,中国的线下演艺行业受到了巨大冲击,线上"云演艺"乘势而起。2020 年,伴随 5G 新基建、新应用与新消费的快速落地,云演艺更是迎来了行业起飞的关键节点。5G 深入发展,5G+8K、AR/VR 技术创新,为云演艺创造了巨大的机会,为线上演出在用户体验和付费端的突破奠定了基础。在 5G 赋能、视觉技术升级的加持下,内容丰富、形式多样、题材多元的海量在线演艺内容给了广大观众更多元的选择,也让重创中的演艺行业逐渐回暖。

在疫情防控常态化背景下,"云端"成为人们工作生活的新空间。对于演艺机构而言,线上演出不再是偶尔为之的权宜之计,而成为演出的常态化选择。如何借助技术手段在线上创造出新的演出形式、新的营销模式、新的观演关系,不仅决定着线上演出的可持续性,也影响着疫情防控常态化下演艺行业的转型升级。从线下到线上,不仅是演出空间的转换,更是艺术生产方式的改变及创作要素的重新组合。从线下到线上,不是数字技术与演艺内容的简单拼接,而是在坚持"内容为王"的前提下,创造"1+1>2"的全新观赏体验,寻找技术与艺术相融合的最佳支点。③

---

① 朱飞:《中歌牵手华为:〈舞上春〉拥抱高新视频,开启云演播新业态》,"朱飞"百家号,2021 年 5 月 24 日,https://baijiahao.baidu.com/s? id = 17006316615108185768wfr = spider&for = pc。

② 宣晶:《"云端"打开艺术新视界,中国歌剧舞剧院携手华为推出〈舞上春〉线上演出》,"人民资讯"百家号,2021 年 5 月 24 日,https://baijiahao.baidu.com/s? id = 170060672 6957913474&wfr = spider&for = pc。

③ 方力:《"云剧场"如何成为常态化的艺术陪伴》,光明网,2022 年 4 月 27 日,https://m.gmw.cn/baijia/2022-04/27/35692187.html。

同时，需要指出的是，"云演艺"阶段性特征明显。在线下活动受限时爆发式增长；在线下活动复苏时呈降温态势。实现线上线下结合互补是当下"云演艺"产业健康有序发展亟须解决的问题。未来，演艺市场将迎来线上线下高度融合的全新格局。

四　设计服务

（一）科技赋能工业设计

典型案例 20：北京奔驰数字化生产体系

1. 案例概况

身为集研发、发动机与整车生产、销售和售后服务于一体的汽车制造企业，北京奔驰拥有尖端的生产工艺，在整车生产的冲压、装焊、涂装、总装四大环节领先全国，是工信部认可的"绿色工厂"。北京奔驰总装二工厂的总装车间配备了全新的自动柔性合装线，借助梅赛德斯-奔驰乘用车生产运营 360 的数字生态系统，北京奔驰可实现与梅赛德斯-奔驰其他工厂的实时场景化沟通。

北京奔驰顺义工厂从设计建造之初就全面对标 56 号工厂，秉持梅赛德斯-奔驰乘用车生产运营 360（MO360）所提倡的"数字化、柔性化、高效、可持续"智造理念。在顺义工厂车间，随处可见数字化的"生产看板"，所有生产进度都可以通过可视化方式实时呈现，透明度极高，管理人员可以通过手机随时随地查看生产状态和相关的生产数据，充分确保高质量生产。

北京奔驰将数字化生产和能力分为了 5 个等级：一是更好地传输、储存及处理数据，这是数字化生产最基础的架构和层级；二是可视化的数据；三是通过数据进行指导、建议；四是基于数据实现机器设备的自我学习，让设备在整个生产过程中更加智能；五是实现真正的数字化转型，利用人工智能，让机器自我学习并且做出相应决策。

北京奔驰借助人工智能、工业物联网等最新技术赋能传统制造产业，积极推动制造向"智造"演进，在产品设计、质量管理及设备运维等生产全环节推行智能化，2021 年先后斩获"北京市科学技术进步奖""智能制造标杆企业"等诸多奖项。

为加快高品质发展步伐，北京奔驰加速"数字化、柔性化、高效、可持续"智造理念的推广与落地实施，进一步深化人才培养，并积极带动产业链上下游纵向一体化发展，用切实行动践行智造理念，助推产业高质量发展。①

2. 经验解读

北京奔驰聚焦绿色制造、智能制造，在 MO360 数字化生产体系基础上，不断深化和完善生产模式，积极推动全方位数字化、高度柔性化。将数字化生产体系应用于纯电产品矩阵，借助数字化技术服务绿色制造。

在产品矩阵不断扩充的同时，北京奔驰顺应产业转型升级浪潮，加快推进全产业制造体系的智能化，近年来成绩斐然，先后获得鼎革奖"年度企业奖"（"开创性的数字化变革"项目）、"智能制造标杆企业"（2021 世界智能制造大会）、"2021 年中国智能制造十大科技进展"（基于工业互联网大数据平台的智能焊接工厂项目）。

3. 启示借鉴

第一，深耕智能制造，驱动转型升级。经过多年的探索与创新，北京奔驰于 2021 年全面推广数字化生产车间管理系统，实现数字化、智能化创新的系统贯彻。借助数字化生产车间管理系统，北京奔驰实现对生产过程全流程的动态跟踪，提升信息获得便捷化程度，增强可视化效果，实现对生产效能的再次提升。

第二，践行绿色发展，牢守环保理念。在控制能耗方面，北京奔驰将绿色发展理念贯穿生产流程全环节，不断完善能源管理体系，通过建设能耗在线监控平台，初步构建起能源管理机制，为不断提升能耗利用率奠定坚实基

---

① 《赋能智能制造　北京奔驰持续推进高质量发展》，太平洋汽车网站，2022 年 1 月 20 日，https：//www.pcauto.com.cn/hj/article/1098032.html。

础。在此基础上，北京奔驰进一步提出"碳中和四步走"战略，牢守环保理念，践行绿色发展。在能源选择上，主动将光伏发电、风能机组和地源热泵等清洁能源作为首选。北京奔驰在积极推动自身绿色发展的基础上，积极参与北京市低碳绿色发展，作为北京首批绿电交易试点企业之一，借助雨水调蓄、加强内部水资源利用管理等举措，将绿色发展理念与发展行为贯彻企业内外部产业实践。

第三，注重人才培养，助力高端制造。北京奔驰聚焦高端制造发展趋势，立足自身经营管理及人才发展战略，根据层级、部门、岗位，为各类员工提供满足其成长需求与符合企业发展目标的在职培训课程，构筑高端制造的人才梯队。

典型案例 21：新首钢高端产业综合服务区

1. 案例概况

新首钢高端产业综合服务区（以下简称"首钢园"）位于北京西部的石景山区，改建于钢铁产业腾退后的首钢老厂，建设规模约 660 万平方米，是北京市城区唯一可大规模整体规划、连片开发的产业园区。在新版北京城市总规划中，首钢园是重要的区域功能节点，承载着将区域"打造成新时代首都城市复兴新地标"的任务。北京市发布的 2021 年"3 个 100"市重点工程项目，囊括了首钢工业遗址公园的文旅产业项目、新首钢国际人才社区的民生项目和多个关于首钢片区的文化体育、街区更新类项目。[①]

首钢园形成了老工业区改造的首钢模式——将工业遗存与现代产业相结合，通过在国有土地资产上进行用地混合使用，工业构筑物改造，植入奥运、科技和创意文化等功能，在促进产业新旧动能转换的同时，探索新的城市活力空间。

2. 经验解读

改造后的首钢园，其工业"躯干"并没有被拆除，不过被加上了一颗

---

① 《北京老工业区改造：给首钢"工业躯干"加上"科技心"》，"第一财经"百家号，2021 年 3 月 2 日，https://baijiahao.baidu.com/s? id=1693089031520078451&wfr=spider&for=pc。

科技"心"。首钢老厂保留下来的工业遗存，让石景山区在城市更新中避免了"照搬照抄"的窘境，也成就了一种具有折中主义美学的文化新地标。在文旅融合的趋势下，所谓的文化地标，不是凭空勾绘出来的，而是在城市历史沿革中淘洗出来的。

对于企业而言，北京市的产业园包括首钢园和中关村，其在产业招商方面都对入驻企业进行了一系列财政补助，如税收返还等；首钢园作为城市更新类项目，对入驻的科技等产业的企业会有如租金方面的补贴。此外，受园区容积率的限制和对人居环境提升的考虑，首钢园六合汇项目选择了"低密度"、"独栋"和"建筑体高使用面积"的规划定位，与科技、金融类企业的办公理念相契合，也为初创期和待上市的企业后续扩大企业规模留下发展空间。

除发展现代化产业外，首钢园还致力提高城市治理水平。为实现区域生态复兴，新首钢地区在2020年内打造"西长安绿轴"，囊括松林公园在内的13个公园。在首钢园内部，预计2021年，初步形成贯穿首钢园南北的绿色画廊，串联起原有的工业遗存。整个石景山城区绿化覆盖率达53%，城区人均公园绿地达23平方米。

3. 启示借鉴

第一，政策助力工业园区改造工程。在北京，老旧厂房腾退再利用已成为疏解非首都功能的重要举措。在政策方面，北京先后出台《关于保护利用老旧厂房拓展文化空间的指导意见》《关于推动老旧厂房拓展文化空间指导意见落地实施的工作方案》《保护利用老旧厂房拓展文化空间项目管理办法（试行）》等文件，以优化城市空间布局，创造新的城市活力空间。

第二，资本助力园区改造顺利完成。在首钢老厂的改造项目中，首钢集团尝试了一种由基金团队接手的轻资产运营模式，即以"募投管退"的逻辑，从资本到资管，进行全链条操盘。具体来说：在资本端，由基金团队成立园区开发基金；在成本端，在项目操盘时提前介入，提前做好测评、定位；在收入端，一方面要提高工程完工后、开业前的出租率，另一方面，通过出租收益率的评估更新，合理调整园区业态。此外，在运营权方面，基金管理团队考虑通过租金形成稳定收益率，或通过资产证券化获取本金和管理费用；在退出机制方面，也会考虑通过资产证券化的方式退出。

（二）现代科技为建筑设计护航

典型案例 22：中建集团推动建筑业转型升级

1. 案例概况

中国建筑集团有限公司（以下简称"中建集团"）前身为原国家建工总局，于1982年改制成立，是国家在建筑业和房地产业领域的重点企业。建筑业是我国国民经济的重要支柱产业，为推动建筑业转型升级、促进建筑业高质量发展，国家住房和城乡建设部联合十二个部门印发《关于推动智能建造与建筑工业化协同发展的指导意见》，要求加强智能设备及智慧工地相关装备的研发、制造和推广应用。中建八局紧跟未来建筑行业发展趋势，贯彻落实党中央指示精神，打造了全国首个5G智慧工地——京东集团总部二期2号楼项目C座，并于2021年正式启用，成为引领行业发展的示范标杆。

2. 经验解读

打破时空边界，创造5G智慧，建造未来。中建集团承建的京东集团总部二期2号楼项目C座，将第五代移动通信技术融入建筑工程，在全国多个领域实现突破：首次定制化5G专属覆盖方案，首次将5G专属移动网络内置建筑工程，首次于建筑工地红线内架设5G专属基站。借助5G传输特性与优势，业主在普通信息、高清视频及超高清视频传输领域获得极大便利。

借助多维技术成果，打造智能化工地。在风险较高的塔吊领域，借助5G双360度空间立体实时监控系统，赋予操作人员多维视角，并增强运行数据获取性与及时性，构建数据异常预警机制，进一步提升塔吊工作的安全性。在其他领域，建立多维安全监控系统，基于人工智能与高空监控的组合防护体系，提升风险预警的智能化，构筑工地全方位风险监控体系。

5G 作业面监管系统。5G 作业面监管系统集结智慧工地 AI 平台，可自动识别烟火、未戴安全帽等危险要素，即时预警；搭载 50 倍光学可变焦技术，全面查看作业面施工进展情况；5G 专属网络覆盖作业面，以 10 倍于现有移动网络的传输速率，实现多路 1080P 超高清视频毫秒级回传。

3. 启示借鉴

第一，强化科技意识，赋能建筑工程。尽管业界普遍对建筑的艺术性与技术性融合形成共识，但在产业实践领域，相关从业人员尚未树立明确的科技意识，还存在认知层面的障碍。随着技术的不断突破，建筑智能化由理性认知转变为产业实践，建筑师应从理念层面加深对科技的认知，切实融合科技与建筑设计。

建筑的发展离不开技术的进步，技术的进步也离不开科技的发展。随着当今科技的急速发展，建筑领域发生了翻天覆地的变化，建筑材料得到了极大的丰富，建筑技术也取得了长足进步，设计方法也有了全新的模式。

第二，做智慧建造的"排头兵"、转型升级的引领者。京东集团总部二期 2 号楼项目 C 座打造的全国首个 5G 智慧工地，正推动着建筑业逐渐脱离高能耗、低产出、高投入、低效率等传统粗放型发展模式，加速迈向"万物互联"，逐步实现转型升级。

典型案例 23：北京智能建筑科技有限公司

1. 案例概况

北京智能建筑科技有限公司（以下简称"北智建"）作为北京冬奥会和北京市智能建筑的平台公司，引入了 5G、人工智能物联网、数字孪生等前沿技术，承担了北京冬奥会的智能建筑标准《北京冬奥会智能建筑建设标准》的制定与顶层设计，同时主导完成国家体育场（鸟巢）、国家速滑馆（冰丝带）、延庆冬奥村、北京冬奥村等冬奥场馆的智慧化建设和升级，在冬奥开幕式和赛时运行保障中发挥了重要作用，创造了新型智慧城市建设的"冬奥方案"。

在北京冬奥会开闭幕式举办地国家体育场"鸟巢"的智慧改造上，北智建首发科技创新应用 12 项，国家科技部重点支持科技冬奥课题 1 项，申报专利、软著超 10 项，智慧场馆行业标准仍在申报中；北智建联合推出巢网、巢信、巢卫、巢购四个 5G 创新应用定制产品；升级鸟巢物联网节点约 8000 个，搭载 80 余种人工智能算法，将鸟巢打造成全球首个 5G+AI+IoT 大型文化体育场馆。智慧冬奥顶层设计方案的全面落地应用，展现了智慧建设的"北京经验""冬奥方案"。①

此外，北智建为两个 2022 北京冬奥的新建冬奥村项目——延庆冬奥村和北京冬奥村打造了智能人居示范标杆，基于自主研发的 AIoT 智能建筑操作系统，构建了智能建筑数字孪生集成、综合能源、智能安防、健康环境、智能服务等创新应用，提升了赛事期间运动员的体验，同时，满足了赛后作为休闲度假区及高端人才公寓的智能运营需求，打造了更安全、更低碳、更健康、更智能的人性化居住与工作环境。

2. 经验解读

更安全、更绿色、更精彩，科技冬奥彰显了"双奥之城"创新力量。从 2015 年北京申办冬奥成功开始，科技就成了北京冬奥会的靓丽底色。在 2022 年北京冬奥会期间，中国新科技同样大放异彩。

北智建以城市大型公共建筑、居住社区两类城市建筑为代表性应用场景，围绕改造和新建两种情况，在本次冬奥会中打造了冬奥示范标杆项目：国家体育场（鸟巢）是既有大型公建智能升级的示范标杆；国家速滑馆（冰丝带）是新建大型公建智能建设的示范标杆；延庆冬奥村、北京冬奥村分别代表大型酒店会议度假园区和城市居住社区，是城市智能人居建设的示范标杆。

国家体育场"鸟巢"、国家速滑馆"冰丝带"及北京冬奥会冬奥村智能建筑的示范建设，将有利于推广冬奥智能建筑标准的"1+8+1"智能建筑应

---

① 《北京智能建筑赋能"冰丝带"智慧场馆建设，助力科技冬奥》，中文网，2021 年 12 月 30 日，http://chuangxin.chinadaily.com.cn/a/202112/30/WS61cd7b3ea3107be4979fff08.html。

用体系，在北京市全市范围内推进公共建筑和居住区的智能建筑建设和运营。以冬奥会为契机，以城市建筑为单元，通过建筑大数据促进人工智能算法不断优化、创新，使北京市城市建筑、园区乃至城市的智能化发展迈向新高度，打造更智慧的体验，将北京模式发展成全国智能城市的范式，全面助力"碳中和""数字经济"等国家战略稳步实现。

北智建在打造冬奥科技示范的同时，积极面向市场，重点客户、重点项目市场化合作已全面落地。北智建与远洋集团已形成战略、股权、平台、示范项目多层面的全面战略合作，双方已成立合资公司——应维科技，作为远洋旗舰科技平台，构建从建筑级到集团级和跨城市级的全面智能运营体系。北智建也与首开集团、中国网球公开赛、万通集团、金隅集团、东升科技园、中国联通、中国残联、同仁堂等达成合作。

3. 启示借鉴

第一，标准创新。北智建是冬奥智能建筑顶层设计单位，率先在冬奥场馆、冬奥村建筑中引入 5G、人工智能、物联网等前沿引领技术，牵头制定行业引领性标准《北京冬奥会智能建筑建设标准》，填补了原有智能建筑设计相关标准的空白，是对现有标准的有力补充和创新。在建筑创新智能升级、建筑与用户智能互动、建筑与城市高效联动，以及可持续智能运维方面进行了全面应用探索创新，抓住北京冬奥会这一重大历史机遇期，积累了宝贵的冬奥科技遗产，必将在后冬奥时代对城市智能建设、城市更新、可持续低碳智能运维等起到重要的创新引领和示范推广作用。

第二，产品创新。从冬奥智能场馆和冬奥村智能人居两个方向打造大覆盖、广兼容、多应用的 AIoT 智能建筑数字孪生操作系统。该系统重点围绕大型建筑日常运营当中的核心价值提升，未来也将为物业运维管理提供数字智能化手段，主要包括能耗碳排、设备运行监测预警、室内健康环境及智能安防，大大增强场馆建筑等的可持续运营能力。北智建既考虑服务保障冬奥会，也考虑赛后常态化运营保障需求。

第三，技术创新。一是 5G 创新应用。5G 网络全覆盖，并构筑 5G+8K超高清转播、5G 专网、边缘云、5G 消息、5G 智能防疫一体机等丰富的 5G

创新应用产品，为观众提供新型的公众服务及数字消费体验，在充分保证安全、高质的前提下，推动了 5G 物联网生态的快速布局。二是 IoT 创新应用。以建筑为单元，建成了物联感知的智能物联网，覆盖设备、能源、环境、安防等各个方面，基于泛在物联网络，融合建筑信息模型（BIM）和城市地理信息系统（GIS），对建筑内部设备设施及建筑周边进行高精度数字孪生建模，实现智能建筑"数字底板"，构建城市部件、建筑空间、智能终端设备虚拟数字模型，形成统一建筑与城市的智能互动，初步打造城市空间的"元宇宙"世界。三是 AI 创新应用。运用创新智能视觉领域等人工智能算法，以冬奥场景为示范，助力中国人工智能前沿创新技术的全面深度应用，包括智能行为识别、同行寻人（密接管控）、轨迹追踪、人车结构化算法，以及环境智能监控算法、能源碳排优化算法等。比如，在未来室内健康环境管理方面，实现环境的动态实时物联感知和基于 AI 的智能自主控制，联动空调、净化、健康照明等末端环境设备设施，形成从综合环境感知、AI 智能评估到智能控制的全闭环。四是建筑大数据。基于泛在物联网络对建筑运行、外部交通、人员出行、建筑安防、用户服务等大数据的自动收集分析，形成建筑运行大数据，包括设备运行数据、人车的活动数据、其他运营数据。依靠大数据计算能力、AI 计算能力，提供跨专业的计算分析，实现智能预警和辅助决策，为城市"微单元"落实城市"微治理"提供了可持续的创新技术支撑。

第四，模式创新。北智建通过智能建筑操作系统和平台应用，致力让更多智能建筑融入"城市大脑"，探索从"单体智能""区域智能"到"城市智能"的可复制、易推广的有效道路，从智能建筑到智能城市，展现了新型智慧城市建设的"冬奥方案""北京经验"。

（三）智能科技赋能家居设计

典型案例 24：如影智能家居

1. 案例概况

北京如影智能科技有限公司的创始团队由国际知名科技巨头高通、IBM 及国内科技领军企业小米、腾讯等的前员工构成，其中 70% 以上为研发人员，是最优秀的智能硬件全链条产研团队。如影的品牌概念，源于成语"如影随形"，即不打扰的陪伴。英文名为 Know。如影全线产品的设计理念都秉持了知性、自然、开放和智慧四重主张。① 如影始终坚信，好的智能不会让用户费心选择、费心学习、费心安装，"科技美学产品+省心装维服务"才是普及智能生活的最优解。②

2020 年 9 月，如影基于智能家居产品矩阵和机械臂商转民两个业务版块，推出 inSight、inBot 两个子品牌，共计 18 款智能家居产品。在智能家居操作系统领域，如影基于自行研制的 inSightOS 及智能管家 Edison，围绕"大屏+小屏"的设计理念，推出"大屏"中控屏 inSightPro 和"小屏"中控屏 inSight。在生活智能机器人领域，推出咖啡机器人 P 系列、T 系列和厨房机器人等生活智能机器人，将"大师"搬入寻常百姓家。

2. 经验解读

首先，如影智能从创立至今以"信仰极致用户体验"为价值观。在产品设计上，首次打通了智能硬件与家居设计之间的沟堑，通过将最新"科技美学"生活智能产品和服务与便捷、低成本的"装维"进行整合，打造"一键式"集成服务，推动智慧生活的普及化、亲民化。当用户选择了如影后，如影的装维师傅会上门进行勘察测量，并携带如影智能产品上门，在两小时内完成智能家居的部署。如影认为，极致用户体验，将带来极致商业价值。③

其次，作为一家初创企业，如影没有选择孤注一掷地打造一款产品，而是由 AIoT 和机器人两个事业部同步推进产品，即 inSight 和 inBot。AIoT 事业部专注硬件与连接。目前，inSight 可连接超过 1000 种品牌、过亿部智能设备，除如影的智能产品外，还包括小米、京东、苏宁、美的等平台和品牌

---

① 《如影智能家居怎么样》，智和家网站，2020 年 10 月 15 日，http：//www. zhihejia. com/baike/977. html。

② 《如影智能家居怎么样》，智和家网站，2020 年 10 月 15 日，http：//www. zhihejia. com/baike/977. html。

③ 张阳：《如影智能发布 18 款新品　打造全屋智能体验》，"人民资讯"百家号，2020 年 9 月 16 日，https：//baijiahao. baidu. com/s？id=1677963281824162581&wfr=spider&for=pc。

的产品。打破了品牌间的隔阂，重新定义了全屋交互方式。如影的咖啡机器人及智慧厨房产品，则向大家展示了如影在 AI 领域的深度学习能力。在 inBot 领域，如影聚焦厨房智能机器人，成功将商用机械臂民用化，智能机器人通过植入厨艺大师操作数据，在家也能做出米其林餐厅的水准。

另外，如影聚焦人体移动、门帘操作水浸、燃气报警、烟雾报警及入户门领域，推出相应场景化智能产品。依靠这些"触手"，如影能够更好地感知环境变化和用户需求。如影的"主动智能"Edison，通过 AI 感知、自动学习，能够预测用户的需求，主动帮其完成系列操作，打造舒适时刻。

此外，inLight 系列的产品包括智能开关、智能窗帘及各类智能光源与灯带。inLight 智能调光驱动结合场景智能调光，让用户在家也能时刻拥有五星级酒店的感受。

3. 启示借鉴

第一，如影坚守了"强体验属性的技术必须自己做"的原则。在 inSight 所用的"语音识别""语音合成技术"之类的语音转文字、文字转语音等成熟技术上，直接采用别人的标准服务，但在"自然语义处理"上则坚持一定要自己做。因为自然语义处理涉及智能家居系统理解用户的每句话后产生的反馈，是理解用户居家生活需求的关键技术，它在本质上仍有很多"人工"属性，需要人分析、归纳、理解用户需求，然后根据信息反馈，将设备调试到最佳体验，所以"有多少人工就有多少人工智能"。

第二，可连接所有平台的产品、所有用户。如影智能不仅兼容小米"米家"、京东"京鱼座"等主流平台，而且先后快速与实地地产、中海地产、金辉地产、碧桂园、鑫苑置业、远洋地产、万科、香港恒基等地产企业及贝壳网、第一人居、爱空间等地产服务企业建立了战略合作伙伴关系。

第三，为地产商创造智能家居的刚需产品。如影智能科技具有理解用户需求且可连接所有平台的产品、用户两大优势。如影的所有硬件上都有多种连接方式，能够确保从物理硬件上通过云端与足够多平台上的硬件设备彼此互联，因此可以顺利对接紫光物联、摩根等各种智能家居产品平台。

典型案例 25：每平每屋·设计家

1. 案例概况

每平每屋·设计家是居然之家推进家装家居产业线上线下数字商业智能化发展的重要举措，也是每平每屋·设计家继续深化行业布局的重要成果。居然装饰创始于 2007 年，是居然之家的数字化线性服务之一，目前包括主攻大宅装饰的居然顶层设计中心、提供半包装修服务的乐屋装饰、提供整装装修服务的快屋装饰、提供主材套餐的章鱼买手、提供专业监理服务的小象监理五个品牌，构建起了家居设计与施工服务相结合的创新服务模式。2021 年，居然装饰在全国已发展近 100 家门店，覆盖 34 个城市，业绩同比增长 109%。

家装是个链条复杂、参与者众多的行业，目前存在消费者不信任、装企不标准、供应商信息不对称等痛点。居然装饰协同每平每屋 3D 设计等众多工具实现全链路数字化管理，建立公开透明的利益分配机制，打造"家装中央厨房"式的加工和配送整装服务体系。

2. 经验解读

居然装饰将家装服务的各个流程链条标准化、线上化、透明化，如"居然装饰"App 上线后，就实现了施工管理全程线上业务流转，完成预约、量房、签约、设计、施工、验收、交付全过程、全角色线上协同，提高了整个组织的效率并且有效降低了管理成本。此外，每平每屋·设计家基于数字技术成果，推出"云端"设计平台、材料采购及施工管理服务，成功实现对家装领域全产业链条的数字化赋能，为业主提供从设计、施工到主材采购的品质家装服务，赋能行业中的小企业。

此外，居然之家一直在进行数字化转型，同时打造全域流量池，完善用户体系。如居然之家与阿里巴巴合作，上线本地化家装家居数字化零售平台，通过全链路的数字化管理工具，为生态链上的设计师、施工队和家具材料供应商赋能。而居然装饰则依托线下场景体验功能，打造全场景的整装实体样板间，并通过"家装中央厨房"式的模块操作进行全国推广。

3. 启示借鉴

第一，深耕家居设计操作平台。每平每屋·设计家这个产品的前身是 Autodesk 旗下的 Homestyler 美家达人，其早在 2009 年便开始为不具备设计技术的普通消费者提供操作平台。从产品和服务上看，每平每屋·设计家以免费工具为入口，为家居设计师和家居企业提供免费云设计工具、渲染服务及 SaaS 解决方案，并打造设计师公域社交生态。目前它与生活家、九鼎装饰等多家行业头部装企进行了深度合作。

第二，构建完整家装生态。每平每屋·设计家拥有超 1000 万全球注册设计师，并且已拥有超 5 万家合作商家，包括大型装饰装修公司等。值得一提的是，每平每屋·设计家致力让设计的价值赋能更多的消费者，依托科技基因全力推动中国家装家居产业快速健康发展，而这与居然装饰的发展理念恰好不谋而合。每平每屋·设计家可以通过线上线下一体化、同源一体化、设计算量施工一体化，分别赋能新零售全面数字化，让设计生产高效协同、家装全流程协同无忧。每平每屋·设计家坚持探索前沿科技，使得工具侧持续升级突破，最终构建完整家装生态，助力全行业发展。

第三，打造整装新模式。居然装饰通过与每平每屋·设计家的深度联合，基于 3D 云设计工具，打造千款线上样板间，同时结合居然之家线下 400 多家门店的场景体验优势，完美实现"所见即所得"的整装新模式。未来，居然装饰将依托居然之家规模渠道，结合每平每屋·设计家的科技能力，形成标准化整装体验空间，把居然之家的资源优势及数字化平台优势发挥到极致。

专 题 篇

Special Topic Report

B.5

科技支撑北京文博非遗传承保护
与创新发展研究报告

江光华[*]

摘 要： 本报告立足北京的城市功能定位，从经济、社会、文化层面，结合国家和北京市出台的相关政策，分析当前北京利用现代科技促进北京文博非遗传承保护与创新发展的必要性与可行性。在相关理论研究基础上，将数据与案例结合，分析了北京科技支撑文博非遗传承保护与创新发展取得的新成效，并概括了北京文博非遗在相关政策制度、非遗网站和数据库建设、技术创新能力、资源挖掘利用及文博非遗创新发展的社会环境等方面存在的问题。结合国内外科技支撑文博非遗的经验借鉴，从政府、文博机构和社会等视角，提出了加强科技支撑北京文博馆非遗资源传承保护与创新发展的总体思路与对策建议。

[*] 江光华，博士，北京市科学技术研究院创新发展战略研究所副研究员，研究方向为文化科技融合、文化产业、科技政策。

关键词： 文博 非遗传承保护 创新发展 北京

党的十九届五中全会明确提出，要"坚定文化自信""推进社会主义文化强国建设"①。文化自信是最根本的自信，而推进文博非遗传承保护与创新发展是构建文化自信的重要抓手。习近平总书记多次强调，"推动中华优秀传统文化创造性转化、创新性发展"②，"让收藏在博物馆里的文物、陈列在广阔大地上的遗产、书写在古籍里的文字都活起来"③。在文化和科技日益融合的时代背景下，北京促进文博非遗的传承保护与创新发展必然离不开科技的支撑。基于此，本报告从科技支撑北京文博非遗传承保护与创新发展的必要性与可行性入手，分析科技支撑北京文博非遗传承保护与创新发展的现状及面临的问题，在归纳借鉴国内外科技支撑文博非遗传承保护利用的成功经验及典型案例的基础上，提出科技支撑北京文博非遗传承与创新发展的思路与对策。

一 科技支撑北京文博非遗传承保护与创新发展的必要性和可行性

（一）科技支撑北京文博非遗传承保护与创新发展的必要性

1.传承保护和利用好文博非遗资源的需要

"保护为主、抢救第一、合理利用、传承发展"是我国实施非物质文化

---

① 《中共中央关于制定国民经济和社会发展第十四个五年规划和二〇三五年远景目标的建议》，中国经济网，2020年11月3日，http：//www.ce.cn/xwzx/gnsz/szyw/202011/03/t20201103_35969108.shtml。

② 《习近平：中华优秀传统文化是中华民族的根和魂》，人民网，2022年6月3日，http：//politics.people.com.cn/n1/2022/0603/c1001-32437873.html。

③ 《习近平谈世界遗产》，中国共产党新闻网，2019年6月6日，http：//cpc.people.com.cn/n1/2019/0606/c64094-31123868.html。

遗产保护的指导方针。① 在当前文化和科技融合日益加深的时代，在文博非遗的保护与传承方面，应该与时俱进，插上"科技的翅膀"，使文博非遗得到更好的传承保护和利用。在非遗文化传承保护与利用这个问题上，博物馆、图书馆、档案馆、文化馆等文博机构应当发挥信息技术、数字技术等技术优势，借助各种科技手段，实现对非遗文化有关信息的收集、整理、储存与利用。同时，应当借助新媒体、大数据等信息技术进行数字化处理。例如，在存储非遗档案资料的过程中，就需要利用信息技术，对非遗资源中的音乐、影像、图片、手稿等进行数字化的存储，只有这样，才能达到良好的保存效果。在非遗的传承过程中，可以借助虚拟现实技术、3D数字动画技术等手段，将非遗文化进行再现，有效避免发生失真或损毁等问题，进而使非遗得到完整的传承保护和活化利用。例如，敦煌虚拟现实博物馆通过典型洞窟的虚拟漫游、敦煌数字化研究过程展示等手段，再现了敦煌的艺术和文化及数字化保护的成果。数据还原的不仅是历史真实，更解决了色彩失真、局部损毁等问题。

2. 弘扬传统文化、增强文化自信的需要

非遗是中华民族智慧与文明的结晶，是中华传统文化的珍贵记忆，是民族文化精神的传承，是联结民族情感的纽带和维系国家统一的重要基础。北京拥有丰富的文博非遗，利用现代科技手段促进北京文博非遗文化的传承保护和创造性发展，有利于弘扬传统文化、增强文化自信。当前，新媒体技术、数字博物馆建设已成为非遗文化传播的重要路径。中国非遗网·非遗数字博物馆就是一个典范。中国非遗网集政策宣传、资讯传播、成果展示、知识普及于一体，共设置了"机构""政策""资讯""清单""资源""学术""百科"七个一级栏目，旨在利用信息技术和互联网平台展示、传播中国和世界非遗的专业知识，展示我国深厚丰富的非遗资源。目前，中国非遗网站已成为我国非遗保护、宣传工作的主要阵地，网站月均访问量达28万

---

① 《国务院办公厅关于加强我国非物质文化遗产保护工作的意见》，中国非物质文化遗产网，2006年4月28日，http：//www.ihchina.cn/zhengce_details/11571。

次，月均访客人数达 22 万。① 随着国家非遗网站的建立，上海、广东等 17 个省市已陆续建立非遗网站。这些网站的建设，促进了非遗文化的传播，对于弘扬传统文化、增强文化自信具有重要意义。

3. 挖掘文博非遗价值、提升经济社会效益的需要

北京的文博非遗是首都历史文化的重要组成部分，利用信息技术等科技手段，挖掘非遗资源的历史和文化价值，打造文化 IP（Intellectual Property，IP），对于提升文博非遗的经济和社会效益，彰显首都风范、古都风韵、时代风貌均具有重要意义。随着科技与经济的发展，非遗与旅游融合发展已成为一种常态。借助现代科技手段，促使非遗与旅游共融发展，有利于激活数量巨大的文博非遗文化资源，丰富旅游供给，进而提升文博馆的经济与社会效益。围绕非遗+旅游、非遗+直播、非遗+研学、非遗+民宿、非遗+演艺、非遗+文创、非遗+节庆等的新产品新形态不断涌现。其中科技发挥着重要作用，通过移动互联网、新媒体技术、网络互动、人工智能、虚拟现实等现代技术，展示立体化的非遗产品，开发丰富多彩的非遗产品及衍生品，打造沉浸式的非遗文化体验，既能促进非遗文化的传承，又能提升非遗的经济与社会效益。

4. 破解北京文博非遗传承保护与创新发展问题的需要

习近平总书记在党的十九大报告中明确提出，"中国特色社会主义文化，源自于中华民族五千多年文明历史所孕育的中华优秀传统文化"，要"坚持创造性转化、创新性发展，不断铸就中华文化新辉煌"。② 北京作为全国的文化中心，如何贯彻落实中央的文件精神，利用科技手段创造性转化、创新性发展非物质文化遗产，让非遗中的优秀基因、智慧元素得到不断延续，是当前北京面临的重要现实课题。

---

① 《案例 53　中国非物质文化遗产网·中国非物质文化遗产数字博物馆》，中国旅游新闻网，2020 年 12 月 18 日，http：//www.ctnews.com.cn/paper/content/202012/18/content_ 52986. html。

② 《习近平：决胜全面建成小康社会　夺取新时代中国特色社会主义伟大胜利——在中国共产党第十九次全国代表大会上的报告》，共产党员网，2017 年 10 月 18 日，https：//www.12371.cn/2017/10/27/ARTI1509103656574313.shtml。

近年来，北京在非物质文化遗产保护利用方面取得了长足进展，非遗文化视野不断拓展，非遗文化触角向社会各角落延伸，非遗文化传播方式不断丰富，非遗领域的科技不断创新。例如，北京市科委立项支持的京剧乐器仿生皮研发及推广工作，研发出可替代天然蛇皮的仿生皮京胡等乐器，不仅解决了传统京胡乐器制作工艺的弊端及蛇类等野生动物保护的问题，而且大大满足了广大京剧爱好者的需求，实现了文化和科技、绿色环保的有机结合。

随着时代和环境的变迁，许多非遗遭遇生产原料不足、工艺技术不足、传承形式单一及后继乏人等发展瓶颈。由于社会的进步，一些非物质文化赖以生存的生产方式等文化生态发生改变，使北京一些无形文化遗产面临消亡困境。人们娱乐方式日趋多样化，电视、电影、网络等各种渠道的娱乐节目对当代人的吸引力，已远远超过了民间戏曲、音乐、舞蹈等。通过口传身授等方式予以传承的京西太平鼓、五虎少林会等非物质文化遗产面临后继乏人的困境。另外，非遗领域的高新科技研发与运用不足、非遗项目管理部门沟通不畅、政府支持不足、知识产权保护不够等原因，致使当前对北京非物质文化遗产的创造性利用不够，非遗文化品牌建设遭遇尴尬局面。北京在非遗文化品牌建设上拥有许多先天优势，然而，除全聚德烤鸭、同仁堂医药等原有的老字号品牌之外，没有涌现出新的非遗文化强势品牌和拳头产品。解决这些问题，必须依靠科技创新和制度创新，提高非物质文化遗产保护与转化产品的信息化、科技化、现代化水平，进而提升非遗产品的市场竞争力。

（二）科技支撑北京文博非遗传承保护与创新发展的可行性

1. 符合文化和科技融合的时代趋势

科技支撑文博非遗传承保护与创新发展是顺应文化和科技融合发展的时代之趋。以移动互联网、5G、大数据、AR/VR/MR、人工智能（AI）技术等为代表的数字技术，与非遗文化加速融合，不断促进非遗的数字化转型，并催生出越来越多的新兴文化服务和文化消费业态。大数据、5G技术、3D影像技术等正在深刻改变非遗文化的生产、传播和消费方式，AR/VR/MR技术给文博非遗带来全新的文化体验，互联网技术、人工智能技术为文博非遗产生、资讯传播、市场管理等领域带来诸多机遇。这些新兴技术的发展与应用，使得文博非遗文化的生产、制造、传播、消费和服务方式发生深刻变革，也给非遗文化的产业形态、商业模式带来巨大变化，使文博非遗信息传播更加人格化、数据化、个性化、智能化、体验化。

一方面，北京的文博非遗传承保护与创新发展需要现代科技的支撑。一是文博非遗的价值发现、发掘领域需要相关新技术。为真实、完整、高效地记录非物质文化遗产珍贵的价值信息，需要利用三维激光扫描、摄影建模术等技术采集遗产空间的几何信息，利用新材料技术提取分析遗产材料成分；需要利用大数据、云计算、存储技术等信息技术获取海量数据等。二是文博非遗的保存、保护领域需要相关新技术。该领域中的新科技包括无损/微损的遗产残损病害检测技术，动态信息监测及安全性评价技术，遗产关键性保护修缮、修复、维护技术，三维数字化修复技术，等等。三是文博非遗文化的传播、利用需要相关高新技术。虚拟增强现实技术、数字技术、网络直播、微信、微博、云平台等对非物质文化遗产的传播与利用至关重要。

另一方面，现代高新技术的应用，为北京文博非遗的传承发展提供了新契机。数字化、网络化改变了非遗传承传统的口口相传模式，使得非遗传承拥有了更为广阔的空间。AR/VR技术的出现，打破了现实世界与虚拟空间的界限，使非遗能够通过数字化的方式生动地呈现在人们眼前，使人们能够从视觉、听觉、嗅觉、触觉等多维度的感官视角选择性地获取自己需要的信息，增强了人们的现场感、沉浸感、互动感，加深了人们对非遗的理解，也推动了非遗的创新发展。文博非遗的智慧发展基于移动互联网及网络终端技术的发展应用，充分利用物联网、云计算、5G等现代科学技术，实现对各类文化遗产信息的智能感知和利用。

因此，北京作为全国文化中心和国际科技创新中心，既拥有丰富厚重的文化资源又拥有大量优质的科技资源，推进文化和科技融合发展，利用云计算、物联网、5G、AR/VR/MR等高新技术，促进文博非遗的传承保护与创造性发展，就显得十分重要且必要。

2. 国家高度重视文博非遗的传承保护与创新发展

习近平总书记多次提出，"让收藏在博物馆里的文物、陈列在广阔大地上的遗产、书写在古籍里的文字都活起来"。2021 年习近平总书记进一步指出，"要推动中华优秀传统文化创造性转化、创新性发展，以时代精神激活中华优秀传统文化的生命力"①。文博非遗是中华优秀传统文化的重要组成部分，以科技支撑文博非遗的传承保护和创新发展，是北京传承和弘扬中华优秀传统文化的重要路径。

我国历来重视非遗的保护和传承，于 2004 年加入了《保护非物质文化遗产公约》，2005 年发布了《关于加强我国非物质文化遗产保护工作的意见》，并在 2011 年通过了《中华人民共和国非物质文化遗产法》。为进一步促进非遗的传承保护和创新发展，中共中央办公厅、国务院办公厅于 2021 年 8 月印发了《关于进一步加强非物质文化遗产保护工作的意见》。该意见提出，要加强国家重大战略中的非遗传承保护，建立区域保护协同机制，加强专题研究，举办品牌活动；要在雄安新区、北京城市副中心及国家文化公园建设中，加强非遗传承保护；要在实施乡村振兴战略和新型城镇化建设中，发挥非遗服务基层社会治理的作用，加大脱贫地区非遗保护的专业支持，切实做好巩固拓展脱贫攻坚成果同乡村振兴有效衔接；要坚持以铸牢中华民族共同体意识为主线，促进各民族非遗传承保护，树立和突出各民族共享的中华文化符号和中华民族形象；要坚持以文塑旅、以旅彰文，在有效保护的前提下，推动非遗与旅游融合发展、高质量发展；等等。② 这为北京促进文博非遗的传承保护和创新发展提供了指引。

为促进非遗资源的传承和发展，近年来我国出台了一系列的政策文件。2014 年 8 月，文化部发布的非遗传承保护的"新十一条"首次提出"鼓励

---

① 《习近平时间丨让文化遗产代代相传》，新华网，2021 年 4 月 10 日，http：//www. xinhuanet. com/video/2021-04/10/c_ 1211105496. htm。

② 《中共中央办公厅、国务院办公厅印发〈关于进一步加强非物质文化遗产保护工作的意见〉》，中国政府网，2021 年 8 月 12 日，http：//www. gov. cn/zhengce/2021-08/12/content_ 5630974. htm。

非遗衍生品的开发，拓展与丰富非遗的主题及表现形式"等系列指导性意见。① 2015 年 12 月 18 日，《国务院关于新形势下加快知识产权强国建设的若干意见》提出："加强对非物质文化遗产、民间文艺、传统知识的开发利用，推进文化创意、设计服务与相关产业融合发展。"2016 年 12 月，科技部、文化部、国家文物局联合印发的《国家"十三五"文化遗产保护与公共文化服务科技创新规划》明确提出，以整合科技资源、优化创新服务能力为战略支撑，以实施若干重点科技攻关为战略突破，整体提升文化遗产保护利用、公共文化服务的能力，推动我国从文化遗产保护与公共文化服务大国向强国的历史性转变。2017 年，国家发布了《关于实施中华优秀传统文化传承发展工程的意见》和《中国传统工艺振兴计划》两份重要的指导文件，更为传统工艺等非遗产品走入现代生活提供了纲领性的指导性意见。

3. 北京具有传承保护与利用文博非遗的扎实基础

北京作为国家首都和"四个中心"，具有文化和科技融合发展的突出优势，既拥有丰富多元的传统文化资源及现代文化资源，也拥有全国先进的科技创新资源，这些丰富的文化和科技资源，为科技支撑北京文博非遗的传承保护和创新发展提供了先决条件。北京是一座有着 3000 多年建城史、800 多年建都史的世界历史文化名城，有着丰富的物质和非物质文化遗产。这些文化遗产是北京的一张"金名片"。同时，北京拥有先进的科技创新资源，北京的高等院校、科研机构在质量和数量上均居全国之首，拥有全国最丰富的智力资源，在科技投入、产出和自主创新等方面都为全国其他城市做出表率。另外，北京还非常重视文化和科技融合发展，注重以现代科技支撑北京非遗文化的传承保护和创新发展，并出台了一系列相关政策文件。北京已经发布了《北京市非物质文化遗产条例》，建立了国家级、市级、区级三级非遗名录体系，发布了五批市级非遗代表性项目名单，同时在《北京市推进全国文化中心建设中长期规划（2019 年—2035 年）》《北京市"十四五"

---

① 于小薇：《文化部加强非物质文化遗产保护的十一项措施》，中国非物质文化遗产网，2014 年 8 月 27 日，https：//www.ihchina.cn/project_ details/16465。

时期国际科技创新中心建设规划》等政策文件中，明确了科技支撑文博非遗传承保护与利用的方向和路径。这些都为北京科技支撑文博非遗的传承保护和创新发展奠定了扎实基础。

二　科技支撑文博非遗传承保护
与创新发展的基础理论

（一）文博非遗传承保护与创新发展的相关概念及理论

1. 文博非遗的内涵与特点

随着文化与经济的融合发展，文博非遗已逐渐成为当今的热门词语。文博非遗是一个复合性的概念，包括文博和非遗两个概念。具体如下。

（1）文博的内涵与特点

关于什么是文博，现在没有统一的说法和界定，大都指文博馆或文博事业。南京博物院原院长徐湖平先生在《中国文博事业史引论》中对文博事业的阐述可以被归结为，文博事业的实践活动，"以收藏为主线，广涉考古、发掘、征集、研究、鉴赏、陈列、展览、社会教育、内部管理等等"[1]。从字面阐述来看，文博事业即文化博物馆事业。文化部等部门《关于推动文化文物单位文化创意产品开发的若干意见》提出，文化文物单位主要包括各级各类博物馆、美术馆、图书馆、文化馆、群众艺术馆、纪念馆、非物质文化遗产保护中心及其他文博单位等掌握各种形式文化资源的单位。从这个角度来看，文博馆包括博物馆、纪念馆、文化馆及文化保护管理机构等非营利性的文化服务机构。这些机构主要是用于征集、典藏、陈列和研究代表自然和人类文化遗产的实物，对馆藏物品进行分类管理和展览展示，并为公众提供知识和供公众进行欣赏的公共文化服务机构。文博事业主要指依托博物馆、纪念馆、文化馆及文化保护管理机构等文化服务设施而延伸出来的包

---

① 徐湖平：《中国文博事业史引论》，《东南文化》1995 年第 1 期。

含收藏、考古、展览展示、社会教育等活动在内的公共文化服务事业。

文博事业作为公共服务事业的一部分，广大人民群众是文博事业的主导者，也是最终受益者。因此，文博事业具有公益性、教育性、历史传承性、人本性等特点。公益性，文博事业是一项与人民群众密切相关的文化事业，文博事业的本质是切实保障人民群众的文化权益，不以经济回报为衡量标准。教育性，文博事业的各类载体往往蕴藏着丰富的文化、科技知识等要素，其以有形的方式被展示出来，对于丰富人民群众的知识信息、增强民族凝聚力有积极的引导作用。历史传承性，文博事业中的博物馆是最为重要的载体，能够传播并展示人类环境中的物质及非物质遗产，是记录人类发展历程的重要主体。人本性，只有坚持以人为本，才能利用文博事业来有效提升民族的凝聚力，从而最大限度地发挥文博事业对人民群众的导向作用。

（2）非遗的概念与内涵

"非物质文化遗产"（常被简称为"非遗"），是相对于"物质文化遗产"的一个概念。联合国教科文组织于 2003 年通过了《保护非物质文化遗产公约》，其对"非物质文化遗产"的定义为"被各社区群体，有时为个人视为其文化遗产组成部分的各种社会实践、观念表达、表现形式、知识、技能及相关的工具、实物、手工艺品和文化场所"[1]。

我国于 2004 年正式加入《保护非物质文化遗产公约》，并于 2011 年审议通过了《中华人民共和国非物质文化遗产法》，将非物质文化遗产明确界定为"各族人民世代相传并视为其文化遗产组成部分的各种传统文化表现形式，以及与传统文化表现形式相关的实物和场所"[2]。

目前世界各国对非遗还没有一个统一的划定标准，所以各国对非遗的界定及分类也不尽相同，但加入了联合国教育科文组织的《保护非物质文化遗产公约》的国家基本上都是以联合国的分类标准为基准。根据我国非遗名录的分类，非遗包括民间文学、民间音乐、民间舞蹈、传统戏剧、曲艺、

---

① 维基百科："非物质文化遗产"，https：//baike.baidu.com。
② 《中华人民共和国非物质文化遗产法》，中国人大网，2011 年 2 月 25 日，http：//www.npc.gov.cn/npc/c12488/201102/ec8c85a83d9e45a18bcea0ea7d81f0ce.shtml。

杂技与竞技、民间美术、传统手工技艺、传统医药和民俗10大门类。[①]

从基本特征来看，非遗主要具备非物质性、活态性、传承性、地域性四种特征。第一，非物质性，可谓非遗的最本质特征。非遗的存在形态具有抽象性，传承方式具有无形性，不像物质文化遗产那样是有形可感的物质、具有稳定性，这是其与物质文化遗产最大的区别。第二，活态性。相对物质文化遗产而言，非遗是一种活态流变的文化，无论是表现形式还是传承发展，均呈现与时俱进、变异创新等活态性特征。非遗是活态的，就如同流水般流动不止。若非遗所在的自然环境、社会条件出现变动，传承人往往会因势利导，积极发挥其能动性和创造性，不断纳入新的元素，与时俱进，创新求变，进而促进非遗的可持续发展。第三，传承性。非遗主要是通过语言交流、肢体动作、模仿学习等口传身授的方式来传播的，而不是通过具体的物质来传播。第四，地域性。非遗与区域民众的生活方式、生活习惯等息息相关，是当地民众在长期生产生活实践中所创造并历代相传而形成的智慧成果，具有明显的区域特色。如大运河非遗就是运河沿岸群众的智慧结晶，体现了运河特色。此外，非遗还具有多元性。非遗是在特定历史背景下产生的精神产物，生于民间、长于民间、存活于民间，不同时期、不同地域、不同民族的非遗具有不同的形态，丰富多彩，独特多样。

从非遗的保护方式来看，主要有立法性保护、抢救性保护、生产性保护、整体性保护四种。其中，立法性保护是基础和根本，抢救性保护是要务和职责，生产性保护是关键和手段，整体性保护是理念和行动。这四种方式相互配合，衔接贯通，构成非遗传承保护工作体系。具体如下。

一是立法性保护。与其他保护方式相比，立法保护是本源，可利用法律的强制性和广泛影响力来实施。从国际层面来看，联合国教科文组织通过的《保护非物质文化遗产公约》意义十分重大，加入该公约的国家都严格依照有关规定进行非遗申报，履行保护工作。日本、韩国等国家为做

---

① 《国家级非物质文化遗产代表性项目名录》，中国非物质文化遗产网，https：//www.ihchina.cn/project.html。

好非遗保护工作，也制定出台了有关法律。具体到我国，从国家层面来看，《中华人民共和国非物质遗产法》共有 6 章 45 条，从保护对象、调查、名录、传承传播、法律责任等方面，对非遗保护进行了明确详细的规定，使得我国非遗保护有法可依。从地方层面来看，我国有 20 多个省份针对非遗保护，出台了省级非遗保护条例，构建了我国多层次、全方位的法律体系。此外，我国许多省市也结合本地实际情况，纷纷制定出台了相关的非物质文化遗产保护条例及相关政策文件。比如，北京于 2019 年 1 月审议通过《北京市非物质文化遗产条例》，并于 2019 年 6 月开始实施。

二是抢救性保护。鉴于非遗保护既具有传承的活态性特点又具有易自生自灭的脆弱性等特点，"抢救第一"成为我国非遗保护的方针之一。[1] 为了贯彻这一方针，国家和地方省市都将实施抢救性保护写入相关法规或条例。从当前来看，学界对非遗抢救性保护措施的划分大致为两个方面：第一，要解决濒危非遗项目的传承问题，通过调查、搜集、整理和研究，确定非遗项目及传承人名录体系，采取资金支持、基地帮扶等多种有效的资助措施，使项目传承摆脱困境；第二，用数字技术抢救保护濒危非遗项目，利用 AR/VR 技术、3D 复原技术、AI 仿真技术、多媒体技术等多种数字化技术，对非遗项目的文本进行存档保护、展示及传承。[2]

三是生产性保护。生产性保护是非遗保护的关键。我国 2012 年印发的《关于加强非物质文化遗产生产性保护的指导意见》，对非遗的生产性保护进行了明确界定，并将其作为非遗的一种基本保护方式。生产性保护的实质内容就是协调好保护与利用的关系。随着人们生活水平的提高，人们更加注重提高生活环境的文化品质，使非遗的产业化拥有了前所未有的好景象。然而，非遗的生产性保护要避免过度的商业化与市场化，以免导致非遗的变质变味。因此，如何科学合理处理非遗传承保护和再利用之间的关系是生产性保护的重中之重。

---

① 李荣启：《论非物质文化遗产抢救性保护》，《中国文化研究》2015 年第 3 期。

② 叶鹏、周耀林：《中国非物质文化遗产项目代表性传承人名录的现状与发展》，《牡丹江大学学报》2013 年第 11 期。

四是整体性保护。整体性保护对于非遗来说，是一种保护方式，更是一项基本原则。在非遗保护过程中，需要遵循整体性原则，从整体上加以认识，并从整体上推进。第一，要从非遗项目本身的整体性出发，通盘考虑非遗项目中涉及的多项技艺、工序与流程等多个方面；第二，要考虑传承保护人主体的整体性，非遗不属于非遗传承人个体，而是国家和民族的共同财富，因此需要将非遗保护纳入国家及区域的整体规划，并将政府、公众、学者等作为非遗传承的主体，与非遗传承人一并纳入非遗项目的整体性保护；第三，要注重生态环境的整体性，非遗本身不是独立的存在形态，它需要依托一定的群体、建筑、空间、自然遗产等有形物质来呈现，因此在非遗保护过程中，除了保护非遗项目本身之外，还需要对其赖以生存的生态环境加以关注和保护。

（3）文博非遗的内涵与特点

文博非遗是随着文化与经济的融合发展而出现的一个新名词，大多出现在报道中。随着文化和经济的融合发展，依托文博馆的空间功能和非物质文化遗产的文化功能，促进文博非遗事业高质量发展已成为大势所趋。

关于什么是文博非遗，目前还没有统一的说法，也搜索不到权威性的相关学术文献。从现有的相关概念来看，文博馆是用于收藏、展示和管理包括非物质文化遗产在内的文化遗产的重要场所，收藏、展示、管理和利用好非物质文化遗产是文博事业的重要内容之一；非遗作为一种重要的文化遗产，需要一定的收藏和展示场所，保护、传承和利用好非物质文化遗产离不开文博馆的依托和文化事业的支撑。基于此，本报告认为，文博非遗指"文博+非遗"，将文博事业和非物质文化遗产两者有机结合，促进两个系统之间互动互促，既使文博事业得到有效发展，又使非物质文化遗产得到较好的保护、传承和利用。根据网络报道等，文博非遗资源包括存放在各类文博馆的物质文化遗产与非物质文化遗产，以及散落在民间社会的非物质文化遗产。本报告所指文博非遗资源，更侧重于储存于文博馆内及民间的非物质文化遗产。

文博非遗既是公共文化事业的重要组成部分，也是传承保护和利用好非物质文化遗产的重要内容，其在资源、生产方式、消费方式等不同层面都具有独特的特点。概括来讲，文博非遗具有资源丰富性、多元开发性、高附加值、价值多维性等特点。

一是资源丰富性。文博非遗的基础资源既包括博物馆、艺术馆等文博机构及这些机构收集的资源要素，又包括部分散落文博馆之外的非物质文化遗产，这些资源的传承保护与合理利用，是文博非遗发展的基础。

二是多元开发性。各类文博非遗资源往往可以被多元化地开发利用，基于具体的一项元素或工艺可以与不同的产业进行融合，故可以开发实用性、观赏性的文博产品，也可以与旅游产业相结合开发旅游线路，还可以将其融入影视剧作。

三是附加值较高。在文博文创产业兴起和消费升级的背景下，文博非遗将是潜力巨大的繁荣产业。它体现了人们在满足基本生活需求的基础上对美、精致、悦己等的精神追求，而这部分的价值是很难衡量的，非遗元素的加入，能够极大提高文博文创产业的附加值。

四是价值多维性。文博非遗蕴涵着丰富多重的价值，不仅包括体现非物质文化遗产本质的历史价值、文化价值、精神价值等核心价值，而且包括蕴含于非物质文化遗产自身要素中的艺术价值、科技价值、教育价值等内在价值，还包括对非物质文化遗产进行开发而形成的政治价值、经济价值、社会价值等外在价值。挖掘利用好文博非遗资源，充分彰显文博非遗，是值得不断研究和实践的课题。

2. 文博非遗传承保护与创新发展的关系

（1）文博非遗传承保护与创新发展的互动作用机理

文博非遗的传承保护与创新发展，是矛盾的统一体。矛盾双方既相互联系又相互制约，既互为依存又相互促进，共处于一个统一体中，具体如下。

一是传承保护是文博非遗创新发展的前提和基础。非遗作为人类特殊的人文精神创造，拥有自己的文化体系和价值链，而这种文化体系和价值链在后天的发展过程中容易变异和流失，因此，本真性保护是开展非遗工作的前提与基础，只有这一点做好了，其他的转化利用和产业化发展措施才可能是积极有效的。① 同时，非遗的传承保护在一定程度上可以被视作一种为非遗"造势"的演练，在经济社会快速发展的时代，很大一部分的非遗项目逐渐淡出人们的视野和生活，有的甚至濒临消失或失传，社会关注度甚微，只有通过传承保护才可以提高社会对非遗的关注度，进而推动文博非遗的创新发展。

二是创新发展是非遗传承保护的动力和延伸。由于非遗具有非物质性、活动性等特点，随着社会的变迁不断发生变化。因此，要对非遗进行"活态"的保护和传承，不能以文物的形态进行保存或修复，要使之广泛地融入现代社会文化和民众现实生活，进而为满足民众的现实文化精神需求提供服务。② 对非遗项目进行创新发展的过程，既提升了非遗的技术含量，也提高了非遗的经济社会价值和知名度，从而能够更好地让传统的非遗文化资源转化成为现实的文化生产力。

因此，在文博非遗传承保护与创新发展过程中，一方面，要树立传承保护意识，重在维护非遗的本真性和完整度，在此基础上适当地创新发展，促进可经营性的非遗项目的开发，增强其活力和生机，进而实现可持续传承和发展；另一方面要进行创新发展，借助现代先进科技手段，寻找转换机制和转换形式，为非遗注入新的文化血液，提升非遗的文化生产力，进而提升非遗的社会效益和经济效益。③

（2）文博非遗传承保护与创新发展应遵循的原则

我国非遗保护的指导方针是"保护为主、抢救第一、合理利用、传承发展"。这就要求在开展文博非遗相关工作中，必须遵循保护与利用并重、社会经济"双效统一"、资源整合利用、技术和文化相协调、可持续发展等原则，进而实现文博非遗的保护、传承与发展。

---

① 王志平：《江西非物质文化遗产保护利用与产业发展研究》，博士学位论文，南昌大学，2013。

② 王志平：《江西非物质文化遗产保护利用与产业发展研究》，博士学位论文，南昌大学，2013。

③ 王志平：《江西非物质文化遗产保护利用与产业发展研究》，博士学位论文，南昌大学，2013。

一是保护与利用并重原则。这是保护与利用文博非遗的首要原则。保护是利用的基础，利用是更高层次的保护，二者相辅相成。积极有效的保护有助于正确认识和提高文博非遗的利用价值和知名度，进而促进合理利用；合理适当的利用能为保护提供资金和培养传承专业人才，进而推动传承保护。对文博非遗进行保护的目的是更好地实现其社会价值和经济价值，只谈保护，不谈传承利用是固守陈旧；同时，任何以非遗产业开发为借口却损害非遗本真性和完整性特质的行为都是必须摒弃的。[①]

二是社会经济"双效统一"原则。习近平总书记在党的十九大报告中指出，推动文化事业和文化产业发展，"要深化文化体制改革，完善文化管理体制，加快构建把社会效益放在首位、社会效益和经济效益相统一的体制机制"[②]。对于文博非遗而言，"双效统一"既是保证文博非遗健康、有序发展的基石，也是激发文博非遗市场活力、繁荣文博非遗生态的前提。

三是资源整合利用原则。所谓资源整合原则就是资源利用原则。文博非遗传承保护与创新发展是一个集文博非遗资源的收集、选取与价值于一体的系统工程。利用好文博非遗资源，不仅需要对各类非遗项目进行广泛的调查和收集，而且需要根据市场需求对收集到的各类非遗资源进行有机整合、优化选择，更需要根据地方特色与时代特点对文博非遗进行深度挖掘、改造调整、开发利用，提升其核心竞争力，进而将文博非遗打造成地方特色文化品牌。

四是技术和文化相协调原则。对文博非遗进行创新发展，需要对 AR/VR、人工智能、新媒体等现代技术进行集成创新，找到现代技术和传统文化相结合的点，根据非遗的特点并结合非遗文化的原真性对其进行合理保护，全面系统地了解非遗项目的相关事项，了解非遗项目传承人的技艺，关

---

① 王志平：《江西非物质文化遗产保护利用与产业发展研究》，博士学位论文，南昌大学，2013。
② 《习近平：决胜全面建成小康社会　夺取新时代中国特色社会主义伟大胜利——在中国共产党第十九次全国代表大会上的报告》，共产党员网，2017 年 10 月 27 日，https：//www.12371.cn/2017/10/27/ARTI15091036565743313.shtml。

注非遗的产生历史、民俗习惯和地域文化等要素，进而促使 AR/VR、人工智能等现代技术与非遗文化完美结合。

五是可持续发展原则。这是文博非遗传承保护与创新发展的核心原则。对于文博非遗而言，可持续发展的内在含义就是对相关文化资源进行可持续利用，在传承保护与开发利用过程中使得文博非遗能够快速发展，为文博单位及非遗相关产业提供源源不断的动力。文博非遗的可持续发展是其自身寻求进步和外部产业力量共同作用的结果，需要正确处理文博非遗传承保护和开发利用之间的矛盾，这就要求在其传承保护与创新发展的过程中，要坚持可持续发展理念并将其贯彻在实际运作过程中。①

（二）科技对文博非遗传承保护与创新发展的支撑作用

当今文博非遗的保护、传播与现代科技密不可分。随着移动互联网、新媒体、虚拟现实、增强现实等高新技术的不断发展，非遗项目的保护与传播方式发生了很大变化，为当今非遗文化的传承与弘扬提供了更多的途径和更广阔的空间。充分利用现代科技的平台与优势，将现代科技与文博非遗相融合，创新非遗文化传承保护与传播的应用方式，能够使人们对文博非遗产生深刻的文化认同，有效促进文博非遗的弘扬与传播，进而推动文博非遗创造性转化和创新性发展。

1. 现代科技为文博非遗的记录与存储提供技术保障

一是现代科技能够为濒临消失的非遗记录提供技术保障。非物质文化遗产重在活态传承，与"人"关系紧密。随着传承人的生老病死、非遗技艺所需原材料的匮乏，非遗也处在不断流变中。一些非遗面临接班人难寻、城市化进程导致非遗所需民俗生态发生变化等问题，部分非遗正逐渐走向消亡。许多国家级代表性非遗传承人在 70 岁高龄以上，个别非遗项目出现了"人在艺在，人亡艺绝"的窘境。数字技术、新媒体等技术手段，对传承人

---

① 王志平：《江西非物质文化遗产保护利用与产业发展研究》，博士学位论文，南昌大学，2013。

技艺与记忆开展抢救性记录与保存，对活态传承困难、濒临消失的非遗项目实行抢救性保护具有重要作用。以抢救方式记录他们的技艺，记录方式中既包括传承人综述等文字内容，也包括翔实的录音、影像资料。通过影视、VR 等技术，能够把技艺、使用场景及文字记录之外的非遗活态内容记录和存续下来，可以达到非遗保护和保真的要求，进而使非遗能够被更长久地保存下去。

二是数字科技为文博非遗的采集与存储提供新的技术手段。在数字技术兴起之前，博物馆主要通过文字、录音、摄像及物品收藏等形式对非遗项目进行保护，这些手段曾发挥巨大作用。① 然而，这些保护手段都存在不同的缺陷，如书籍容易生霉、摄像角度存在限制、录像带因为老化进而发生色彩蜕变等问题，这些都会使非遗记录受损，也会导致一定的信息失真。② 当前的数字技术能够较好地避免这些缺陷，能够为文博非遗的保护提供全新的采集记录手段和存储方式，尤其对于侧重通过图片、音像存储和传播的非遗而言，数字化采集具有明显的适应性和技术优势。比如，建立文博非遗数据库，对非遗项目的档案资料进行数字化处理，如将前期手稿、照片、影像等编辑为数字材料并将其保存在计算机硬盘等介质中，之后再通过三维建模等先进技术对这些数据信息进行立体化处理，能够实现对非遗资源的有效保护。同时，利用多媒体网络技术等，能够对文博非遗信息进行有序编辑，以方便人们进行检索和查询。

2. 现代科技提升文博非遗的运维和展示水平

一是现代科技能够打破时间、空间的限制，提升文博非遗的运维水平。利用移动互联网、信息存储技术、大数据、云计算等数字技术对文博非遗进行数字化留存，相对于传统的纸媒、录像带等，其不仅可以实现一次性处理、重复利用，而且存储和运维方便，不受时间、空间、实物维护等要素的

---

① 王琳：《传统技艺与现代技术的交融在天津非遗文化保护中的传承研究》，硕士学位论文，天津理工大学，2013。
② 叶鹏：《基于文化与科技融合的我国非物质文化遗产保护机制及实现研究》，博士学位论文，武汉大学，2014。

限制，既节约了制作成本，也极大降低了存储成本。目前我国建立了很多数字博物馆，比如中国非物质文化遗产数字博物馆。数字博物馆有别于普通的博物馆，是一种适合大众传播的数字化展示平台，其除了对各种实物藏品进行静态展示之外，还对许多非遗项目的原材料构成、艺术制作过程、传承传播方式的整个链条环节进行数字化转换，将其转换成数据并存入网络。这样就可以打破时间、场所的限制，更好地服务于广大公众。

二是现代科技能够提升文博非遗的展示水平，较好地满足公众的多样化需求。非遗展品的展出维护需要一定的场地，即使场地能够充分展示藏品，也会受时间、空间的限制，存在空间利用率低、展览时间短、维护时间久等问题。采用数字技术对其进行数字化展示，能够较好地规避以上局限，很好地发挥数字产品多角度、多维度、交互性的展示特点，还可以让顾客参与产品的展示互动。比如，文博馆借助3D复原文物、3D复原场景、3D文物交互等多种手段，实现对文物的数字化多维度开发，为参观者打造线下线上相结合的综合性观展体验，使得人与展览之间的关系不再是单向的输入，而是在感受叠加的复合体验下形成的一种往返互通的双向交流模式。

3. 现代科技助力文博非遗文化的传播与传承

一是数字化媒介赋能文博非遗隔空传播。正是移动互联网等技术的发展，才使得文博非遗能够打破时空的限制，为更多的受众所了解和感知，从而节约了受众的时间成本和学习成本。突如其来的新冠肺炎疫情使得许多民众无法到现场参观，参观活动只能由线下转为线上进行，催生了"云旅游""云展览""云参观"等新模式。比如，故宫博物院于2020年开启了故宫的首次线上直播，带领大家"云旅游"和"漫步"故宫，在给这座古老的宫殿注入了全新活力的同时，为用户带来直观、真实、震撼的线上游览体验，让用户足不出户也能逛到过瘾，让人们能够随时随地"走进"故宫，感受故宫文化遗产的魅力。

二是数字技术助推文博非遗的传承。随着数字技术的发展，"云学习""云平台""抖音直播""直播+非遗"等成为非遗传承的重要手段。例如，2020年推出的抖音"云端旅游局"，就是抖音直播在文化内容营销和场景营销方面的又一次创新尝试。文博非遗也可以借鉴"云学习""直播"等形式，让博物馆及大山里的非遗项目走入现代人的生活，也让传承人通过直播等市场销售形式来检验自己的作品，不断提升技艺水平，还可通过 App、H5、微信公众号、小程序等让不同年龄段的人群进行学习、传播，进而促进非遗传承和发展。

4. 现代科技助推文博非遗文创产品的发展

一是现代科技催生出丰富多彩的文博文创产业新业态。随着现代科技与文博非遗的融合发展，"互联+"等文博文创产业新业态层出不穷。互联网把"非标、高价、低频"的文博产品推进到"量产、低价、高频"的发展阶段，打造出线上与线下相结合的多元文博消费市场。当前，不仅故宫文创、故宫淘宝店拥有线上平台，2018 年 7 月 1 日，世界上第一个国家公立博物馆大英博物馆在天猫开设旗舰店，短时间内多种产品售罄，掀起一股追捧热潮。文博电商已经成为文化消费的一种新形式，也促成了新的文化服务业态的出现。

二是现代科技助推文博非遗品牌打造。随着文化和科技、文化和旅游的融合发展，非遗 IP 的品牌打造日益凸显。故宫博物院在打造文化 IP、开发文创产业方面堪称典范，打造了如故宫猫、故宫宫门、日历等独具特色的文创产品；通过虚拟现实技术，建造了端门数字博物馆，给观众提供沉浸式体验。同时，故宫还大力利用新媒体渠道，与中央电视台等机构合作推出了《我在故宫修文物》《国家宝藏》等一批纪录片，与腾讯公司等企业合作打造《千里江山图》网红歌曲等，促进了故宫文创产品的推广、营销与传播。在当前"以文促旅，以旅兴文"的指导思想下，非物质文化遗产无疑是一大富矿，借助现代科技手段，有利于促进非遗资源的挖掘利用和文化 IP 的品牌打造，助推非遗文化创意产业发展壮大。

5. 现代科技培育丰富文博非遗的消费业态

一是现代科技催生沉浸式体验等新业态。文博非遗的传统传播和消费形式一般是书籍、画册、"非遗"展览或传承人"口传心授"，传播和消费方式相对单一。网络数字化技术为受众提供了接近于实境感知的沉浸式视听体验。

比如"韩熙载夜宴图"App，让收藏在故宫里的文物"活起来"，故宫博物院所藏的绘画作品中，五代十国时期顾闳中的《韩熙载夜宴图》堪称经典，但由于珍贵书画藏品保存和展出的特殊要求，这一珍品能够呈现在观众面前的机会十分有限。[①] 数字技术正好弥补了这一缺憾，通过设计包括总览层、鉴赏层和体验层在内的立体赏析模式的 App，使这幅"数字画卷"可远观、可近赏，向观众全方位解读画作中的每个细节。[②] 观众能够通过指尖拖动画卷进行浏览，画中的烛光、人物、用品名称、典故一一呈现，若指尖所触为画中带链接的人物或器具，稍做停留则可见画面呈现文本释义，部分人物还会呈现鼓掌、敲鼓等动态，个别场景中的"真人"入画则是艺人用"非遗"南音演绎的画中乐舞，进而给观众带来了画到现实中的沉浸式体验。

二是现代科技丰富文博非遗的消费业态。随着科技与经济的发展，文博非遗的新型消费业态层出不穷，电子读物、"云学习""云平台""非遗+直播""非遗+旅游"等消费业态不断丰富和发展。比如电子读物，相较于以前的纸质图书，电子读物能够通过融入新媒体技术，以丰富的图像、视音频、动画、文字、画外音解说等表现形式，全面介绍非遗项目的起源、技艺、风俗等特点，以及传承人作品及制作过程等内容，使顾客能够更直观地多角度观看其作品。这种图文并茂且配有声音的非遗电子图书，除了可以满足用户系统学习相关理论知识的需求之外，用户还可以根据自己的需求进行多次查阅，利用自己碎片化的时间来学习。此外，文博非遗还可以根据产品受众的浏览习惯，将非遗资源转化成交互式的数字产品，开发移动终端App、"云展览"等新型消费业态，提升受众率，增强参与感。

三 科技支撑北京文博非遗资源传承保护与创新发展的现状与问题

文博非遗作为我国传统文化的优秀代表，是增强中华民族文化自信、实

---

① 谭坤：《指阅读下的"非遗"数字传播》，中国纺织出版社有限公司，2021。
② 谭坤：《指阅读下的"非遗"数字传播》，中国纺织出版社有限公司，2021。

现中华民族伟大复兴的重要资本和资源。在文化与科技日益融合的时代，如何利用现代科技，让古老的非物质文化遗产"时尚"起来，用现代人更容易接受的方式传承非物质文化遗产，是当前我国和北京需要着力解决的问题。

（一）科技支撑北京文博非遗传承保护与创新发展的政策环境

党的十八大以来，习近平总书记多次指出，要传承和发展中华优秀传统文化，推动其创造性转化、创新性发展。文博非遗作为我国传统文化的重要组成部分，促进文博非遗传承保护与创新发展成为弘扬我国传统文化、增强文化自信的重要抓手。近年来，国家和北京市出台了一系列的政策文件，为科技支撑北京文博非遗传承保护与创新发展提供了有力保障。

1. 国家近年来出台的相关政策文件

近年来，我国就文博非遗的传承保护与创新发展出台了一系列相关文件。2015 年 12 月，《国务院关于新形势下加快知识产权强国建设的若干意见》提出："加强对非物质文化遗产、民间文艺、传统知识的开发利用，推进文化创意、设计服务与相关产业融合发展。"此后，陆续发布了《国务院关于进一步加强文物工作的指导意见》《关于推动文化文物单位文化创意产品开发的若干意见》《关于进一步推动文化文物单位文化创意产品开发的若干措施》等文件。《关于进一步推动文化文物单位文化创意产品开发的若干措施》明确提出，要"加强市场主体培育扶持""搭建展示推广和交易平台""提升文化创意产品开发科技应用水平""推动旅游商品提质升级"，进而增强文化创意产品开发主体活力。① 这对于北京文博事业单位基于非遗资源推进产业化发展有重要的指导意义。同时，国家还出台了其他相关政策。

2019 年 12 月，国家发展改革委、文化和旅游部、教育部、民政部、商务部、国家卫生健康委、体育总局七部门联合发布《关于促进"互联网+社会服务"发展的意见》，明确提出"鼓励发展互联网医院、数字图书馆、数

---

① 《关于印发〈关于进一步推动文化文物单位文化创意产品开发的若干措施〉的通知》，中国政府网，2021 年 8 月 17 日，http://www.gov.cn/zhengce/zhengceku/2021－08/31/content_5634552.htm。

字文化馆、虚拟博物馆、虚拟体育场馆、慕课（MOOC，大规模在线开放课程）等，推动社会服务领域优质资源放大利用、共享复用"，进一步推动"互联网+中华文明"，促进社会服务数字化、网络化、智能化、多元化、协同化，更好惠及人民群众，助力新动能增长。[①] 这一系列的政策内容，有利于推动文化馆、博物馆等文博机构优质资源的开放利用。

2021 年 5 月，文化和旅游部印发了《"十四五"非物质文化遗产保护规划》，将"加强非遗档案和数据库建设"作为"十四五"时期非遗保护的一项重要任务，提出"加大对非遗有关文字、图片、音频、视频以及实物资料的搜集、整理和数字化处理，充分运用非遗调查记录成果，完善非遗档案和数据库体系。加强资源整合共享，推动构建准确权威、开放共享的公共数字平台，推进非遗档案和数据资源的社会利用"[②]。

2021 年 8 月，中共中央办公厅、国务院办公厅印发了《关于进一步加强非物质文化遗产保护工作的意见》，明确提出"开展全国非物质文化遗产资源调查，完善档案制度，加强档案数字化建设，妥善保存相关实物、资料"，"加强对全国非物质文化遗产资源的整合共享，进一步促进非物质文化遗产数据依法向社会开放，进一步加强档案和记录成果的社会利用"[③]。这对于促进文博非遗的传承保护与创新发展具有重要的指导作用。

2. 北京市近年来出台的相关政策文件

为贯彻落实中央文件精神，更好地利用文博单位的资源，北京市文化局等八部门 2018 年印发了《关于推动北京市文化文物单位文化创意产品开发试点工作的实施意见》，从"稳步推进试点工作""提高文化创意产品开发

---

① 《七部门印发〈关于促进"互联网+社会服务"发展的意见〉》，中国政府网，2019 年 12 月 12 日，http：//www. gov. cn/xinwen/2019-12/12/content_ 5460638. htm。

② 《文化和旅游部关于印发〈"十四五"非物质文化遗产保护规划〉的通知》，中国政府网，2021 年 5 月 25 日，http：//www. gov. cn/zhengce/zhengceku/2021－06/09/content_ 5616 511. htm。

③ 《中共中央办公厅　国务院办公厅印发〈关于进一步加强非物质文化遗产保护工作的意见〉》，中国政府网，2021 年 8 月 12 日，http：//www. gov. cn/gongbao/content/2021/content_ 5633447. htm。

水平""拓展完善文化创意产品营销体系""积极稳妥推进体制机制创新""利用现有政策和资金强化保障"五个方面做了部署安排，提出"深入发掘激活我市文化文物单位馆藏文化资源，加强文物保护利用和文化遗产传承保护，健全现代文化产业体系和市场体系，促进文化创意产业发展"，"支持试点单位与互联网电商平台进行合作，综合运用线上、线下多层次商务平台和营销渠道，积极创新'互联网+文化'的营销推广理念和推广方式"①，并在附件中公布了北京市文化文物单位文化创意产品开发试点单位名单，首都博物馆、中国科学技术馆、北京自然博物馆等25家文博单位在此名单之列。此外，中共北京市委、北京市人民政府于2018年出台的《关于推进文化创意产业创新发展的意见》中提出，"大力推动文化文物单位文化创意产品开发，建立创意产品研发、投融资服务和营销推广平台。通过品牌授权、数字化应用等手段，促进文博非遗资源与创意设计、旅游、影视等产业深度融合。加大对特色工艺品和老字号产品扶持力度，促进优秀传统文化的传承保护利用。推动市属文化文物单位在薪酬激励、人才流动、经营方式等方面进行体制机制改革试点"②。

为促进北京的非物质文化遗产的传承保护与利用，北京于2019年发布了《北京市非物质文化遗产条例》（以下简称《条例》）。《条例》明确提出"市、区文化和旅游主管部门应当综合运用图片、文字、录音、录像、数字化多媒体等形式，建立规范化的非物质文化遗产档案及相关数据库。市、区文化和旅游主管部门应当将档案及相关数据信息通过互联网平台等向社会公开，供公众查阅，依法应当保密的除外"，"市文化和旅游、科技、经济信息化、新闻出版、广播电视等有关部门应当支持新技术、新媒体在非

---

① 《北京市文化局等8部门关于印发〈关于推动北京市文化文物单位文化创意产品开发试点工作的实施意见〉的通知》，北京市文化和旅游局网站，2018年6月5日，http：//whlyj. beijing. gov. cn/zwgk/zcfg/2021qtwj/202112/t20211210_ 2558097. html。

② 《中共北京市委 北京市人民政府印发〈关于推进文化创意产业创新发展的意见〉的通知》，北京市人民政府网站，2018年7月5日，http：//www. beijing. gov. cn/zhengce/zhengcefagui/201905/t20190522_ 61321. html。

物质文化遗产传播中的开发、应用"①。同时，《条例》提出，"市文化和旅游主管部门应当会同科技、经济信息化等部门，组织开展与非物质文化遗产相关的科技研究"②。为落实《条例》，北京印发了《北京市非物质文化遗产传承发展工程实施方案》，明确提出"创新非遗传承保护理念，引入现代创意设计，加快推进'互联网+非遗'行动，赋予非遗资源时代价值，构建非遗传承保护的'北京样本'"，"推动非遗活态传承，完善非遗传承保护体系，深入挖掘非遗蕴含的有益价值，提升非遗传承保护水平，擦亮北京文化金名片，传承北京历史文脉，推动非遗保护利用更好地服务于经济社会发展"③，明确要开展"非遗+金融""非遗+互联网"等合作，利用市场化手段和现代科技推动非遗保护。这为科技支撑文博非遗的传承保护与创新发展提供了有力的政策保障。

非物质文化遗产是中华优秀传统文化的重要组成部分，保护好、传承好和利用好非遗资源是北京建设全国文化中心和助推文化强国建设的重要内容之一。2020年发布的《北京市推进全国文化中心建设中长期规划（2019年—2035年）》，明确将"构建非遗传承保护北京样本"列为第58条，并将"开展首都非物质文化遗产等数字化工作、构建相关数字资源库"列入第74条"加快公共文化服务数字化建设"。④

2020年7月，北京市文物局印发《关于北京地区博物馆开展社教工作的指导意见》，⑤ 明确了博物馆社会教育工作的总体要求，提出延展教育传

---

① 《北京市非物质文化遗产条例》，北京市人民政府网站，2019年2月13日，http：//www. beijing. gov. cn/zhengce/zhengcefagui/201905/t20190522_ 61850. html。

② 《北京市非物质文化遗产条例》，北京市人民政府网站，2019年2月13日，http：//www. beijing. gov. cn/zhengce/zhengcefagui/201905/t20190522_ 61850. html。

③ 《中共北京市委宣传部 北京市文化和旅游局 北京市财政局关于印发〈北京市非物质文化遗产传承发展工程实施方案〉的通知》，北京市文化和旅游局网站，2020年7月27日，http：//whlyj. beijing. gov. cn/zwgk/tzgg/202007/t20200727_ 1961994. html。

④ 《北京市推进全国文化中心建设中长期规划（2019年—2035年）》，北京市人民政府网站，2020年4月9日，http：//www. gov. cn/xinwen/2020-04/09/content_ 5500586. htm。

⑤ 《关于北京地区博物馆开展社教工作的指导意见》，北京市文物局网站，2020年7月21日，http：//wwj. beijing. gov. cn/bjww/362679/362686/10832265/index. html。

播范围，注重提升博物馆文化传播能力，拓展传播范围，开辟传播途径，充分利用网络作为博物馆社会教育工作的阵地，开展博物馆云教育、微课堂。同时，提出博物馆应注重提升博物馆文化传播能力，拓展传播范围，开辟传播途径，充分利用网络作为博物馆社会教育工作的阵地，开展博物馆云教育、微课堂；推广"无边界博物馆""流动博物馆"，增加博物馆进校园进课堂频次，支持博物馆与各类媒体联合直播节目。

此外，北京市还出台其他多项政策措施，从不同侧面为科技支撑文博非遗的传承保护与创新发展打造了较好的环境。例如，《北京市人民政府关于培育扩大服务消费优化升级商品消费的实施意见》从消费市场端推动文博非遗的开发利用；《关于促进首都文化金融发展的意见》为文博单位对文博非遗的创新发展提供了可借助的金融工具；《北京市高级人民法院关于加强知识产权审判促进创新发展的若干意见》则对文博单位在其创新发展、文创产品开发、销售中可能遇到的知识产权纠纷进一步规范了维权手段。

总体来看，近年来，科技支撑文博非遗的相关政策不断出台，对加速科技与文博非遗的融合发展、加深挖掘文博非遗文化资源、促进文博单位非遗的传承保护与创新发展起到了重大的推动作用。

（二）科技支撑北京文博非遗传承保护与创新发展取得新成效

科技与文博非遗融合关乎北京文博非遗文化传承保护与创新发展。近年来，北京地区的文博非遗借助现代科技手段在传承保护与创新方面取得了许多成果，成绩很不错，这为今后北京开展文博非遗的传承保护工作创造了有利条件，奠定了扎实基础。

1. 科技创新助推文博非遗资源传承保护

北京的非遗文化资源丰富、厚重。北京作为我国"六朝古都"，具有非常丰富的历史文化资源，大运河文化带、长城文化带和西山永定河文化带"三个文化带"承载着北京宝贵的历史文化遗产。截至 2020 年底，北京地区共有博物馆 197 个，其中免费开放 90 个；公共图书馆 24 个，总藏书量为

7208 万册；档案馆 18 个，馆藏案卷为 977.3 万卷件；群众艺术馆、文化馆 20 个。① 北京市已建立了国家级、市级、区级三级非物质文化遗产名录体系。截至 2021 年底，北京拥有国家级代表性项目名录 120 项，其中民间文学 8 项，传统音乐 4 项，传统舞蹈 9 项，传统戏剧 5 项，曲艺 7 项，传统体育、游艺与杂技 12 项，传统美术 18 项，传统技艺 41 项，传统医药 9 项，民俗 7 项；发布了五批市级非遗代表性项目名录，时间分别是 2006 年 11 月 19 日（共计 48 项）、2007 年 6 月 20 日（共计 105 项）、2009 年 10 月 12 日（共计 59 项）、2014 年 12 月 29 日（共计 49 项）、2020 年 11 月 20 日（共计 53 项），② 至此北京共拥有市级非遗代表性名录 314 项。

北京的非遗资源能够得到较好的保护与传承，现代科技手段不可或缺。例如，京剧在被列入世界非遗文化名录之后，能够得到较好的保护与传承，与京剧乐器仿生皮的技术研发及推广密切相关。正是仿生皮京剧乐器的研制成功，不仅替代了以前用天然蟒、蛇皮制作的京胡乐器，而且还丰富了仿生皮乐器的品种，有效解决了传统京剧乐器制作材料的弊端，③ 使得京剧能够得到有效保护和发展。

2. 文博非遗资源的数字化建设加快

数字化是提升非遗传承保护与利用水平的重要基础手段之一。例如，由国家文化和旅游部主管、中国艺术研究院主办的中国非遗网站·中国非遗数字博物馆，就是利用互联网、虚拟现实、人工智能、大数据等数字技术，将非遗的文字、图片、录音、录像等文化资源转化为数字文化形态，通过现代数字技术介入非遗传承保护及创新应用，促进我国非遗项目的存储、再现、复原、展示和传播。从中国非遗网站的构架来看，包括"首页""机构""政

---

① 北京市统计局 国家统计局北京调查总队：《北京市 2020 年国民经济和社会发展统计公报》，北京市统计局网站，2021 年 3 月 12 日，http：//tjj. beijing. gov. cn/tjsj_ 31433/tjgb_ 31445/ndgb_ 31446/202103/t20210311_ 2304398. html。

② 《北京市人民政府关于公布北京市第五批市级非物质文化遗产代表性项目名录的通知》，北京市人民政府网站，2021 年 9 月 29 日，http：//www. beijing. gov. cn/zhengce/zfwj/zfwj2016/szfwj/202109/t20210929_ 2505614. html。

③ 伊彤、江光华：《北京非遗保护与传承呼唤科技创新》，《北京人大》2019 年第 12 期。

策""资讯""清单""资源""学术""百科"等 8 个栏目。这 8 个栏目下面又分别设置了若干子栏目。以首页栏目为例，设置了国家级非物质文化遗产代表性项目名录，列出了民间文学等 10 个类别并分别进行介绍，按所属地区、批次、类型、项目关键词设置了数据查询功能；设置了新闻动态、论坛、专题报道等若干个子专栏；绘制了非物质文化遗产地图，使公众在查询国家级代表性项目和国家级代表性传承人相关数据时醒目且较易查询；同时还设置了友情链接和地方非物质文化遗产网的接口，便于公众浏览相关信息。

再如，数字故宫就是一个成功的典范。2016 年，北京故宫博物院端门数字馆开始试运行，是世界范围内首次将一座整体的古典建筑完全以数字化手段进行展示的尝试。端门数字馆通过设立"数字沙盘""数字文物互动""虚拟现实剧场"等专区，让游客在数字世界中与故宫博物院互动联系。馆内的数字书法体验台可以使游客临摹《兰亭集序》，通过 3 块数字屏幕，游客可以用一支有压力感的笔来模仿毛笔写字，将自己写的字与古人的原作进行比较。游客还可以在虚拟博物馆中，亲身体验故宫博物院尚未开放的养心殿、三希堂等。此后，故宫不断创新文化创意产业的产品和服务模式，上线了多个 App，如"皇帝的一天""每日故宫""故宫社区""故宫陶瓷馆""清代皇帝服饰""紫禁城祥瑞 PRO"等数字化产品，为受众提供兼具文化意味与娱乐功用的文化产品，全面提升了观众的体验。

3. AR/VR/AI 等技术打造文博非遗新体验

沉浸式体验业态不断涌现。文博非遗与 AR、VR、AI 等技术的结合，创造出新的虚拟体验旅游方式。利用 AR、VR 技术，可以实现一般游客无法到达的考古场景复原，如首都博物馆所开发的妇好墓穴虚拟挖掘现场；被破坏已无法修复的建筑景观复原，如利用 VR 技术实现的圆明园景观；以及利用数字技术做进一步的创作，如故宫博物院的故宫 VR 电影《紫禁城：天子的宫殿》；等等。文博与 AR、VR 技术的结合丰富了文物单位的展览展示内容，提升了对旅客的吸引力，同时更是文化与科技融合的成功典范。北京风雷京剧团国粹京剧体验基地等首批 16 家文化旅游体验基地打造沉浸式体验空间，进一步丰富游客旅游体验。国内首个京味场景沉浸式体验空间

"和平菓局"再现了 20 世纪七八十年代老北京的胡同生活；北京首家沉浸式戏剧酒吧"拽马戏剧酒吧"将戏剧表演与娱乐休闲结合。景区景点、主题公园、文化街区、展览展会也纷纷应用虚拟现实技术、超高清技术等开展沉浸式体验项目与服务。如北京歌华文化发展集团与玉渊潭公园联合举办了北京国际光影艺术季"万物共生"户外光影艺术沉浸式体验展。

为进一步开发和利用馆藏资源，博物馆等文化文物单位还积极探索"互联网+展陈"新模式。如故宫博物院发布了《"云游"故宫指南》，让观众在家也能逛故宫、看展览、赏文物、学历史；中国国家博物馆推出"国博邀您云看展""国博珍藏云欣赏"等线上专栏。文化会展行业积极实施数字化转型，线上文化会展相继举办，如"云上文博会"北京展区突出 VR 展览特色，精选 30 家文化企业和机构进入 VR 展厅，打造"交互式、沉浸式、场景化"的全新参展体验。演艺机构加强与互联网平台合作，如北京京剧院推出传统大戏赏析栏目，将《龙凤呈祥》《四郎探母》等 12 台传统经典剧目推送到"云剧场"，进而获得较好的成效。

4. 现代科技促进文博非遗的文创产业发展

促进文博非遗资源的产业化，实现文博非遗持久传承和保护，不仅需要依靠公共福利和政策性的支持及输血，而且还需要建立可持续的自我造血机制。经过多年来政府对文博非遗传承保护及产业化的支持，加之科技创新的赋能及文旅市场的带动，北京的文博非遗在文创产品开发、文旅产业发展等方面取得明显成效，形成了一些比较成功的发展模式和生态链条。故宫博物院可谓是国内文博资源产业化最为成功的一个范例。虽然这在很大程度上得益于故宫博物院极其丰富的藏品和其在国内外的声誉，但是这离不开故宫博物院在文创方面的创新与努力及科技的支撑。比如，故宫通过引入互联网技术、虚拟现实技术、人工智能等数字技术，开发了端门数字博物馆，为游客打造了沉浸式的立体虚拟环境；利用新媒体技术等先进技术，推出了《我在故宫修文物》《上新了故宫》《千里江山图》等文创产品，拉近了故宫与观众的距离，助力故宫塑造超级 IP 品牌。

再如首都博物馆，从 2019 年开始，依托馆内展陈展览和专业人才资源，首都博物馆开展读城探秘、民俗解析、文物鉴赏、非遗手工体验等课程近百场，将文创从产品扩展到文化活动，获得良好的社会效益和经济效益。其中读城探秘课程和非遗手工体验课程"兔爷换新装"以周末和夜场形式推出，成为首都博物馆夜经济活动的一大亮点，也拉开了北京地区众多博物馆夜场的序幕。①

此外，北京还顺应文化和科技日益融合发展的趋势，通过举办非遗购物节等形式，大力促进文博非遗的文创产业发展。2021 年 6 月 11~21 日，北京开启了非遗购物节。在此期间，北京非物质文化遗产保护中心联合京东、抖音、手艺网等互联网平台，组织同仁堂、内联升等 18 家非遗老字号，药香、京绣、玲珑枕制作技艺等 20 位非遗传承人通过京东平台顶流直播、新品首发、国潮爆款推荐等方式，立足"新场景""新趋势""新消费""新体验"，联合线上线下 556 家店铺为消费者提供 1300 种非遗产品，构建起"吃、穿、用、藏"的生活场景购物模式；同时，还积极探索"非遗+短视频"传播模式，制造"北京非遗抖起来"抖音话题来进行营销，推动非遗老字号项目单位及非遗传承人集中"触电、触网、触屏"，鼓励传承人及项目单位制作相关短视频，讲好非遗传承人和产品背后的故事，充分挖掘、阐释其中蕴含的文化内涵和工匠精神，充分展示北京传统工艺振兴成果，展示非遗老字号单位在传承创新、融入百姓生活方面所取得的丰硕成果，借助大数据进行个性化推送，制造流行生活的标签，让广大网友舌尖美食尝起来、茶酒飘香品起来、中医健康养起来、国潮好物购起来，推动非遗不断跨界圈粉，打造非遗文化生态圈，让非遗文创产业真正火起来。②

5."互联网+"助力文博非遗传播与营销

在"互联网+"时代，文博非遗的传播与营销越来越需要依靠互联网来

---

① 左远波：《北京地区博物馆文创发展报告》，载刘超英主编《北京地区博物馆发展报告（2019~2020）》，社会科学文献出版社，2021。
② 《"北京非遗 致敬百年"2021 年北京市文化和自然遗产日宣传展示活动启动仪式成功举办》，中国非物质文化遗产网，2021 年 6 月 12 日，http://www.ihchina.cn/project_details/23091。

传播信息、聚集人气。从近些年的发展来看，文博非遗紧跟互联网思维，不断容纳新的创意、接纳新的平台，"互联网+非遗"的形式也变得越来越灵活多样，从网站信息到微博、微博动态，再到短视频、网红直播等多种手段，传播手段变得越来越多样化。

各大博物馆历来是非遗项目保护与传承传播的重要基地。为了更好地促进文化遗产的传承与传播，许多博物馆建立了网站，并通过网站展示传播非遗。如，恭王府博物馆利用网络平台积极传播非遗文化，在官网上将非遗作为主要展示内容，其在线上线下融合互动方面也可圈可点。如由恭王府博物馆牵头举办的"中国非物质文化遗产服饰秀"，采用了线上线下同时展演的方式，吸引了数千万观众观看，促进了非遗文化的传承传播。再如，故宫在线上推出的"华彩世界·琉璃故宫"，使得公众不仅能够隔空观看故宫的琉璃瓦，还能够感知紫禁城独特的工艺、璀璨的色彩及高规格的建筑组构和丰富的文化象征。

除了博物馆建立的网站之外，抖音、快手、新浪网和千龙网等门户网站、去哪儿网等旅游网站、北京本地宝等生活网站都是传播北京非遗文化的窗口。抖音和快手这两个短视频网站作为行业佼佼者，在非遗文化传播方面也走在前列。2020年，快手联合非遗定点研培高校和业界专家打造非遗学院，进行线上直播授课，许多非遗项目也在快手平台开通频道直播。截至2020年底，快手国家级非遗项目覆盖率达96.3%，快手围绕这些非遗项目举办了很多线上活动，大大增加了受众。抖音也将非遗作为优质内容进行重点开发，推出"非遗合伙人"计划，组织多种非遗文化活动，比如"2020抖音·看见音乐计划"，形成合辑《国韵潮声》，其中包含了诸多非遗音乐元素，如民歌、戏曲等。各种类型的网站围绕北京非遗话题，通过文字、图片、视频等形式，将非遗文化资讯、非遗文化旅游、非遗历史故事等传递给公众，使非遗文化成为人们日常生活中信息流的重要部分。

另外，疫情下，非遗传播的网络化加速。线下各类非遗文化活动的举办因疫情防控而受到较大限制，在此背景下，非遗项目和企业加快网络传播布局，线上传播和营销活动层出不穷。"云看展""云演艺""云视听""云旅游"等不断涌现，释放出新的发展活力。尤其是网络直播更是在非遗网络营销和文化传播中发挥重要作用，非遗老字号纷纷在京东、淘宝等网购平台开通直播账号。东来顺、内联升、荣宝斋等老字号店铺集体在京东亮相，进行直播带货，推动非遗产品的营销。2020年，网络直播用户迅猛增长，直播场景日益多元化。在知识直播方面，中国大百科全书出版社策划的"单霁翔讲故宫故事"，首场直播就吸引了150万人围观；故宫博物院以"安静的故宫，春日的美好"为主题进行了两天共三场直播活动，首场直播仅在《人民日报》平台就有超过500万人次观看。由此可见，网络直播可有效地拓展文化消费新空间。

（三）科技支撑北京文博非遗传承保护与创新发展面临的问题与挑战

1. 政策制度有待进一步完善

科技支撑文博非遗传承保护与创新发展，需要统筹利用文博非遗和科技创新等相关资源，加速文博非遗的数字化和产业化。北京虽然从不同的角度制定了相关政策措施，但其体制机制仍需进一步健全。

一是体制机制有待进一步健全。科技支撑文博非遗涉及文化与科技两大领域，存在政策整合力度不够的问题。相关政策多为宣传部、文物局、文旅局、科委等部门出台的，最终由各部门"归口管理"。尽管《关于推动北京市文化文物单位文化创意产品开发试点工作的实施意见》提出"试点单位可从文化创意产品开发取得的净收入中提取70%及以上奖励开发工作人员"，然而，由于博物馆、图书馆等各类文博馆大多属于公益性事业单位，在文创产品开发及相关的开办企业或与企业合作、收入分配、员工奖励机制等方面会受到审计制度和财务制度等方面的限制。

二是相关支持政策有待落实落细。科技支撑文博非遗的相关政策主要散落在如全国文化中心的中长期规划、科技创新中心建设方案等相关文件中，尚未出台专门针对科技支撑文博非遗传承保护与创新发展的规划及具体执行政策。

三是知识产权保护制度有待完善。目前来看，我国对于文博馆机构文化创意产品的知识产权保护问题的关注度还较低，如何落实好《关于进一步推动文化文物单位文化创意产品开发的若干措施》等政策，如何保护、利用文博馆自身资源的知识产权（IP）及其衍生出的文创产品的专利、商标、著作权等是当前北京面临的困难与挑战。[①] 文博馆 IP 资产经营的合法性与收益问题、IP 资产的估值问题、文博馆与合作方的后续管理及监督问题，是文博馆在 IP 授权方面仍然面临的三大难题。

2. 北京非遗网站和数据库亟待建立健全

从国家层面来看，我国已建立了中国非遗网站·中国非遗数字博物馆，从地方层面来看，上海、天津、重庆、河北、内蒙古、江苏、浙江、安徽、山东、广东、广西、四川、贵州、云南、西藏、陕西、宁夏等 17 个省（区、市）已建立了专门的非物质文化遗产网站，而北京、山西、辽宁等 14 个省（区、市）至今仍未建立专门的非遗网站，非遗的相关信息散落在各省市文化和旅游局（厅）网站上。

目前北京已建立了国家、市、区三级非遗名录体系，在文化和旅游局网站公布了第一、二、三、四批北京市级非遗项目代表性传承人名单和第五批北京市级非遗代表性项目名单。但从目前来看，北京没有建立专门的非物质文化遗产网站，也未建立非遗名录数据库，非遗文化资源仍较为分散，有关非遗的政策文件、重要通知及资讯报道等只是散落在文化和旅游局网站的不同栏目中。当公众连相关非遗资料都不容易得到时，传统非遗的创造性转化和创新性发展就很难推动。为此，需要加快建立北京非遗数据库和网站，扩大非遗的宣传和传播途径。

3. 文博非遗的技术创新能力有待提升

相较于全国其他省、自治区、直辖市，北京的文化科技创新能力名列前茅，但与国际发达城市及自身发展水平相比，北京在文博非遗领域依然存在

---

① 张京成主编《北京文化创意产业发展报告（2019）》，社会科学文献出版社，2020。

技术含量低、创新能力弱、附加值低的问题，导致文博非遗文创产业在全球的竞争力还有待提升。目前来看，支撑文博非遗传承保护与创新发展的科技支撑体系尚需健全。另外，北京在文博非遗领域还有待进一步融合与应用5G、大数据、人工智能（AI）技术等高新技术。为此，如何更好利用互联网技术、大数据、人工智能、5G+AI、AR/VR等高新技术，促进文博非遗产业链与科技创新链的高效衔接，推动新型数字文化产业的培育壮大，拓展延伸文化科技在文博非遗领域的场景应用，积极应对市场环境的变化，是北京当前面临的巨大挑战。

4. 科技与文博非遗的资源挖掘利用不够

文博非遗资源要得到充分挖掘利用，通过文化创意和科技创新的交互融合，转化为可观、可感、可接触的文化旅游资源及产品，仍有很多工作要做。当前北京的文博非遗产品开发还存在同质化、雷同化问题，创新产品缺乏，营销和展示方式比较单调，许多非遗博物馆、店铺缺乏针对旅游设计的内容环节。文博馆利用馆藏文物进行文创产品开发是一个系统工程，需要通过文化和科技有机融合，进而促进文物文化的再创造。然而，由于观念及体制机制等方面的问题，许多博物馆和非遗传承人不够注重文化领域的科技创新，既存在对文化资源的内涵挖掘不够的问题，又存在对现代科技手段运用不足等问题，致使许多博物馆及非遗传承项目缺乏拥有自主品牌、馆藏特色的文创产品，文创产品的类型、制作、传播也缺乏创新。① 造成这一问题的原因在于文博单位对于文创产品开发的认识不足、投入力度不够、专业性的人才不足及缺乏科学合理的分配机制。创意性产品的开发对于开发设计人员的专业技能、对文化的认知、对消费群体的理解都有很高的要求，设计环节的投入成本非常高昂。但对于大部分文博单位而言，缺乏相应的资金支持和商业化运作的眼光，就容易陷入模仿大型博物馆产品的路径依赖中，造成整体文博文创产品的同质化、低品质化。

5. 利于文博非遗创新发展的社会环境尚需优化

文博非遗要实现传承保护，必然离不开对文博非遗的创新发展，而这种

---

① 张京成主编《北京文化创意产业发展报告（2019）》，社会科学文献出版社，2020。

创新发展又是建立在传承保护好文博非遗的基础上的。从当前文博非遗传承保护与创新发展实践来看，如何在保留原有文博非遗文化精气神的基础上，对文博遗资源进行活化利用，大力发展文博非遗文创产业，是当前面临的一大难题。如何处理好文博非遗的传承保护与创新发展之间的关系，平衡好文化保护与市场开发的关系，需要相关部门进一步的引导，同时还需要社会力量的大力支持。受传统文化的影响，有些人对文博非遗的开发利用还存在诸多顾虑，利于科技支撑文博非遗传承保护与创新发展的社会环境还需进一步优化。目前来看，文博非遗与科技融合还未形成一种社会共识，尊崇和鼓励文博非遗创新发展的社会环境还需优化。另外，北京的文化消费环境有待进一步改善。要扩大文博非遗的文化消费市场，拓展文博非遗的传播渠道，满足人民日益多样化的文化需求，还有很多工作需要做。

四　国内外科技支撑文博非遗资源传承保护与创新发展的案例及借鉴

（一）国外的主要做法及案例

1. 英国的主要做法及案例

（1）利用电子科技手段促进文博非遗的保护与传承

在信息化的现代社会，英国充分利用电子设备、影视、网络空间等，对文博非遗进行保护和传承。

一是通过建设物质与非物质文化遗产保护平台，充分利用互联网技术，搭建更有效的教育和传播平台。比如，英国的泰特美术馆、大英博物馆，对许多藏品进行了电子化处理，建立了泰特在线等服务平台和数据库，让更多的观众能够获得线上学习和参观的机会[1]。

---

[1]　刘灿姣、姜薇：《英国博物馆数字化战略的教育影响与启示》，《当代教育与文化》2019 年第 3 期。

二是构建数字化信息资源平台，为全民提供参与方案。例如，苏格兰博物馆建立的网络档案数据库，通过采用维基百科式的管理模式，让人人都可以参与其中来编辑补充、更新信息，这种维基百科式的开发体系，极大补充并超越了传统的档案收集、整理、记录、编纂、保存和数据管理机制，鼓励更多人参与到维护并更新文化遗产网络数据的浪潮中来。除了这种数据库之外，英国政府还建立了"数字文化内容平台""公众集资服务平台"等各类平台，致力为文博机构及相关从业者提供信息服务、实现知识共享。①

三是通过搭建"海外市场推广服务平台""公众集资服务平台"等，促进文博非遗的保护与传承。例如，通过搭建"海外市场推广服务平台"，助力文博馆及相关非遗机构开拓海外市场，组织文创企业及相关人员出访海外，展示英国文博文创产业的成就，进而促进对外文化贸易发展②；通过搭建"公众集资服务平台"，为文博非遗的资金需求者和潜在投资者提供在线服务。

（2）着力推动博物馆数字化和产业化——以大英博物馆为例

英国政府于 2017 年颁布了《英国数字化战略》，旨在建设世界一流的数字化基础设施，提升所有公民的数字化技能，发展数字化业务，帮助英国企业进行数字化转型，构建安全的网络空间，实施数字化治理，培育数字经济。③ 实施博物馆数字化战略是其中的重要内容。

大英博物馆作为世界博物馆界的领头羊，在数字化和产业化方面走在世界前列。大英博物馆重视数字内容建设，通过出版、广播、数字媒体实现"口袋里的大英博物馆"，与数字企业建立合作关系；实现个性化学习导览；建立全球社区，容纳博物馆策展人、管理员、科学家、工作人员。④ 据悉，大英博物馆通过应用 VR 技术开发了 Oculus Touch 控制器，用户通过 Oculus

---

① 陈方方、陶丽萍：《国外非遗协同创新保护的经验与启示》，《中国民族博览》2020 年第 7 期。
② 周方：《英国非物质文化遗产创意开发的政策法律环境研究》，《文化遗产》2013 年第 6 期。
③ 《英国正式出台〈英国数字化战略〉》，搜狐网，2017 年 4 月 5 日，https：//www.sohu.com/a/132142335_ 398084。
④ 刘灿姣、姜薇：《英国博物馆数字化战略的教育影响与启示》，《当代教育与文化》2019 年第 3 期。

Touch 控制器就可以查看各种来自大英博物馆的收藏品，同时，这款应用还有很强的互动性，用户可以和各种收藏品互动，感受真实触摸的感觉。① 大英博物馆馆藏无数，通过 VR 技术可使人们真实地触摸到各种收藏品，同时也扩大了博物馆的感染力和影响力。

另外，大英博物馆还非常重视文创产品的开发。其一，注重挖掘博物馆的文化元素，推动文化元素与收藏品的组合创新，打造新文化符号。比如火遍全球的小黄鸭，就是大英博物馆结合自身藏品而创造的文创产品——让小黄鸭"遇见"历史。将小黄鸭与馆藏元素相结合，装扮成古埃及的狮身人面像斯芬克斯，或身披古罗马战士、维京海盗的铠甲②，从而深受消费者喜爱。其二，注重商业模式的创新，不断开拓新市场。大英博物馆通过特定艺术品复刻的方式把 IP 授权给各行各业的品牌，生产出各类跨界产品，例如，与美图、小米合作推出手机，与 ITO 合作推出行李箱，与 Kindle 合作推出 Kindle 保护套等。大英博物馆对于中国市场一直有很大的兴趣，在 2018 年，大英博物馆携手地产商做快闪店，推广其 IP，例如与新开业的 LCM 置汇旭辉广场合作的"亘古奥秘——流动型体验馆"，作为小型艺术体验馆，成功营造出了"小博物馆"的感觉，同时商场利用各种可能与场内品牌进行整合，例如 DIY T 恤，并在现场售卖其文创产品，收益显著。大英博物馆已经入驻天猫，并取得了亮眼的成绩。在天猫 2018 年某月的文创产品销量统计数据中，前 15 名中大英博物馆的产品有 4 款，次于故宫的 10 款；销售额虽然不及故宫、中国国家博物馆，但是作为外国博物馆，其成绩已经远超其他国内的博物馆。

（3）重视非政府组织和民众参与，积极推进文创产业发展

英国注重发挥非政府组织和公众在非遗传承保护中的作用，通过成立各类文化遗产基金会、慈善机构等形式，从资金、人力方面推进非遗的保护与

---

① 《大英博物馆推出全新展览方式，文物复活与你一对一见面》，"VRPinea 媒体"百家号，2018 年 8 月 7 日，https://baijiahao.baidu.com/s？id=1608103943618823814&wfr=spider&for=pc。

② 《国外五大博物馆和"萌萌哒"文创产品》，新湖南客户端，2019 年 4 月 1 日，http://hunan.voc.com.cn/xhn/article/201904/201904011529034755.html。

传承，从而促进文化创意产业发展。英国是创意产业发展大国，其丰富的文博非遗资源是文化创意产业源源不断的素材与发展动力，而文化创意产业的快速发展又推动了文博非遗的保护与开发，提高了人们对文博非遗的关注度。比如英国导演露西·阿科斯特拍摄的电影《莫里斯舞：生生不息》，就讲述了莫里斯舞团的几位领军人物如何将这个舞蹈发扬光大的故事。为了延续莫里斯舞的生命力，莫里斯摇铃协会经常在乡村、教堂和学校组织表演，借此机会吸引更多的年轻人加入。这些经验都值得我们借鉴。

2. 美国的主要做法及案例

在科技支撑文博非遗传承保护与创新发展方面，走在世界前列的无疑还有美国。早在1976年，美国国会就通过了《民俗保护法案》。在重视对文博非遗的法律保护之外，美国还通过实施"美国记忆"工程等，以科技创新促进文博非遗的传承保护与创新发展。

（1）实施"美国记忆"工程，建立文化遗产档案数据库

早在1990年，美国国会图书馆就开始启动"美国记忆"计划①，将图书馆内的文献、手稿、照片、录音、影像等馆藏资源进行数字化处理，并逐渐将馆藏信息数据库置于网络传播中，其中进入公有领域的作品可供公众下载使用。后来，考虑到图书馆机构独立建设的局限性，资源建设主体由美国国会图书馆拓展到高校图书馆、档案馆、博物馆、科研机构、学术团体、企业及公众，资源收集网络覆盖全美。在实施"美国记忆"工程过程中，美国在资源的存储和转换过程中尽可能使用国际标准、美国国家标准或工业标准，如果没有可用的标准，美国国会图书馆则会选用较为流行的格式。资源存储及转换标准的统一，能够较好地消除多机构合作资源采集过程中存在的格式不统一的障碍，为图书馆等文化资源的组织管理及后续的开放利用奠定了基础。②

---

① 《探底博物馆数字化重建过程》，世博会博物馆网站，2016年4月8日，http：//www.expo-museum.cn/sbbwg/n46/n47/u1ai15161.html。

② 徐拥军、王薇：《美国、日本和台湾地区文化遗产档案数据库资源建设的经验借鉴》，《档案学通讯》2013年第5期。

（2）以文化科技融合促进文博非遗文创产品发展——以美国大都会艺术博物馆为例

大都会艺术博物馆（Metropolitan Museum of Art），被称为与法国卢浮宫和英国大英博物馆并列的世界三大百科全书式博物馆之一。大都会艺术博物馆的藏品多达 300 万件，且商业化程度极高，自建馆以来就一直鼓励艺术在日常生活中的应用，并在建馆之初就建立了博物馆商店，用来出售历史学家、设计师和专业工匠等精心制作的复制品。

一是文创商品开发严谨，尊重文化遗产的本真性，关心使用者体验。早在 1871 年，纽约大都会博物馆就首次制作并销售了 10 幅馆藏绘画的蚀刻版画，① 现代艺术衍生品的销售已经非常成熟。大都会艺术博物馆的每一个小展馆旁边都会开一个契合主题的小纪念品店，所售纪念品包括摆件、饰品、家居用品、玩具等。这些衍生品的开发一般注重对标志性文化元素的准确提取，不会过于卖弄和天马行空，保持对文物、艺术品严谨、审慎的态度。有的是截取藏品的整体图案，有的是复制藏品的核心字样和纹饰，还有的则是提取藏品的文化元素并进行重新整合，无论哪种设计方式都会考虑到文物本身的特点及购买者的使用体验。②

二是配套设施完善，与数字时代齐步发展。大都会艺术博物馆发展一直紧跟时代的脚步，Met Gala 即是很好的证明，同时它的纪念品商店被评为纽约最佳，而且轮椅使用者及其他行动不便、不能走楼梯的参观者都可以很方便地进行参观，博物馆提供免费轮椅供借用。在移动互联网快速发展的今天，大都会艺术博物馆也已开放了线上展厅和 App，对于中国的客户群，它早在 2016 年就推出了微信公众号，并在 2019 年上半年入驻淘宝天猫，通过大都会艺术博物馆官方旗舰店售卖文创商品，而且入驻抖音与 TikTok，发起"致敬经典"和"metgala 风潮"挑战活动。

---

① 《世界各国博物馆里的文创产品 万万想象不到!》，搜狐网，2017 年 12 月 11 日，https：//www. sohu. com/a/209714519_ 207495。

② 《国外五大博物馆和"萌萌哒"文创产品》，新湖南客户端，2019 年 4 月 1 日，http：//hunan. voc. com. cn/xhn/article/201904/201904011529034755. html。

三是联手数字公司，着力打造虚拟博物馆。2021 年 1 月，大都会艺术博物馆与威瑞森（Verizon）公司、多学科制作公司 Unit9 联合推出了"大都会无限游"（The Met Unframed）沉浸式虚拟艺术和游戏体验。该游戏由大都会博物馆的数字、教育和研究部门提供丰富的内容和专业知识，由 Verizon 提供5G 超宽带网络，由 Unit9 使用最新的网页 AR 和新兴移动技术进行开发，解锁展出艺术品的增强现实版本。一方面，用户可以通过任何 4G 或 5G 智能设备虚拟参观 10 多个经精细渲染过的数字化博物馆标志性展厅和 50 件馆藏珍品，如埃玛纽埃尔·洛伊茨（Emanuel Leutze）的《华盛顿横渡特拉华河》（*Washington Crossing the Delaware*，1851 年）、伦勃朗·范·莱茵（Rembrandt van Rijn）的《自画像》（*Self Portrait*，1660 年），以及李·克拉斯纳（Lee Krasner）的《绿色崛起》（*Rising Green*，1972 年）等；另一方面，用户可以参加项目中的游戏，如小问答、谜语和"放大与找寻"挑战（"Zoom and Spot" Challenge），鼓励用户仔细观察艺术品和附带的描述和内容。[①]

四是促进博物馆数字化运营，开启艺术共享时代。大都会博物馆同开放存取与版权领域的国际先驱"知识共享组织"（Creative Commons）合作，将超过 37 万幅的作品进行数据化编目，将其作为关键字搜索的依据，使民众无须博物馆许可，便可从 The Met 官网或馆外平台中搜寻、下载并免费使用图片。The Met 也与维基媒体基金会及社区成员合作，建立 GLAM WikiProject，在维基媒体平台上提供公开图像与数据，除附含作品名称、艺术家、尺寸、出土/创作日期等关键信息的平面扫描图外，也有 3D 艺术品的摄影重现和线上公开课。此举重新利用了既有的馆藏内容，让艺术家、设计家、学者及企业等皆可突破著作权的局限，从五千年前的艺术品中寻获灵感并自由利用。此外，博物馆还邀请 Instagram 上的网红在闭馆时间进行参观及拍摄，通过#emptyMet 标记进行线上营销。[②]

---

① 韩全、邱子仪：《国外文化和旅游数字化经验借鉴》，载邹统钎主编《中国文旅大数据发展报告（2021）》，社会科学文献出版社，2021。

② 《美国纽约大都会博物馆：成就数字化所赋予的艺术共享时代》，搜狐网，2019 年 5 月 9 日，https://www.sohu.com/a/312969860_ 120066051。

五是持之以恒的匠心投入，进行跨界叠加式创新，焕活 IP 生命力。大都会艺术博物馆慈善舞会（Met Gala），据百度百科介绍，它始自 1971 年，于每年的 5 月初举行，是时尚界最隆重的晚会，每年的慈善晚会红毯部分都被誉为"时尚界奥斯卡"，入场券高达 25000 美金。① 大都会艺术博物馆，通过这一舞会为时装馆筹集捐款，同时这也是一场文化盛宴，代表着大都会艺术博物馆在文化艺术领域的话语权。Met Gala 每年的创办都能以特色的主题吸引全球的观众，并使观众津津乐道，心生向往，这与其匠心与生命化的 IP 管理方式是密不可分的。

时办时新，回归到时尚本身的品质和价值。随着当下人们审美水平的提高，市场越来越需要真正的"独创性"。即使在时尚方面，也应该非常认真和真诚，这是适应市场生存的长久之计。2019 年的 Met Gala，以 Camp（坎普）为主题，强调有趣即王道，注重华丽的形式，舞会之后"坎普风"的文创产品随之而来，如花纹取材自路易斯·康福特·蒂芙尼的《*Magnolias and Irises*》玻璃花窗的丝巾，又如彩绘系列的冰箱贴，还有拜占庭系列的珠宝等，价位从低到高，面向的消费群体也非常广泛。

（二）国内的主要做法及案例

1. 上海的主要做法与案例

（1）建立了上海市非遗网站与数据库

上海已建立了专门的市级非物质文化遗产网站与数据库。从上海的非遗网站来看，共设置了"非遗概要""市级名录""信息动态""有声有色""联系我们"等 5 个栏目。其中，在市级目录栏目中，上海根据我国非遗名录分类标准，列出了 10 个非遗门类的数量并进行了逐一介绍；在信息动态栏目中，设置了"动态播报""通知公告""学术前沿"三个子栏目，便于公众查看；在"有声有色"栏目中，设置了"网上展厅"和"非遗影像"

---

① 《Met Gala 史上最难抉择的最佳造型，看完让你重新认识审美》，搜狐网，2020 年 5 月 15 日，https：//www.sohu.com/a/395435042_ 797305。

两个子栏目，公众可以从上面查到非遗的文字介绍、图片、专题讲座及相关活动等。同时，在上海非遗网站的页面上，还设置了搜索功能、友情链接、扫码关注官方微信等功能。

另外，上海博物馆、上海科技馆等文博馆建立了自己的门户网站，便于公众查阅。比如上海博物馆网站设置了"服务""资讯""活动""典藏""展示""研究""参观预约"七个栏目，每个栏目又设置了若干个子栏目，便于公众查询和观看。

（2）多管齐下促进文博非遗资源的创新发展

上海的文博非遗资源在我国非遗体系中独树一帜，形成了较为完善的传承保护体系。近年来，上海持续探索非遗活化利用路径，着力推进非遗国际化进程，不断扩大非遗宣传推广渠道，全方位增强非遗的生命力。主要体现如下。[①]

一是完善文博非遗保护机制。其一，设立非遗保护专项资金。2012 年上海市正式设立非物质文化遗产保护专项资金，并配套管理办法对代表性项目及其代表性传承人进行专项资金补助，逐步形成国家级、市级、区级三级专项资金配套体系。其二，组建长三角非遗联盟。2020 年 9 月，长江三角洲三省一市的非物质文化遗产保护中心成立长三角非遗守护联盟，长三角非遗文化的交流与合作常态化长效机制建立。

二是搭建非遗开发利用新平台。2016 年 12 月，位于枫泾的上海世界非遗文化城开业，立足非遗保护、传承和发扬，建立非遗数据库和线上线下互联网互动平台。2017 年 3 月，内设非遗展览、非遗表演、非遗传习、数字非遗和非遗美食五大功能业态的上海大世界重新开业，致力打造非遗活态传承平台。同时，重视打造非遗购物节。2020 年 6 月推出首届上海非遗购物节，以"文化上海云"和"抖音"为线上主平台，推出统一的活动标识，对参与活动的非遗店铺进行集中展示推介，涵盖传统

---

① 沈杰、周继洋、王雯莹：《上海非遗文化资源创新开发研究》，《中国国情国力》2021 年第 1 期。

工艺、非遗美食和非遗文创等门类近 300 家网店，汇集非遗主题产品上万款。

三是着力推进非遗国际化进程。其一，渗入非遗国际影响力。依托文化和旅游部与上海市政府共建的比利时布鲁塞尔中国文化中心，通过在其网站和社交媒体账户上线"海派百工"系列微纪录片等方式积极开展非遗项目海外宣传。支持朵云轩等企业举办以"江南百工"非物质文化遗产海外巡展为代表的非遗主题文化交流活动，不断扩大非遗海外影响力。其二，搭建国际化交流平台。至 2020 年已连续举办八届的国际（上海）非物质文化遗产保护论坛，已经成为我国与共建"一带一路"国家和地区特别是与上海友好城市共同推动非遗保护发展的国际交流平台；连续六年举办的上海国际手造博览会汇集国内外非遗传承人、设计师、手造工作室，打造非遗互动交流、创新转化的国际化平台。其三，不断开拓国际市场。南翔馒头在东京六本木开设了全球第一家海外南翔小笼馆，在保留传统装修风格的同时，迎合日本消费者的消费观将其定位为精品高级餐厅。上海京剧院、上海昆剧团携京剧《霸王别姬》《贵妃醉酒》《天女散花》和昆曲《琴挑》《秋江》《游园惊梦》登台东京国立剧场，连演三场，一票难求。

四是积极拓宽非遗宣传渠道。其一，利用重大活动平台。依托北京奥运会、米兰世博会、进博会和长三角文博会等重大活动平台进行非遗宣传推广，支持通过社会力量举办"江南百工——首届长三角非遗博览会""天工开物——非遗全国精品邀请展"及上海民族民俗民间文化博览会、中国传统工艺（剪纸）大赛等品牌展览活动，进一步扩大非遗的影响力。其二，"线下+线上"宣传相结合。在群众艺术馆设立非遗图书馆和"上海故事"主题展馆，依托大世界、群艺馆等空间定期举办非遗主题系列活动。开通上海非遗网与"上海非遗"微信公众号，定期向公众宣传、推送非遗知识，并举办系列线上活动。其三，推动非遗保护文教结合。积极推动非遗"进校园、进课堂、进教材"，推出"上海非遗学子展馆行"品牌活动，打造 12 条"非遗之旅"路线。

（3）以"老字号+非遗传承+新零售营销"模式推动非遗品牌数字化升级——以立丰食品为例①

在数字经济快速发展的背景下，数字技术已成为推动传统文化产业升级改造的重要引擎。立丰食品借力数字化转型东风，大力推动资源配置和优化升级。立丰食品前身是创建于1938年的公成南货店，距今已有83年的历史，主要生产经销广式香肠、牛肉等休闲、旅游和厨房食品，是老上海人心目中的经典粤味食品店，有"牛肉干大王"之称，也是中国首批被评定为"中华老字号"的企业。2019年，立丰干肉品制作技艺被上海市人民政府公布为上海市非物质文化遗产保护名录项目。自2004年开始，立丰旗下产品的市场占有率便蝉联上海休闲娱乐肉制品线下第一名，享誉上海滩。但在新零售的变革中，立丰食品却面临发展瓶颈。立丰食品在坚持传承技艺、传承匠心、传承精神的前提下制定了"老字号+非遗传承+新零售营销"的模式，一方面加强和巩固立丰中华老字号和非遗传承工作，另一方面强化线上的新零售拓展工作，提升线上品牌运营能力。

立丰食品经过多年摸索、拓展，常年位居电商平台品类TOP1—TOP3，但在私域流量方面的发展尚不成熟。鉴于此，立丰选择与业内知名的企业云端商业及营销解决方案提供商微盟合作，期待借力微盟的数字化转型工具和运营经验，让立丰的线下门店、小程序商城等紧密配合与协作，实现立丰的全链路营销升级。2021年8月，智慧商业服务提供商微盟与"中华老字号"立丰食品在上海举行了战略合作签约仪式，并正式启动"立丰食品＆微盟智慧零售"项目。双方将立足立丰食品"老字号+非遗传承+新零售"五年规划，依托微盟TSO全链路营销，进一步拓展线上业务，优化私域流量布局，打造零售食品行业的老字号数字化转型新标杆。

此次合作中，立丰食品将全线接入微盟"TSO全链路智慧增长解决方案"，同时，微盟还将为立丰食品提供全链路业务托管运营服务。双方合作

---

① 《立丰食品与微盟达成战略合作，共同推动上海市级非遗品牌数字化升级》，非物质文化遗产·上海网站，2021年8月27日，http://www.ichshanghai.cn/ich/n557/n587/n588/u1ai12575.html。

内容包含但不限于：对立丰食品零售渠道进行云店小程序构建，对线下营销组织开展数字化作业能力建设，并结合微盟在精准营销、社会化分销等领域的经验，共同探索品牌消费者年轻化的创新运营模式。在私域流量运营方面，微盟还将通过公众号与企业微信，为立丰食品沉淀内容输出标准，促进用户增长与流量转化；通过"一店一群一商城"模式，围绕门店3公里用户实现私域建设与运营。截至目前，立丰食品的20家云店已上线运营，微盟将通过丰富的全渠道活动设计、用户精细化运营为立丰食品的私域用户持续提供有趣的、性价比高的消费体验。

2. 浙江的主要做法与案例

（1）建立浙江省级非遗网站和数据库

浙江建立了浙江省非物质文化遗产网站和数据库。浙江的非遗网站设置了"保护机构""通知公告""政策法规""新闻动态""项目名录""传承人""保护载体""非遗视界""学术研究""热门专题"10个栏目。与上海的非遗网站及数据库相比，浙江省的更为精细。如在"通知公告"栏目中，按年份列出了全选和自2022年回溯至2010年的子栏目；在"政策法规"栏目中，列出了"全选""国家级""省部级""地方""其他"五个子栏目；在"新闻动态"栏目中，按照所属地区和所属年度列出了两类子项目，其中所属地区包括全选、省本级和杭州等市级，所属年度包括全选和自2022年回溯至2010年的各类新闻；在"项目名录"和"传承人"栏目中，按照所属地区、项目级别、项目批次、项目门类列出了四类子栏目，其中项目级别包括全选、人类非遗项目、国家级非遗项目、省级非遗项目，项目批次列出了全选和第一批至第六批，项目门类列出了全选和10大非遗名录；在保护载体栏目中，按照所属地区、载体级别、项目批次、载体类别列出了四类子栏目，其中载体类别包括全选、传承基地、教学基地、传统节日、生产性保护、文化生态区、文化节庆、展示场馆、非遗景区、研究基地等子栏目。浙江的非遗网站内容图文并茂，设置架构科学合理，便于公众查询和阅览。

（2）制定相关政策，着力推动文博非遗数字化改革

2021年，浙江省文化和旅游厅发布《浙江省非物质文化遗产保护发展

"十四五"规划》，明确将"非遗数字赋能工程"列为"十四五"时期非物质文化遗产保护的重要内容，从"加快数字化平台开发""推进'非遗大脑'建设""搭建互联网传播平台""提升非遗数字资源社会共享水平"四个方面提出了具体的措施。同年，浙江还发布了《浙江省文化和旅游厅文化和旅游数字化改革方案》，提出：以数字化改革撬动文化和旅游各方面改革，统筹运用数字化技术、数字化思维、数字化认知对文化和旅游治理的体制机制、组织架构、方式流程、手段工具进行全方位系统性重塑；将"建设智慧文化云"列为重点项目之一，提出围绕艺术、文物、非遗保护、公共服务四个模块，梳理核心业务流程，建立业务协同和数据共享模型，全面汇聚图书馆、博物馆、文化馆、非遗馆、美术馆、艺术剧场等场馆运行数据，集成创新"浙里有戏""文化点单""个人文化宝""文旅信用积分"等一批文化服务应用场景。

（3）以"数字非遗"工程赋能人们的美好生活

近年来，浙江充分利用非遗网、"非遗"微信公众号等"数字非遗"工程，赋能人们的美好生活。通过"平台+数据"的形式促进非遗的保护与传承，着力建设全省非遗数据库，让非遗资源实现社会共享、线上线下"一张网"；通过"电商+服务"的形式促进非遗的传承和传播，组织举办"非遗购物节"活动，推出"非遗购物节·浙江消费季"商品推介平台，打造非遗消费市场；通过"直播+带货"的形式，推出"云上博览会"等，培育丰富文博非遗新业态。[1] 据不完全统计，2021 年非遗购物节期间，全省有 371 家非遗商户、719 个非遗商品信息参与，非遗商品共计达 8 万余件，实现销售额 10.8 亿元，其中线上销售额近 9 亿元、线下实体店销售额 1.8 亿元，实现了社会效益和经济效益的双赢。[2]

---

[1]　徐继宏：《浙江省"数字非遗"工程赋能高质量美好生活》，《中国文化报》2021 年 8 月 26日，第 7 版。

[2]　徐继宏：《"一张网""一站式""一键通"浙江省"数字非遗"工程赋能高质量美好生活》，中国非物质文化遗产网，2021 年 8 月 26 日，http://www.ihchina.cn/Article/Index/detail? id＝23909。

3. 江苏的主要做法与案例

（1）建立江苏省级非遗网站和数据库

江苏建立了专门的省级非遗网站和数据库。在非遗网站上，设置了"组织机构""政策法规""非遗名录""研究与交流传承人培训""精彩非遗""生态保护""网上展厅""热点专栏"8 个项目，有的栏目又设置了若干子栏目。如在"非遗名录"栏目中，设置了"非遗项目"与"传承人"两个子栏目，且子栏目中设置了批次、类型、级别、地市、区县等接口，以便于公众查询。同时，网页上还设置了全国非物质文化遗产网站、江苏省文化类网站等友情链接和江苏省所管辖的市县有关非遗网站的接口。江苏省非遗网站由省文化和旅游厅主管，省非物质文化遗产保护中心负责。这些对于北京建设非遗数据库和网站均有一定的借鉴价值。

（2）重视非遗的数字化传播——以第三届大运河文化旅游博览会为例①

2021 年 9 月，第三届大运河文化旅游博览会在江苏苏州举办，此次博览会延续了前两届运博会的目标定位和"融合·创新·共享"的主题，旨在搭建大运河沿线城市文旅融合发展平台、文旅精品推广平台、美好生活共享平台。② 数字化传播成为本次博览会的亮点。

"江苏省无限定空间非遗进景区"是本次运博会非遗展的亮点，首次将传统旅游要素与非遗"活化"进行融合创新，观众以"游客"身份穿梭于非遗的"活态"场景中，如逛非遗大观园一般，体验最传统的非遗与现代人"吃、住、行、游、购、娱"紧密相关的生活共鸣点，呈现当代生活中的传统文化魅力。

展览的另一亮点是以沉浸式数字交互体验的方式，将传统非遗产品进行最现代化的表达。两只憨萌可爱的幸运宝宝"云多多""喜来来"不仅"七十二变"，以陶瓷、金箔、泥人、绒花、木版年画、琉璃、金工、漆器、木

---

① 邬楠：《非物质文化遗产的数字化传播：让传统在当下焕彩》，中国新闻网，2021 年 9 月 25 日，http://www.js.chinanews.com.cn/news/2021/0925/206486.html。

② 王炜：《第三届大运河文化旅游博览会强化区域联动》，《中国文化报》2021 年 9 月 27 日，第 2 版。

雕等多种非遗技艺现身（仅陶瓷款就有哥、汝、官、定、钧、青花、龙泉等不同工艺和技艺呈现），还变身 CG 战将，结合数字科技，通过 3D 扫描、实时引擎渲染、AR 增强现实技术，以手机和大屏幕与观众互动。

虚实相生的非遗潮玩"萌娃"满载传统文化之光"乘运而来"，以潮流科技和数字交互手段与年轻消费者深度互动。以不同品类的非遗手工艺为载体，结合当代年轻人喜欢的"萌"系元素打造潮玩手办，通过创意与技艺的交融展示，利用数字技术赋能非遗消费的业态创新，让文化与科技深度融合，以年轻人喜爱的方式，带来全新的文化消费体验。"我们希望能够通过《乘运而来》非遗 IP+数字科技融合的方式，用数字影音、虚拟现实、增强现实、3D 扫描与重建、动作捕捉等数字手段，共同说好'非遗故事'，赋予传统文化精华以时尚年轻的表达形式，满足热爱传统文化的年轻人需求"，江苏艾加加数字科技的年轻海归创业者高一晗说。

非遗保护与发展中的数字化应用，正是通过数字技术在非遗数据采集、数据存储、数据传输、数据处理、数据分析、数据应用等方面的作用，助力非遗保护、展示、传承、传播。加快数字化发展进程，既是非遗保护、传承的内在需求，也是社会发展和科技进步的必然趋势。把最传统融入最现代，用最手工的非遗技艺碰撞最潮流的数字科技，让创新"活化"非遗，让非遗真正融入生活。

（3）着力推动文博非遗文创产品开发——以南京博物院为例

南京博物院是国家一级博物馆，拥有各类藏品 43 万余件（套），珍贵文物 37 万余件（套），珍贵文物数量居中国第二，仅次于故宫博物院。南京博物院不仅拥有丰富的文藏资源，而且在文创产品开发中探索出许多产品开发模式和亮点做法。

一是配合馆藏展览、馆藏物品等进行文创产品开发。南京博物院积极配合展览进行文创产品开发，不仅极大地满足了观众对于历史知识的需求，而且也为馆藏展览做了较好的补充。例如，2012 年南京博物院在新开馆之际，就积极配合馆藏展览工作并开发了几百种文创产品。同时，南京博物院注重挖掘馆藏物品的文化元素，将其作为文创产品的重要素材。再如，2015 年 8

月，南京博物院为了举办"温婉：古代女性文物大展"，在举办展览的前半年，文创部设计师就认真对展览提纲进行了筛选和研究，并从慈禧太后御用过的大雅斋瓷器中提取了核心文化元素作为创意来源，形成新的系列产品。① 二是将非遗与文创产品有机结合。为了配合非遗的馆藏展览，南京博物院文创部开发了系列非遗类文创产品，包括皮影戏、云彩、刺绣、核雕等。比如，通过紫砂制作的形式，将黄公望《富春大岭图》中的富春山重峦叠嶂、晓雾迷遮的意境展现出来，较好地体现了非遗与文创的有机结合。三是依托重大节庆日推进文创产品的开发。众所周知，每年的各个重大节庆日不仅是游客参观博物馆的大好时机，还是博物馆商店销售文创产品的最佳时机。如，为了配合南京国际梅花节的举办与宣传，促进梅花节文化旅游商品的开发，南京博物院就挖掘利用了清代同治年间的"黄地粉彩喜鹊登梅纹盘"中的图案和纹饰，成功开发出别具一格的"喜上眉梢"雨伞，② 进而促使"梅花节"成功举办，博物馆文创产品开发实现大丰收。四是利用信息技术手段助力博物馆品牌做大做强。为扩大博物馆文化创意的影响力，2012年江苏省博物馆商店联盟在南京博物院正式成立。为更好地为社会服务，商店联盟建立了规范的联盟机制及先进的网上商城，构建了信息共享和传输平台，进而为联盟商家提供及时、全面、动态、有效的文化产品传播信息和交易信息。③

（三）国内外的经验借鉴及启示

1. 强化制度保障

国内外都注重以制度建设促进文博非遗的传承保护与利用。英国和美国都注重以法律及相关制度对非遗进行保护，如美国出台了《民俗保护法案》、英国出台了《苏格兰威士忌法案》。从我国来看，2011年制定了《中

---

① 封蕾：《博物馆文创实践——南京博物院文创开发与思考》，《中国博物馆文化产业研究》2015年12月31日。
② 连凯：《南京博物院文创商店的创意与经营思路》，《科学教育与博物馆》2015年第3期。
③ 杨宁：《江苏省博物馆商店联盟发展模式研究》，《艺术百家》2017年第S1期。

华人民共和国非物质文化遗产法》，还在附则中指出，可以根据法律适度加强地方立法以保护各地的非物质文化遗产。目前来看，上海、浙江、江苏都已结合地方实际情况分别制定本省市的非遗保护条例，并出台了相关的指导意见及配套政策。

2. 重视文博非遗数字资源建设

英国、美国和日本都重视文博非遗的数字化建设。英国明确将实施博物馆数字化战略作为《英国数字化战略》的重要内容，英国的大英博物馆与维基百科合作，推动文化艺术品数字化建设；美国实施"美国记忆"工程，建立文化遗产档案数据库，大都会艺术博物馆数字化建设居于世界前列；日本大力推动文博非遗数字化建设，打造了"无边界"艺术馆等众多数字文博馆。从我国来看，国家和地方政府也在着力推进文博非遗数字化建设，无论是故宫、首都博物馆还是南京博物院、上海博物馆、浙江省博物馆均取得了显著成效。当前，上海、浙江、江苏均已建立专门的省级非物质文化遗产网站。

3. 重视现代技术与文博非遗融合发展

随着现代技术与经济发展，世界各国纷纷将互联网、微信、公众号、网络直播、虚拟现实等信息技术作为文博非遗传承保护与传播的重要手段。从英国、美国等国外的文博非遗传承保护经验来看，建立有效的电子平台和相应的数据库非常重要，有利于文博非遗的保存保护及传承传播。近年来，互联网等信息技术手段成为我国各地文博非遗传承保护与传播的重要手段，上海、浙江、江苏都着力搭建文博非遗传播平台，推动线上线下相结合。如，上海的立丰食品采取"老字号+非遗传承+新零售营销"模式，打造立丰食品非遗品牌；浙江利用"非遗+电商"模式，推出"非遗购物节·浙江消费季"商品推介平台，开展非遗展示展销活动。这些都值得北京借鉴。

4. 重视文博非遗的文创产品开发

文博非遗具有多重价值，不能从单纯的文化意义上保护文博非遗，还要关注文博非遗的创新性、实用性和商业性。大英博物馆虽然"古老",但它在商业化发展的道路上,却一直保持着"创新"的活力。它对于藏品元素的创意挖掘,对 IP 的专业开发和与跨界品牌的大胆合作,以及对于新市场的积极培育与开拓,都值得我们学习。综观大都会艺术博物馆的商业化历程,其对于藏品元素与时俱进的开发与商品化,以及对于文化领域高端资源、现代科技手段的聚合和利用,对于我们非常有借鉴意义。

五 科技支撑北京文博非遗资源传承保护与创新发展的路径与对策

(一)完善体制机制,为科技支撑文博非遗提供政策保障

1. 加强政策顶层设计,创新体制机制

健全文博非遗保护机制。促进科技支撑北京文博非遗传承保护与创新发展,需要进一步理顺政府、市场和社会之间的关系。完善顶层设计,进一步加强市委宣传部、市文化局、市文物局、市科委、市发改委、市财政局等文化与科技相关部门的沟通交流,加强政府部门与高校、科研院所、企业之间的交流与合作,建立跨领域、跨部门、跨所有制的"跨界型"合作机制,建立健全相关的配套管理制度和财务制度,促使图书馆、博物馆、文化馆等文博机构开发文创产品所带来的经营收入分配制度和激励制度落地见效。

制定关于科技支撑文博非遗传承保护与创新的发展意见。落实中央和国家及北京市的相关政策文件,结合北京的实际情况,制定专门的关于科技支撑文博非遗传承保护与创新发展的意见。鼓励支持文博馆实施数字化建设,推动文博非遗的数字化保护与传播。同时,加强相关的载体平台建设,如,在博物馆设立非遗项目展示区、表演区及产品交易区,将大运河非遗融入旅游产业,并通过网络、广播电视等现代媒体,促使更多的大运河非遗资源及其产品信息进入广大公众的视野。

2. 加大对文博非遗传承保护与创新发展的支持力度

加强对文博单位科技创新的经费投入。一方面，通过设立文博单位文化遗产传承保护创新发展扶持资金或专项资金，以普惠原则为主、兼顾扶优扶强，引导文博单位和企业积极利用科技促进文博非遗的传承保护和文创研发；另一方面，将文博单位科技创新及文创研发工作纳入文博单位事业经费，由财政给予支持。同时，对于非遗传承人，政府和相关部门应当加大支持力度，为文博非遗传承积极创造条件，让非遗传承人自觉加强对非遗资源传承利用相关知识的学习和技能培训，增强非遗传承人的创新意识和能力。

完善金融支持政策。推动构建针对文博非遗文创产业的金融服务体系，充分发挥北京市文化创意产业"投贷奖"功能，创新针对文博非遗文创产品产业链的金融产品，适当放宽抵押担保条件，优化简化贷款手续；建立企业股权融资、债权融资和财政支持资金的无缝对接机制。另外，鼓励金融机构创新知识产权证券化、无形资产担保等金融产品，解决文博非遗机构融资难问题。

制定政策，吸引社会资金参与文博非遗资源的开发。在加大财政资金投入的同时，制定相关鼓励支持政策，通过出台"北京市社会力量参与文博非遗管理办法"，实现社会力量参与非遗项目的总体要求，扩大参与范围，以及支持引导其遵守监督管理规范，从而有效地吸引社会资金支持大运河非遗事业的发展。

3. 完善文博非遗知识产权保护制度

落实落细《关于进一步加强北京市知识产权公共服务的意见》，推动博物馆等文博机构的知识产权制度建设。北京市知识产权局和文博机构的行政主管部门加强协作沟通，联合制定出台专门针对文博单位文创产品开发利用的知识产权保护制度，规范文博非遗的市场运行。同时，建立健全文博机构有关文创产品的质量监督管理制度，制定文博馆有关文创产品开发的市场准入制度，加强对文博馆文创产品的跟踪服务，切实保护消费者的权益。

4. 完善文博非遗统筹协调机制

文博非遗既蕴藏着丰富的历史文化价值，又有着经济、社会等功能。为实现这些多维价值的最大化，进一步放大文博非遗的世界遗产效应，需要创新体制机制，进而推动文博非遗保护与利用的互动合作，促进保护与开发有机结合，增进合作各方的利益。其一，积极构建文博非遗传承保护与创新发展区域联动机制。要发挥北京全国文化中心的作用，用好中央和北京市的文博非遗资源，通过组建"北京文博非遗传承保护发展联盟"，构建北京文博非遗资源共建共享平台，鼓励各类文博机构与高校、科研院所、企业等创新主体加强沟通与合作，将原先各自为政、分馆开发的模式转变为区域联动、整体开发、互促共赢的新模式，联手打造和提升北京文博非遗品牌的知名度和吸引力。其二，有效整合和协调各方面的利益诉求。文博非遗保护是一项系统工程，不仅需要行政部门的强力领导，还需要学界、商界等社会各界的大力支持，尤其需要广大民众的积极参与。然而，在文博非遗保护的具体操作过程中，参与保护工作的各个组织、群体或个人，都有着自身利益，如果参与者之间的利益出现严重失衡，则不仅不能对文博非遗进行有效的保护，而且可能对这一文化遗产造成毁灭性的破坏。因此，在文博非遗保护过程中，需要充分认识到保护工程的整体性和复杂性，通过组建"北京地区文博非遗合作发展联盟"，合理协调各方的利益诉求，统筹考虑非遗保护与传承过程中涉及的个人利益与公众利益、社会利益与经济利益、短期利益与长期利益，进而促使非物质文化遗产可持续发展。

（二）加强布局引导，促进科技与文博非遗资源融合发展

1. 超前布局，发挥数字化技术创新对文博非遗的引擎作用

实施文博非遗数字化战略。树立全局观念，以数字技术和先进理念促进文博非遗传承保护与创新发展。高度重视文化技术创新，进一步推动与文博非遗传承保护利用密切相关的数字、信息、互联网等核心关键技术攻关，研发互联网、大数据处理、人机智能、高性能计算与服务环境、虚拟现实与智能表达等重大技术系统和战略产品，打造一批文博非遗共性技术平台，推动文博非遗资源与数字化技术全面深度融合发展。同时，注重文博非遗资源的数字化标准建设，积极参与国际标准、国家标准或工业标准的建设。

2. 推进科技成果在文博非遗领域的应用转化

围绕文博非遗传承保护与创新发展的关键领域及环节，运用 5G、大数据、区块链、人工智能、虚拟现实、新媒体等高新技术，优化完善北京市文博非遗传承保护的信息化体系，促进文博非遗的科学化、数字化、智慧化传承保护和整体的智慧化治理。在推动文博非遗资源等传统文化数字化转型的同时，培育发展互动娱乐、沉浸式体验等新型数字文化新业态。同时，以北京市文博非遗保护信息化平台数字资源为基础，建立数据可视化平台，对文博非遗的保护工作及非遗传承人的生活情况实施数字化的动态评估及危机预警，构建非遗项目、传承人、保护工作评估指标体系，推动北京文博非遗保护治理体系和治理能力现代化。

3. 加强文博非遗资源传承与开发人才队伍建设

鼓励文博非遗机构用好北京现有的各类人才政策，根据文博非遗传承保护与创新发展的要求，积极引进文博非遗领域的技术人才和文创产品研发、销售传播等方面的急需人才，优化人才结构。同时，加强对文博机构现有人才的培养，健全文博机构的业务培训和继续教育制度，促进职工的知识与技能不断更新、提升，不断适应文博非遗传承保护与创新发展的需要；建立合适的人才激励机制，落实《关于进一步推动文化文物单位文化创意产品开发的若干措施》，为文博非遗文创产品的开发人员营造良好的工作环境。

（三）加快建设北京非遗网站及数据库，促进非遗的保护传播

1. 借助互联网和大数据等技术，加快建设北京市非遗网站

借鉴国家和兄弟省市非遗网站及数据库的建设经验，建设"北京非遗网·北京非遗数字博物馆"，在其主页上设置保护机构、项目名录、通知公告、政策法规、新闻动态、传承人、学术研究等栏目，涵盖北京地区范围内的非物质文化遗产信息及国家、北京市相关政策法规、研究动态等内容，同时设置统计、检索、查询等功能。每一个栏目又设有若干个专题和子网站，每部分内容根据相关情况由文字、照片、影像及分布图等组成，为社会各界通过网站了解非遗及历史文化和进行互动提供平台。借鉴上海、浙江、江苏

等省市的经验，建立国家非物质文化遗产网站、文化和旅游部网站和北京市文化类网站及区级相关网站等友情链接，提升网站点击率和资料转载率，以提升北京非遗的公众认知度和社会知名度。

2. 深入开展非遗调查和梳理工作，完善非遗数据库

非遗数据库是整合非遗信息资源和网站建设的核心和基础。它包含所有非遗数据信息，而不是单个的、案例抽样式的数据信息。因此，在非遗数据库建设过程中，首要的任务是对非遗的原始数据信息进行收集、整理和分类，建立数据关系体系，并对关系体系下的数据进行分析。

一是要对全市非遗展开全面的摸底调查，在非遗信息的前期调查中尽力获取大量的文字、图片、音频、视频等信息。

二是要从非遗的数据信息建设的角度，通过制订统一的技术标准和非遗数字化的实施方案，对原始数据信息进行批量的数字化处理，确保非遗数字化工作的标准化、规范化和流程化。这一点可以借鉴美国的经验，在资源的存储和转换过程中尽可能使用国际标准、国家标准或工业标准，如果没有可用的标准，则选用较为流行的格式或者积极引领相关标准的制定。

三是要对海量的"非遗"图书资源、网络资源、文博馆资源进行数据挖掘和分析，运用文献计量、统计学等方法，对非遗资源进行分门别类，建立各类非遗的关系结构，为非遗的深入研究奠定基础。

四是采用大数据、仿真技术、人工智能、虚拟现实等先进技术，尽量还原和呈现非遗的原貌。

3. 制订非遗网站和数据库建设实施方案

建立北京非遗网站和数据库，是一项功在当代、利及后人、惠及千秋的重大工程，涉及市委宣传部、市文旅局、市广电局、市文物局、市档案局和北京地区的博物馆、文化馆、图书馆等诸多部门和机构。建议以市文旅局为核心，联合协调各委办局及文博馆共同制定"北京非物质文化遗产网站和数据库实施方案"。借鉴上海、江苏、浙江等省市的经验，由北京非遗保护中心专门负责非遗网站和数据库的建设及运营，并采取绩效考核措施，激励

和督促非遗保护中心工作人员收集、整理非遗相关数据信息，及时完善更新非遗数据库和网站动态。

（四）发挥文博机构主体作用，促进文博非遗文创产业发展

1. 深耕本土文化，打造文化 IP

文博单位的整体商业化运营应注重差异化，基于馆藏资源、场馆定位，采用合适的开发模式。为此，要加强原创能力建设，鼓励文博单位从特有的特色藏品或独特的核心故事或理念出发，重点挖掘博物馆等馆内的文字、影像及各类藏品等无形和有形文化资产背后的历史、传说及故事，提炼本馆优秀传统文化的思想精髓，提炼文化内涵和元素，找到能与用户产生情感共鸣、满足用户情感需求的内容资源。同时，充分发挥数字技术等先进技术对文化产品开发、内容创作、传承传播的支撑作用，切实提高文创产品的文化品质和品牌影响力。

2. 鼓励文博单位跨界合作，做优做强文创产业

对于文博单位的文化创意产业体系而言，营利性强的产业主要集中在联动产业层，依靠的主要是文博非遗文化要素与相关产业的结合。加强"文博馆+非遗""互联网+非遗""非遗+旅游"等跨界合作，开发相应产品和服务，提升场馆空间的消费功能、学习功能、沉浸式体验功能。当前文化IP 开发运营模式有自主研发、合作开发、授权开发等多种。鼓励文博单位根据自身的规模、特点、类型及文化创意产品的开发能力，找到与本单位相匹配的定位，选择合适的方式开发与运营好本单位的 IP 资源，做实做亮本单位的文创产品开发。

3. 加强文博非遗评估体系建设，做好危机预警与风险防范工作

统筹遗产保护与活化利用，构建文化遗产传承保护利用体系。坚持保护优先，大力促进遗产保护与活化利用相统一。文博单位在进行文创产品开发的过程中，要重视非遗资源的传承保护与创新发展之间的综合考量，加强对IP 评估体系的建设。对于文博馆来说，不仅要重视 IP 开发授权的前期准备、合作方的选择、授权后的监管，还要思考 IP 授权后可能会受到哪些因

素的干扰，进而做好危机预警及防范工作。与此同时，文博单位还需要加强内部各部门之间的协同合作，文博馆 IP 开发不是靠文博单位某个部门的单打独斗，而是需要多个部门的相互合作，要有大视野，将文博馆 IP 运营置于整个文博馆的运营发展中，激励文博单位的文创管理、展览展示、公共教育、学术研究等部门共同发力。

（五）推动全民参与，促进文博非遗的创新与传播

1. 推进数字化建设，提升文博非遗资源的社会共享水平

以北京建设国际数字化标杆城市为契机，加强文博非遗"新基建"，强化数字资源赋能，探索文博非遗传承保护利用的新模式和新路径。加强数字博物馆、数字图书馆和数字非遗馆等文博馆的数字化建设，让非遗数字资源在"云端"焕发新的生命力，提升社会化共享与利用水平。以 5G、AI、AR/VR、大数据等高新技术为支撑，推进文博非遗资源的数字化展示传播。加强北京"非遗+数字化"平台建设，推动北京非遗公共服务平台、北京非遗视听馆、北京非遗网络传习所平台、北京非遗展示场馆智能导览平台、北京非遗数字影像馆、北京非遗体验旅游平台等数字服务平台建设，开设线上非遗大师公开课，让更多的人能参与到文博非遗传承保护与创新发展中。

2. 搭建互联网传播平台，促进文博非遗文创产品的传播与营销

顺应互联网发展和媒体深度融合的趋势，借助北京建设国际消费中心城市的机遇，加强"文博+网络""非遗+网络""非遗+直播"建设，创新丰富文博非遗的传承传播载体及渠道。充分利用微博、微信、抖音、小程序、直播、短视频等新媒体手段，加强北京文博机构网站、非遗网站、"北京非遗"App 等网络平台建设，加速打造北京文博非遗的新媒体传播矩阵，不断扩大受众范围及粉丝群，提升非遗项目的影响力和传播力。推动市场主体量身打造相关非遗产品，拍摄一批影像资料、制作一批非遗抖音、开设一批直播平台、推出一批精品力作。加强网络销售购物平台开发建设，加强功能应用，优化用户体验，更好支持非遗产品线上推介销售，鼓励支持传承人利用新媒体技术和平台"直播带货"，培育推出一批"网红"非遗传承人。

3.扩大文化对外开放，提升文博非遗的品牌影响力

在全球数字经济发展的大趋势下，立足北京"四个中心"功能定位，借助北京"两区"建设的政策红利，深入挖掘北京文博非遗资源的文化内涵，促进文博非遗的数字化和产业化，拓展文博非遗文创产品的国际市场。贯彻落实"一带一路"倡议，深挖中国本土文化，加强与共建"一带一路"国家的文创产业合作，推动北京文化贸易发展和对外文化交流。利用好在北京举办的重大活动及搭建的重要节展赛事平台，抓住主办、承办和服务保障国家级重要会议、重大纪念活动、重要国际会议、国际论坛等主场外交、外宣活动契机，精益求精，做好有关文博非遗的对外宣传工作。利用贸易博览会、文化博览会和艺术节、国际图书节展、国际影视节展等平台，精心策划高水平的有关文博非遗文化的交流活动，向世界讲好中国故事、北京故事，引导国际社会更好地认识中国、认识北京，提升北京文化的品牌影响力。

附 录 篇
Appendix

B.6
2021年北京地区文化科技
融合发展大事记

杨 丽　江光华*

1月

1月13日　北京市"回顾'十三五'展望'十四五'"系列主题新闻发布会文化产业发展专场召开，发布会公布了一系列北京市文化产业的发展数据。"十三五"期末，全市规模以上"文化+科技"型企业实现营业收入占全市比重超过一半。

1月27日　北京市第十五届人民代表大会第四次会议通过《北京历史文化名城保护条例》，并于3月1日起正式实施。《北京历史文化名城保护条例》在第六十九条明确提出，"市规划和自然资源主管部门组织建立统一

杨丽，北京市科学技术研究院创新发展战略研究所助理研究员；江光华，博士，北京市科学技术研究院创新发展战略研究所副研究员。

269

信息平台，对纳入保护名录的保护对象建立保护档案和相关数据库，记载保护对象的历史、权属、测绘数据、利用情况、相关研究成果等信息；并将保护档案和相关数据信息通过互联网等平台向社会公开，展示历史文化资源，为组织和个人查阅信息、共享研究成果、开展保护利用提供便利；依法应当保密的除外。鼓励通过现代科学技术手段，实现保护对象的展示与管理"。

2月

2月5日 《北京市人民政府关于印发〈2021年市政府工作报告重点任务清单〉的通知》，提出"促进文化与科技融合发展，实施文化产业数字化战略，推进中国（北京）国际视听产业园、京津冀视听走廊建设，积极培育电子竞技、科幻产业、网络视听、动漫游戏等文化业态，抓好国家级和市级文化科技融合示范基地建设"等任务。

2月11日 由北京市人民政府主办，北京市文化和旅游局承办的"相约北京"奥林匹克文化节暨第22届"相约北京"国际艺术节——北京文化周开幕式在天桥艺术中心举行，北京文化周活动正式启动。本次北京文化周以"魅力京韵共赴冰雪"为主题，组织了包括主题晚会、非遗展示互动活动、北京特色图片展览，以及百余场分布在北京市各区的城市文化广场活动。

3月

3月8日 文化和旅游部、国家发展改革委、财政部三部门联合印发《关于推动公共文化服务高质量发展的意见》，提出了深入推进公共文化服务标准化建设、完善基层公共文化服务网络、创新拓展城乡公共文化空间、促进公共文化服务提质增效、做大做强全民艺术普及品牌、加快推进公共文化服务数字化、进一步强化社会参与、促进文化志愿服务特色化发展、加强乡村文化治理等九项具体工作，着力推动公共文化服务高质量发展。

3月22日 由清华大学文化创意发展研究院和腾讯研究院联合研究的《文化科技融合2021，迈向数字文化经济时代》报告发布。报告基于对当前文化科技融合的发展水平、外在环境和内在模式的研判，创新性提出文化科技融合进入"数字文化经济"时代的论断。

3月25日 2021年北京文化科技融合发展座谈交流会暨文科汇（第一期）成功举办，市文资中心副主任董殿毅、市贸促会副主任张幼林出席会议并讲话。"文科汇"活动是市文资中心推动建立文化科技融合发展服务平台的一项重要举措。掌阅科技、泡泡玛特、龙源数字、诺亦腾科技等近30家文化科技类企业参加了会议。

3月31日 北京市科学技术研究院与社会科学文献出版社联合发布了《北京文化科技融合发展报告（2019~2020）》。蓝皮书对北京文化创意产业的发展特点和趋势进行了归纳分析，对北京文化科技融合发展现状进行了综合评价，在总结国内外相关政策的基础上提出促进北京文化科技融合发展的对策建议，并对22个典型案例进行了深入剖析。

4月

4月26日 文化和旅游部印发了《"十四五"文化和旅游科技创新规划》。该规划明确了"十四五"文化和旅游科技创新发展的总体要求、重点领域、主要任务、保障措施，系统部署指导文化和旅游科技创新工作，描绘了文化和旅游科技创新工作蓝图；提出了强化科技为民理念，将科技创新贯穿文化和旅游发展全过程；描绘了科技在文化和旅游行业研究及应用的重点领域；提出了基础理论和共性关键技术、新时代艺术创作与呈现、文化资源保护和传承利用、文化和旅游公共服务、现代文化产业、现代旅游业、文化和旅游治理、文化交流和旅游推广等八个重点领域，为文化和旅游科技创新明确了主攻方向。

4月26日 首届"中国年度IP评选"颁奖典礼在北京举办。本次评选由中宣部版权管理局指导，北京国际版权交易中心、中国品牌创新实验室承办，多方机构、行业先锋共同参与，众多网民及超过50家机构、33位行业先锋共同参与评选。评选围绕"创新性、传播性、引领性、民族性、艺术性、商业性"六大维度，覆盖文学、文博、影视、动漫、游戏、文旅、原创设计、非遗IP、品牌文化、音乐十大赛道，评选中国各领域的文化版权优秀代表。

4月26日 第28届北京电视节目交易会（2021·春季）开幕，大会以线上、线下并行的方式，加速推动影视行业发展。交易会以庆祝中国共产党成立100周年为主线，举办"信仰之光剧映百年"——第28届北京电视节目交易会（2021·春季）开幕式，交易会还举办了"京榜剧献"新剧推优推介会、三大主题展览、五场行业论坛以及多场专项推介会、各类人才培训活动。

4月28日 "2021北京消费季"正式启动，持续到年底。活动以"品牌品质惠享生活"为主题，已形成"1+5+8+N"活动框架，即举办1场启动活动，立足"新场景""新趋势""新能级""新势力""新体验"5大版块，聚焦购物消费、时尚消费、数字消费、文化消费、旅游消费、体育消费、美食消费和智能消费等领域，组织开展N项促消费活动，并面向在京消费者发放现金券、折扣券、满减券等多项消费大礼包超45亿元。

4月29日 文化和旅游部发布了《"十四五"文化和旅游发展规划》，系统阐明了"十四五"文化和旅游发展的总体要求、发展目标、主要任务、重要举措等。该规划明确将"提升文化和旅游发展的科技支撑水平"作为重要内容，提出"聚焦文化和旅游发展重大战略和现实需求，深入实施科技创新驱动战略，强化自主创新，集合优势资源，加强关键技术研发和应用，全面提升文化和旅游科技创新能力"，从"优化科技创新生态""加快信息化建设""提升行业装备水平""推进标准化建设"四个方面明确了科技创新的方向。

5月

5月6日 文化和旅游部发布《"十四五"文化产业发展规划》，从推进文化产业创新发展、促进供需两端结构优化升级、优化文化产业空间布局、推动文化产业融合发展、激发文化市场主体发展活力、培育文化产业国际合作竞争新优势、深化文化与金融合作7个方面，明确了"十四五"时期文化产业发展的主要方向，并明确提出了"坚持以创新驱动文化产业发展，落实文化产业数字化战略"。

5月25日 文化和旅游部印发《"十四五"非物质文化遗产保护规划》，明确了加强非遗调查、记录和研究，加强非遗项目保护，加强非遗传承人认定和管理，加强非遗区域性整体保护，加大非遗传播普及力度和服务社会经济发展6个方面的主要任务，并通过"非遗记录工程""非遗新媒体传播计划"等8个专栏对传统工艺高质量发展、文化生态保护区建设等重点工作进行了部署。

5月31日 2021年"京·彩"北京文化网络传播活动启动，启动式上发布了活动Logo和主题曲《京彩启航》。2021年的活动以"百年奋进京彩启航"为主题，开展了"京气神儿""百年征程""中轴风韵""创新引擎""京彩冬奥"五大领域的短视频征集活动。活动于12月6日闭幕。

6月

6月10日 文化和旅游部印发《"十四五"公共文化服务体系建设规划》，明确了"推进城乡公共文化服务体系一体建设""建设以人为中心的图书馆""繁荣群众文艺""增强公共文化服务实效性""推动公共文化服务社会化发展""推动公共文化服务数字化、网络化、智能化建设""推进公共文化服务区域均衡发展"7个方面的主要任务，并通过8个专栏列出发展指标和22个重点举措、建设项目，着力增强该规划的可操作性。

6月10日 2021年（第九届）北京数字博物馆研讨会在首都博物馆召开，由北京数字科普协会、北京博物馆学会、中国博物馆协会博物馆数字化专业委员会、北京企业文博协会等联合主办。会议以"数字技术拓展博物馆服务和红色文化传播"为主题。

6月10日 适逢中国现代考古事业诞生100周年，也是周口店遗址试发掘100周年，2021年文化和自然遗产日北京主场活动在周口店遗址举办。活动现场发布了《北京世界文化遗产保护管理状况报告（2018-2020）》和北京地区革命文物保护成果总体情况，推出了周口店遗址三维数字保护成果展示。周口店遗址三维数字保护成果沉浸式体验展示也正式启动。

6月11日 首届"5G+8K+AI"产业发展国际论坛在中华世纪坛举行，首个国家级数字博物馆建设规划发布，该博物馆将落户北京石景山。"5G+8K+AI"超高清实验室将联合国内外前沿艺术、技术专家，围绕8K超高清视频内容的制作、5G+8k应用场景开发、行业应用、8K影片修复、8K沉浸式体验、媒体融合传播等关键技术环节，贯通全产业链参与，引导政产学研用各环节协调合作，将石景山区打造成国际一流的超高清技术及应用创新中心。

7月

7月8日 伽马数据发布《休闲电竞发展前景报告》。报告显示，从市场收入来看，我国休闲电竞游戏市场规模已达百亿元，2021年预计达116.40亿元，增长率预计在10%上下。

7月10日 "第八届国际文化管理年会暨第四届中国创意管理会议"在北京举行。会议由对外经济贸易大学、北京联合大学、中国创意管理联盟和中国文化产业管理专业委员会联合主办。会议以"国家文化公园建设背景下的文化治理和创意管理"为主题，与会者围绕文化产业建设、文化创意产业、文旅融合发展、文化数字化等新时代重要文化管理课题进行研讨与交流。

7月15~16日 北京市国有文化资产管理中心举办"文化企业数字化转型发展培训暨文科汇·叁"活动。培训主要采取集中授课、互动交流、案例分享、实地参观、主题讲座、论坛研讨等方式，分别从文化产业数字化发展趋势、思路举措、解决方案及案例分享角度对参会人员进行了专题培训。会议组织了业内数字化发展领军企业代表、数字化方案供应商、文化产业数字化研究人员等，专门针对北京出版集团、北京发行集团两家企业数字化转型发展进行了深入探讨。

7月25日 "数乐无限——2021北京数字经济体验周启动仪式"于北京市西城区北京坊举办，标志着北京数字经济体验周系列活动正式拉开帷幕。体验周系列活动下设4大版块，包括数字经济场景开放日、数字技术大体验、数字经济网红打卡地探访、数字生活消费体验。活动共计覆盖22处数字经济场景地、11处数字经济网红打卡地及12处信息消费体验中心。

7月30日 中共北京市委办公厅、北京市人民政府办公厅印发《北京市关于加快建设全球数字经济标杆城市的实施方案》。该文件明确了八项主要任务，形成开放领先的新型数字社会生态，率先构建面向未来的数字经济新体系。明确提到，以数字技术助推文化、商业、旅游融合发展，以数字链接、数字体验促进以文塑旅、以文带商、以旅彰文，进一步推进国际消费中心城市建设。

7月30日 中国民族文化数字文库成果全球发布会在北京举办，会议以"科技翅膀上的传统艺术"为主题。2020年4月，由国家民族事务委员会主管的中国少数民族文化艺术促进会宣布成立"中国民族文化数字文库"项目，计划通过5年的时间，收集分布在华夏大地各类民族传统文化资源，将其数字化后存放在区块链网络，供全球了解中国优秀传统文化。经过1年多的建设，平台已收集超30万数字化文化素材，签约3万名摄影师与设计师，联合营销数字文创国潮产品销售额突破10亿，并通过"区块链+文化+消费品"的服务模式，推动农产品提档升级，赋能乡村振兴。

8月

8月3日 2021全球数字经济大会，数字新国门（大兴）分会场之"数字内容与数字文创论坛"在北京举办。论坛上进行了新媒体数字文创特色园区推介，介绍园区项目概况、产业内容方面、产业生态布局、产业政策等。同时"赛博北京数字艺术节"发布。"赛博北京数字艺术节"是全球首次以线下实体展馆与链上赛博世界完全同步进行的一次数字艺术展与思想交流会。参展作品达200件，线上线下参展艺术家达180余人。其中，众多国内外著名数字艺术展品首次实现近距离观摩。

8月11日 全国同行业中首个智库——中关村数字文化产业智库成立仪式在京举行。国家文物局、国家广播电视总局和中共北京市海淀区委宣传部领导，北京大学、中国传媒大学等首都十几所高校的专家、学者，以及多家国内品牌数字文化企业的代表近百人出席会议，见证了中关村数字文化产业智库成立仪式。20多位国内著名的专家学者受聘为智库首批成员。

8月24日 由我国牵头研究制定的"文化艺术增强现实呈现技术需求及应用框架"标准经国际电信联盟正式发布而成为国际标准（标准编号ITU-T F.740.2），成为继手机（移动终端）动漫国际标准（T.621）和数字艺术显示国际标准（H.629.1）之后，我国文化领域的又一项国际标准。据了解，F.740.2国际标准定义了利用AR技术进行文化艺术数字化表达的需求、应用场景和参考框架，为文化和旅游领域使用AR技术开发数字展示系统或场景提供规范，可以被应用于文化资源数字化转化、博物馆美术馆等文化单位体验场景建设、沉浸式体验新业态发展、旅游公共服务、智慧旅游发展、文化和旅游宣传推介等领域。F.740.2国际标准从立项到正式批准共用时35个月，该标准明确了文化艺术AR呈现的技术规范，填补了文化艺术AR呈现国际标准的空白，为国际市场提供了文化艺术AR呈现的系统方案，为全球文化产业数字化发展贡献了中国智慧。

8月27日 中共北京市委办公厅、北京市人民政府办公厅发布《北京培育建设国际消费中心城市实施方案（2021—2025年）》。方案提出，到2025年，本市在国际知名度、消费繁荣度、商业活跃度、到达便利度、消费舒适度、政策引领度等关键指标方面水平显著提升，基本建成国际消费中心城市，成为彰显时尚的购物之城、荟萃全球风味的美食之都、传统文化和现代文明交相辉映的全球旅游目的地、引领创新生态的数字消费和新型消费标杆城市。《方案》提到要"打造彰显文化时尚魅力的消费地标"，"擦亮老字号金字招牌"，"布局数字消费新基建"，"挖掘文化资源优势"，推动中关村科学城数字文化产业园等精品游戏研发基地和北京市电子竞技产业品牌中心等电竞平台项目建设。

9月

9月2~7日 2021年中国国际服务贸易交易会在北京举行，主题为"数字开启未来，服务促进发展"。国家主席习近平在2021年中国国际服务贸易交易会全球服务贸易峰会上发表视频致辞。

9月3日 由商务部、工业和信息化部、北京市人民政府、中国科学技术协会、人民日报社共同主办的2021年服贸会"数字贸易发展趋势和前沿高峰论坛"在北京国家会议中心举行。本次高峰论坛以"共建数字新生态共商贸易新规制"为主题，会聚了业界重磅嘉宾和知名专家学者，围绕搭建数字治理体系、消除数字鸿沟、助推服务贸易的数字化进程等方面进行了深入探讨与交流。

9月4日 2021中国文化产业发展高峰论坛在北京国家会议中心举办。大会围绕"数字新业态文化新场景产业新动能"主题展开，与会嘉宾从协同创新、融合发展、优化升级三个维度，对数字技术与文化产业同频共振问题进行了探讨。

9月4日 "2021北京长城文化节"在八达岭长城望京广场开幕，主要活动集于一周内举办。文化节以"长城之魅 冬奥之约"为主题，旨在深入挖掘和丰富长城文化内涵，以长城文化为纽带，展现中华优秀传统文化，讲好中国故事、传播好中国声音，促进中外文化交流和文明互鉴，提升北京段长城的文化影响力。作为"2021北京长城文化节"的首发项目，"流动的博物馆"让科技手段与三条文化带内容传播实现了高度融合，数字影像沙盘让三条文化带更加立体化，在体现高科技展陈的同时，也为文化带上的非遗技艺创造了展示的舞台。

9月5~6日 第八届北京市文化融合发展项目合作推介会主场活动举

办。推介会由北京市国有文化资产管理中心、工业和信息化部工业文化发展中心、北京市科学技术委员会、中关村科技园区管委会、北京市文化和旅游局、北京市体育局联合主办，围绕"数字文化助推首都新发展格局建设"这一主题，首次以"主会场+分会场"的形式，分专题、分时段举办 6 场项目推介活动。本届推介会共有 87 个项目进行了合作签约，签约额累计238.94 亿元，其中有 44 个文化科技融合重点项目进行了现场签约。推介会上，北京市科学技术研究院科学学研究中心主任伊彤发布并解读了《北京文化科技融合发展报告（2020~2021）》。

9 月 6 日　中国-欧洲（意大利）创意产业数字展正式上线，由中国贸促会主办，展会通过与米兰设计周的互动交流，涵盖视觉艺术、工业艺术、建筑与环境艺术、交互多媒体、服装时尚艺术等各类与生活相关的创意设计领域，全方位、多层次展现了中国在创意产业方面的发展和水平。

9 月 8 日　北京市文化和旅游局发布了《北京市"十四五"时期文化和旅游发展规划》，规划提出全面推进繁荣首都文艺舞台、建设现代公共文化服务体系、打造文化遗产保护传承利用典范之城、优化高品质旅游供给结构、提升旅游产业现代化水平、构建文化和旅游现代化治理体系、推动文化和旅游区域合作、开创文化和旅游对外合作新格局八项重点任务。该规划将"提高公共文化服务科技含量""加快智慧旅游建设"等作为重要内容。

9 月 15 日　"数字文化中关村 2021"新闻发布会在中关村展示中心圆明厅举行。数字文化中关村 2021 由中共北京市海淀区委宣传部主办、北京翠微集团承办，围绕"文生数启，智创未来"主题，以研讨、展览、活动、赛事四大板块融合推介、洽谈、交易等功能，落地 20 多项重点活动，致力打造创新引领、数字转型、对外开放的数字经济创新"海淀范本"，树立海淀区数字文化品牌。

9 月 16 日　北京市工商联发布 2021 北京民营企业百强"1+4"榜单，即"北京民营企业百强"+"北京民营企业科技创新百强"、"北京民营企业文化产业百强"、"北京民营企业中小百强"和"北京民营企业社会责任百强"。居于民营企业文化产业百强榜单前十的企业均为文化科技融合型企业：北京蓝色光标数据科技股份有限公司、北京畅游时代数码技术有限公司、乐元素科技（北京）股份有限公司、北京光线传媒股份有限公司、北京昆仑万维科技股份有限公司、完美世界（北京）软件科技发展有限公司、华扬联众数字技术股份有限公司、北京蜜莱坞网络科技有限公司、掌阅科技股份有限公司、国金黄金股份有限公司。榜单发布旨在引导民营企业产业结构转型升级，立足新发展阶段，贯彻新发展理念，主动构建新发展格局，促进首都民营经济高质量发展。

9月21~29日 第十一届北京国际电影节举办，电影节是由中央广播电视总台和北京市人民政府共同主办。期间开展了第十一届中国科技馆特效电影展映暨第十一届北京国际电影节"科技单元"活动，举办了第十一届北京国际电影节科技论坛。

9月24~26日 "BIGC 2021北京国际游戏创新大会"在北京举行。大会以"创新·引领·融合"为主题，分为主体活动和配套活动两个版块。主体活动由开幕式暨游戏创新峰会、主题分享、闭门座谈会、年度游戏推优、北京国际游戏创新展五部分组成；配套活动由理论研究论坛、主题交流活动、GAMEBANG2021北京国际游戏创新大会创作大赛及创新盛典四个活动组成。

9月25日 第二十四届中国北京国际科技产业博览会在北京市海淀区拉开帷幕。作为中关村论坛的展览版块，本届科博会首次与中关村论坛同时同地举办。

9月25日 首都文化科技融合发展成果展在2021中关村论坛展览（第二十四届中国北京国际科技产业博览会）智慧科技馆开幕。成果展由北京市国有文化资产管理中心主办，围绕"数字创造文化之美"主题，以数字多媒体为主要载体，充分调用声光电等现代展陈手段，立体化呈现文化与数字科技融合成果。展览共分为四个单元，包括"智慧数字内容专区"、"智慧音乐专区"、"智慧科技专区"及"智慧互动专区"。

9月28日 2021北京国际设计周"城市印迹"创新发展国际峰会在北京举办。大会聚焦"数字化""产业复苏""创新转型"等方向，以"创意赋能+城市更新"为主题，围绕科技创新如何助力城市发展、信息技术如何助推区域产业转型升级等议题展开探讨。多位国内外设计机构、金融机构代表及专家学者指出，"设计+"为城市产业注入新动能，设计让城市未来更美好。

9月28日 由国家电影局指导，中国科学技术协会、北京市人民政府主办，北京市科学技术委员会、中关村科技园区管委会、北京市石景山区人民政府、首钢集团承办的"2021中国科幻大会"在北京市石景山区首钢园盛大开幕。大会以"科学梦想、创造未来"为主题，采取"线上+线下"融合的方式，以"会+展+演"的方式，吸引产业要素集聚，带动产业链条延伸，持续推动科幻产业健康发展。

10月

10月9日 第五届中国"网络文学+"大会开幕式暨高峰论坛，在中关村国家自主创新示范区展示中心举办，本次论坛由国家新闻出版署、北京市人民政府指导，中共北京市委宣传部、中国音像与数字出版协会、中共北京市委网络安全和信息化委员会办公室、北京市广播电视局、北京市文学艺术界联合会、中共北京市海淀区委员会主办，与会嘉宾围绕"网颂百年文谱新篇"的主题，共话网络文学转型升级发展。

10月9日 2021北京（国际）运河文化节在位于北京市通州区的大运河森林公园漕运码头开幕。运河文化节由北京市委宣传部、中国新闻社、市文物局等主办。运河文化节以"游运河，行大运"为主题，提炼大运河北京段多样态文化特色，整合沿线文化、旅游、体育等各类资源，举办形式丰富的"游运河"文化活动。市委常委、宣传部部长莫高义在开幕式致辞中表示，本市将以《北京市大运河国家文化公园建设保护规划》为指引，系统推进保护传承、研究发掘、环境配套、文旅融合、数字再现等重点工程。

10月13日 2021年度第十四届中国电影电视技术学会科技奖出炉，海信视像参与的"8K超高清电视制播呈现平台及应用"荣获科学技术奖一等奖。中国电影电视技术学会科学技术奖是经国家科学技术奖励办公室和国家科学技术部批准设立的奖项，主要奖励在广播影视技术领域的科学研究、科技开发创新、科技成果推广应用，以及实现产业化方面取得卓著成绩或突出贡献的组织和个人，从而促进影视科学技术进步，推动我国影视事业发展。

10月13~14日 "第二届中国广电媒体融合发展大会"在北京召开，会议由中共北京市委宣传部、北京市广播电视局主办。大会以"视听引领融合未来"为主题，聚焦庆祝建党百年和冬奥会等中心工作，以省级广电媒体融合转型为重点，解读媒体深度融合发展政策措施，发布展示媒体融合行业发展成果与趋势，推动区域交流合作，促进技术对接与转化，为广电媒体融合的内容建设、技术创新、模式探索、产业发展提供有力支撑。

10月14日 "融资中国2021（第九届）中国文化产业资本大会"在北京举办，大会由融资中国主办、北京文创板发展有限公司协办、北京文化产业投融资协会等单位支持。会议以"后文化时代"为主题，来自创投机构、产业资本、政府相关、文化企业的嘉宾齐聚一堂，共同剖析未来文化产业发展趋势和变化，探讨大数据、5G及VR、元宇宙在未来可能带来的文化产业的投资机会。

10月17日 《科技部、中央宣传部、中央网信办、文化和旅游部、广电总局关于认定第四批国家文化和科技融合示范基地的通知》发布，公布了郑州高新区等5家集聚类示范基地、故宫博物院等25家单体类示范基地为国家文化和科技融合示范基地名单，其中包括北京地区的故宫博物院、北京北大方正电子有限公司、完美世界（北京）软件科技发展有限公司、北京影谱科技股份有限公司、中文在线数字出版集团股份有限公司、新维畅想数字科技（北京）有限公司等6家单体类国家文化和科技融合示范基地。

10月18~21日 第29届北京电视节目交易会（2021·秋季）在京举办。交易会以"剧初心映未来"为主题，举办了新剧推介会、建党百年主题展、冰雪冬奥主题展、影视IP潮玩展、发展论坛、创作论坛、文娱领域治理论坛、IP改编论坛、网络剧论坛、影视法商论坛及网络视听研讨会。交易会注册展商达320余家，注册买家达100余家。450余部电视剧项目、80余部网络剧、上百部网络文学作品在会上进行了推介。

10 月 22 日　"电竞北京 2021"北京国际电竞创新发展大会在首钢园区举行。来自北京市相关主管部门、电竞行业协会组织、头部企业、高校及研究机构领导与专家学者参加会议，并围绕推动北京电竞产业健康、高质量发展展开深入研讨。

10 月 27 日　第 14 届中日韩文化产业论坛以视频会议方式在北京成功举办。三国代表围绕中日韩数字文化产业合作的机遇与路径进行了深入交流，就推动数字文化企业及相关行业组织开展务实合作达成共识，并共同发布《第 14 届中日韩文化产业论坛共同声明》。论坛期间还举办了中日韩数字文化企业交流会，聚焦线上演播、沉浸式体验、数字音乐、动漫产业等重点领域，组织三国优秀数字文化企业线上交流经验、探讨趋势、对接合作。

10 月 27~28 日　第十一届中国数字出版博览会在国家会议中心举行，线下 60 多家、线上 300 多家书报刊出版机构、数字内容服务机构等参展，电子书、数据库、有声内容、漫画动漫、网络文学等数字出版全形态亮相，向观众呈现了数字化发展浪潮下出版业的新探索。

11月

11 月 3 日　中共北京市委、北京市人民政府印发了《北京市"十四五"时期国际科技创新中心建设规划》，规划提出从推动数字技术在文化领域创新应用与场景落地、打造文化科技创新生态、推进设计之都建设、提升公民科学素养等方面推动文化与科技融合发展的建设目标与任务。

11 月 8 日　国务院办公厅印发了《"十四五"文物保护和科技创新规划》，提出文物保护水平全面提升、文物科技创新能力实现跃升等主要目标，设立资源管理、文物安全、科技创新、改革创新、博物馆纪念馆、人才队伍等 6 个方面 21 项主要指标。

11 月 11 日　北京市广播电视局印发《北京市"十四五"时期广播电视和网络视听发展规划》，提出 13 类重点任务、81 个配套项目，涉及内容包括舆论引导力提升、视听内容精品创作、媒体深度融合发展、智慧广电建设、新型传输网络建设、新视听公共服务、视听管理优化、视听科技创新、国际传播力提升、产业高质量发展、会展活动品牌提升、京津冀视听协同发展、视听人才队伍建设。

11月25日 文化和旅游部、财政部、国家税务总局联合印发《关于公布2021年通过认定动漫企业名单的通知》，北京天工艺彩文化传播有限公司等50家企业入选其中。经认定的动漫企业、重点动漫企业享受相关增值税、营业税、进口环节税、企业所得税等税收优惠政策，重点动漫产品、重点动漫企业还优先享受国家及地方相关财政资金、信贷扶持政策。

12月

12月7日 北京市国有文化资产管理中心与中国传媒大学文化产业管理学院联合发布了《北京文化产业发展白皮书（2021）》。白皮书全面梳理了2020年度北京文化产业发展的重要数据、政策措施、重大事件、趋势特征，客观反映了北京文化产业发展的年度基本情况，同时，结合首都发展新形势和新要求，提出了未来一段时期内北京要把文化建设放在全局工作的突出位置，大力推进"科技赋能文化、文化赋能城市"。

12月8~9日 第三届北京国际公益广告大会在北京召开，大会以"公益传播，光影同行"为主题，由国家广播电视总局、北京市人民政府指导，采取"线上+"的方式举办，组织开展主题研讨、高峰论坛、大师盛宴、公益盛典、创意征集大赛、优秀作品展示等一系列活动，会上发布了2021年全国公益广告播出与收视情况。国家广播电视总局副局长、党组成员孟冬在开幕式上发表视频致辞。

12月8日 第二届北京（国际）大学生电竞节在《中国体育》赛事转播制作基地正式拉开帷幕。本活动是由中国传媒大学虎牙电竞研究中心发起，在北京市委宣传部指导下，由中国传媒大学、共青团北京市委员会、北京市文资中心、北京演艺集团、中信银行、虎牙直播、腾讯互娱天美电竞等多家单位联合举办，并在本次启动仪式上发布《2021年度电子竞技产业蓝皮书》。

12月12日 国务院印发了《"十四五"数字经济发展规划》，从8个方面对"十四五"时期我国数字经济发展做出部署，包括优化升级数字基础设施、充分发挥数据要素作用、大力推进产业数字化转型、加快推动数字产业化、提升数字化公共服务水平、完善数字经济治理体系、强化数字经济安全体系、拓展数字经济国际合作。

12月13日 中阿数字文化产业青年领袖论坛在线上举办。论坛由中国文化和旅游部，阿曼文化、体育和青年部主办，中国驻阿曼大使馆、阿曼驻中国大使馆协办，中国文化娱乐行业协会承办的"中国-阿曼青年数字文化产业交流周"系列活动的重要组成部分，旨在为中阿两国数字文化产业合作搭建优质交流平台。

12月16日 中国音数协游戏工委（GPC）与中国游戏产业研究院联合发布《2021年中国游戏产业报告》。报告显示，2021年，中国客户端游戏市场实际销售收入达588亿元，同比增长5.15%，为近三年内首次出现增长。分析指出，其增长原因主要系今年新上线的客户端产品表现出色，以移动游戏为核心的全平台发行模式逐步兴起，用户使用习惯回归等。此外，中国网页游戏市场在2021年的实际营收仅为60.3亿元，比2020年减少了15.78亿元，同比下降20.74%，并已连续5年持续呈现下降的趋势。

12月18日 2021年第八届中国文化经济发展论坛举办，论坛发布了《区块链技术激活数字文化遗产》，报告通过梳理和分析国内外文博数字化及数字文化遗产资源的开发利用状况，探讨基于区块链技术的比较优势，推进数字文化遗产活化的中国方案。

12月23日 由中共北京市委宣传部主办的"2021年北京数字出版精品内容推荐会"正式开幕。本次活动以"拥抱数字经济开拓出版新局"为主题，旨在营造生动有趣的"青春化、年轻态、潮流性"数字出版氛围，搭建数字出版行业内交流合作、平台受众双方互惠、政府企业相互共赢的桥梁，实现数字出版"集合企业、吸引观众"的凝聚力和影响力，引导和助推北京地区未来数字出版产业的良性发展。

12月24日 "2021北京文博创意设计大赛"在中国农业展览馆举办。大赛由北京市文物局与北京博物馆学会共同主办。大赛以推动博物馆文创产业发展与文化创新为目标，以"文物·创意·生活"为主题，依托北京文博衍生品创新孵化中心平台，采用"线上征集+线下运营"的方式，聚合北京地区博物馆及优质文创企业、设计师、服务机构的资源，经过广泛发动和定向征集，收到了来自"文博文创衍生品创意设计"、"北京文博IP征集"、"二十四节气创意设计"及"中国古代智力玩具之棋类创意征集"四个主题赛区的9398件参赛作品，并评选出"首伯牛"系列、"锦绣前程"祝福金卡、"封存"纪念设计、"英雄史诗"系列、"印记汽车"印章等30项精品文博文创项目。

12月29日 在北京正阳门箭楼，北京市文物局和腾讯联合发起"数字中轴，点亮文明——北京中轴线申遗'数字中轴'启动仪式"。北京市文物局、北京中轴线申遗保护工作办公室联合腾讯为北京中轴线申遗打造首个数字形象——"北京雨燕"，并发布宣传片及数字藏品，"云上中轴"小程序正式上线，助力北京中轴线申遗。

12月30日 北京市文物局印发《北京市"十四五"时期推进国际文物艺术品交易中心建设规划》。规划以推动文物艺术品产业高质量发展为主题，以深化供给侧结构性改革为主线，以文化创意、科技创新、产业融合为新生发展动能，不断健全和完善文物艺术品现代化产业体系和市场体系。整体内容分为序言、总则、主要任务、保障体系和重点项目5部分，明确了北京推进国际文物艺术品交易中心建设的指导思想、规划依据、机遇与挑战、发展目标，部署了空间布局、流通体系、数字化发展格局、应用场景建设、平台建设、消费市场规模等6个方面的主要任务，提出了规划实施的4大保障措施，提出了以示范引领为带动、可落地见效的20个重点项目。

12月30日 首届非遗数字化可持续发展线上论坛在北京召开。线上论坛由北京市西城区文化和旅游局、梅兰芳纪念馆、中国文化管理协会文化旅游专业委员会、中国非物质文化遗产保护协会非遗数字专业委员会、光明网、咪咕文化科技有限公司等单位共同主办。论坛聚焦非遗数字化可持续发展的热点话题，共同探讨非遗数字化传播和虚拟现实交互，为文化生态保护区、非遗特色街区（社区）规划、发展开拓新思路。

Abstract

The digital economy acts as a pivotal engine to the new round of scientific and technological revolution and industrial transformation. From 2021 to 2022, Beijing has seen its foundation for economic development being steadily strengthened, and its role in driving the city's high-quality economic and social development has been highlighted, which guarantees the general development momentum and provides great opportunities for the integrated development of culture and technology.

This report upgrades the regional culture and technology integrated evaluation index framework (version 2.0), which was established in Annual *Report on Beijing's Culture and Technology Integrated Development* (*2020-2021*), proposes a version 3.0 of the original index framework, and implements calculation and evaluation on the city's cultural and sci-tech integral development index from 2014 to 2019 based on the new framework. The result shows a continual consolidation of the foundation for culture and technology integrated in Beijing; the quantity and quality of integral production have been steadily improving; the socioeconomic environment for integral development is consistently optimized; inputs in integration stays balanced for the most part. Through a comparative analysis of six cities and provinces (Beijing, Tianjin, Shanghai, Zhejiang, Sichuan, Guangdong, etc.), it is considered that Beijing shows an overall outstanding advantage in its degree of culture and technology integrated. At the same time, there is still room for improvement in areas such as the insufficient culture infrastructure and the construction of a social and culture base, the suppressed inputs into sci-tech human resources in cultural manufacture, and the lack of new breakthroughs in the cultural industry.

In recent years, China's Internet industry has been playing an active role in tackling the COVID-19 pandemic. New progress has been made in the Internet information service industry in Beijing together with new achievements in the governance of online contents, and new breakthroughs have been made in the level of cyber security protection, all of which brought new vitality to economic development together. On the other hand, online cultural and digital tourism and other industries prospered during the crisis. New industries such as "cloud exhibition" and "cloud traveling" kept flourishing, with new cultural formats exemplified by "Internet +" sailing against the wind. Since 2021, a group of cultural enterprises in key fields such as Internet information service, creative and performance service, digital content service and design service in Beijing have taking off by seizing the great opportunity from the campaign of building Beijing into a benchmark city of digital economy, whereby digital entertainment, digital health care, new retail, digital creativity, digital publishing, enterprise digital services and other segmented industries have enjoyed rapid development.

As the new "14th five-year planning" period approaches us, Beijing needs to further build itself into a district of the utmost prosperousness and a city of creativity, by giving an additional boost to the culture and technology integrated as well as to the high-quality development of cultural industries. Firstly, reinforce top-level cultural strategizing and policy making, improve the policy system of culture and technology integrated. Secondly, enhance the innovative ability in culture and technologies, and promote the transfer and application of modern technologies in cultural industries such as digital technologies. Thirdly, comprehensively explore cultural and technological resources, enrich and innovate products and services, and actively develop emerging cultural markets. Fourthly, accelerate the development of key industries and strengthen industrial clusters of culture and technologies. Fifthly, develop a new pattern that focuses on domestic circulation but also highlights overseas markets, and build up Beijing's cultural brand in the international community.

Keywords: Culture and Technology Integrated; Cultural Industry; Digital Technology; Beijing

Contents

I　General Report

Abstract: Along with the emergence of various new technologies, metaverse, as the hottest term in 2021, has boosted further development of virtual reality technology as well as the application of artificial intelligence, blockchain and other technologies in the field of digital cultural copyright protection, which has made digital technology become a new engine for the development of global cultural industry. The national "14th Five-Year Plan" further specified the new direction of culture and technology integrated, whereby various policies and measures have been introduced successively, and China has therefore made continuous progress. Accordingly, science and technologies are constantly driving the transformation and upgrading of key cultural industries here. The culture and technology integrated in Beijing has seen new features: scientific and technological innovation is strongly supporting the sustained growth of the cultural industry; digital technologies are effectively optimizing and upgrading the cultural industry structure, with leading culture-technology enterprises springing up. The culture and technology integrated of this city has also manifested itself through the Beijing Winter Olympics. The key cultural industries in Beijing show a positive trend:

digital technology further empowers Internet information services; science and technology are increasingly integrated with creative and performance services; digital content service demonstrates the charm of the integration of digital technology and cultural content; "Technology + Design" shows the new look of Beijing as the "Capital of Design". However, in order to effectively promote the high-quality development of Beijing's cultural industry supported by science and technology, Beijing still needs to further improve the policy system for the development of culture and technology integrated, extend its capability of cultural and sci-tech innovation, make full use of its cultural and technological resources, and pave ways for the quality development of key cultural industries, so as to enhance Beijing's international impact among cultural brands.

Keywords: Culture and Technology Integrated; Cultural Industry; Digital Technology; Metaverse; Beijing

Ⅱ Evaluation Report

B.2 Evaluation Report on Beijing's Culture and Technology Integrated Development (2022)

Zhang Guohui, Wang Haifeng and Yi Tong / 047

Abstract:: Based on the research result delivered last year, this report makes partial modifications and upgrades to the Beijing regional culture and technology integrated evaluation index framework and therefore develops the Framework 3.0, which improves the rationality and reliability of indexes. The report, under Framework 3.0, shows that the Beijing culture and technology integrated development index has risen to 175.9 in 2019, with an 17.6 increased from 2018, and 75.9 increased from the 2014 base period. By sections, three indexes of integration foundation, integration input and integration environment all show stable increases by year; despite the slight drop of integration input index in 2018, it still showed a year-by-year increase in 2019. Based on the evaluation index system, we evaluated the integration of Beijing, Shanghai, Guangdong, Zhejiang, Tianjin and Sichuan in 2019. Beijing leads the list, followed by Zhejiang, Shanghai, Guangdong, and Sichuan and Tianjin in the fifth and sixth places. Our analysis demonstrates that, although Beijing holds an overall advantage, it still has great potential for improvement in terms of cultural infrastructure, while showing a growing pressure in the inputs of the human resources into cultural manufacture industry, and in expediting innovation and breakthroughs by using its funding advantage.

Keywords: Culture and Technology Integrated; Fusion Development; Beijing

Ⅲ Industry Report

B.3 Report on the Development of Scientific and

Technological Innovation in Beijing's

Cultural Industry (2021-2022)

Liu Bing, He Xueping, Wang Jingran, Su Qianfei,

Chai Zimo, He Le, Huang Qing and Chen Hao / 099

Abstract: This chapter offers a summary on the characteristics and trends in the integral development of culture and sci-tech by focusing on a few major industries such as Internet information services, creative and performance services, digital content services, and design services. The analysis points out that Beijing leads the country in the field of internet information services, where leading enterprises are playing increasingly pivotal roles with distinctive regional features. The creative and performance services, together with online performance, are embracing a new peak with a boom in Cloud performance, and the branding of online performances is forging. The establishment of a big data standard system for the digital content service industry is making solid progress: the supply of digital content is increasing, and digital publishing is embracing a new journey, with digital reading being popularized among people. The design service industry is seeing great opportunities with abundant scientific and technological design resources. This industry has begun to take shape with frequent appearance of high quality design results, and the radiation effect is constantly enhanced together with growing internationalization.

Keywords: Culture and Technology Integrated; Internet Information Services; Creative and Performance Services; Digital Content Services; Design Services

Ⅳ　Case Report

B.4　Report on Typical Cases of Beijing's Culture and Technology Integrated Development

Liu Bing, He Xueping, Yang Yang, He Le,

Huang Qing and Chen Hao / 154

Abstract: In this chapter, 25 representative cases in Beijing are selected in key cultural fields such as Internet information services, creative and performance services, digital content services, and design services to analyze the development of scientific and technological innovation in cultural industry. In Internet information services, a number of software and Internet enterprises have applied cloud computing, big data, artificial intelligence, Internet of things, virtual reality and other digital technologies to continuously innovate service mode and help the resumption of work and production under normal COVID-19 prevention and control. In the field of creative and performance services, technologies such as artificial intelligence, virtual reality and 5G +8K have been widely used in the creation and presentation of artistic works, which have revitalized traditional cultures such as Peking Opera, folk music, poetry and traditional-style dance. In the field of digital content, digital publishing and digital music have become the mainstream of cultural consumption. With the support of digital technology, VR bookstores, full-scene immersive music, cloud performance and other new forms continue to emerge, which contribute to people's sense of cultural gain and happiness. In the field of design services, cutting-edge technologies such as the Internet of Things and digital twin have been popularized, which enables the digital and intelligent transformation and upgrading of design.

Keywords: Internet Information Services; Creative and Performance Services; Digital Contents Services; Design Services; Beijing

V   Special Topic Report

B.5   Report on the Preservation and Inheritance of Beijing's Immaterial Cultural Heritage Supported by Science and Technology   *Jiang Guanghua* / 211

Abstract: Centering on the urban functions of Beijing, this chapter examines the necessity and feasibility in the preservation and innovative development of immaterial cultural heritage in Beijing from perspectives of economy, society and culture together with related policies at national and municipal levels. Based on related theories, by combining data and case analysis, this chapter analyzes the new achievements in the inheritance, preservation and innovative development of Beijing's immaterial cultural heritage supported by science and technology, summarizing the problems in related policies and systems, website and database construction, technological innovation, discovery and application of resources, and the social environment for the innovative development of immaterial cultural heritage. It proposes ideas and countermeasures for the preservation and utilization of immaterial cultural heritage by drawing experience both at home and abroad from perspectives of government, cultural and museum institutions, and the society.

Keywords: Museum of Cultural Relics; Inheritance and Protection of Intangible Cultural Heritage; Innovative Development; Beijing

VI Appendix

社会科学文献出版社

皮书

智库成果出版与传播平台

❖ 皮书定义 ❖

皮书是对中国与世界发展状况和热点问题进行年度监测，以专业的角度、专家的视野和实证研究方法，针对某一领域或区域现状与发展态势展开分析和预测，具备前沿性、原创性、实证性、连续性、时效性等特点的公开出版物，由一系列权威研究报告组成。

❖ 皮书作者 ❖

皮书系列报告作者以国内外一流研究机构、知名高校等重点智库的研究人员为主，多为相关领域一流专家学者，他们的观点代表了当下学界对中国与世界的现实和未来最高水平的解读与分析。截至 2022 年底，皮书研创机构逾千家，报告作者累计超过 10 万人。

❖ 皮书荣誉 ❖

皮书作为中国社会科学院基础理论研究与应用对策研究融合发展的代表性成果，不仅是哲学社会科学工作者服务中国特色社会主义现代化建设的重要成果，更是助力中国特色新型智库建设、构建中国特色哲学社会科学"三大体系"的重要平台。皮书系列先后被列入"十二五""十三五""十四五"时期国家重点出版物出版专项规划项目；2013~2023 年，重点皮书列入中国社会科学院国家哲学社会科学创新工程项目。

S 基本子库
UB DATABASE

中国社会发展数据库（下设 12 个专题子库）

紧扣人口、政治、外交、法律、教育、医疗卫生、资源环境等 12 个社会发展领域的前沿和热点，全面整合专业著作、智库报告、学术资讯、调研数据等类型资源，帮助用户追踪中国社会发展动态、研究社会发展战略与政策、了解社会热点问题、分析社会发展趋势。

中国经济发展数据库（下设 12 专题子库）

内容涵盖宏观经济、产业经济、工业经济、农业经济、财政金融、房地产经济、城市经济、商业贸易等 12 个重点经济领域，为把握经济运行态势、洞察经济发展规律、研判经济发展趋势、进行经济调控决策提供参考和依据。

中国行业发展数据库（下设 17 个专题子库）

以中国国民经济行业分类为依据，覆盖金融业、旅游业、交通运输业、能源矿产业、制造业等 100 多个行业，跟踪分析国民经济相关行业市场运行状况和政策导向，汇集行业发展前沿资讯，为投资、从业及各种经济决策提供理论支撑和实践指导。

中国区域发展数据库（下设 4 个专题子库）

对中国特定区域内的经济、社会、文化等领域现状与发展情况进行深度分析和预测，涉及省级行政区、城市群、城市、农村等不同维度，研究层级至县及县以下行政区，为学者研究地方经济社会宏观态势、经验模式、发展案例提供支撑，为地方政府决策提供参考。

中国文化传媒数据库（下设 18 个专题子库）

内容覆盖文化产业、新闻传播、电影娱乐、文学艺术、群众文化、图书情报等 18 个重点研究领域，聚焦文化传媒领域发展前沿、热点话题、行业实践，服务用户的教学科研、文化投资、企业规划等需要。

世界经济与国际关系数据库（下设 6 个专题子库）

整合世界经济、国际政治、世界文化与科技、全球性问题、国际组织与国际法、区域研究 6 大领域研究成果，对世界经济形势、国际形势进行连续性深度分析，对年度热点问题进行专题解读，为研判全球发展趋势提供事实和数据支持。

法律声明